马克思人类学哲学探索丛书·主编 张瑞才

马克思人类学哲学与当代世界探索

苗启明　主编

中国社会科学出版社

图书在版编目(CIP)数据

马克思人类学哲学与当代世界探索/苗启明主编. —北京：中国社会科学
出版社，2023.11
（马克思人类学哲学探索丛书）
ISBN 978 - 7 - 5227 - 2629 - 8

Ⅰ.①马…　Ⅱ.①苗…　Ⅲ.①马克思主义哲学—哲学人类学—研究
Ⅳ.①B0 - 0②B089.3

中国国家版本馆 CIP 数据核字（2023）第 182605 号

出 版 人	赵剑英	
责任编辑	孙　萍	
责任校对	赵雪姣	
责任印制	王　超	

出　　版	中国社会科学出版社	
社　　址	北京鼓楼西大街甲 158 号	
邮　　编	100720	
网　　址	http://www.csspw.cn	
发 行 部	010 - 84083685	
门 市 部	010 - 84029450	
经　　销	新华书店及其他书店	

印　　刷	北京君升印刷有限公司	
装　　订	廊坊市广阳区广增装订厂	
版　　次	2023 年 11 月第 1 版	
印　　次	2023 年 11 月第 1 次印刷	

开　　本	710×1000　1/16	
印　　张	15.5	
字　　数	254 千字	
定　　价	79.00 元	

总　序

张瑞才[*]

今年是马克思诞辰 200 周年，《共产党宣言》发表 170 周年，为纪念马克思主义创始人马克思，纪念马克思主义产生的标志《共产党宣言》的发表，我们"21 世纪马克思主义创新团队"组织撰写了"马克思人类学哲学探索丛书"。这套丛书，通过深入系统的学理研究，力图提出对马克思开创的人类学哲学以及广义马克思主义的新理解，回答这一理解有什么根据，特征何在，对于今天的中国发展和世界历史发展有什么意义等问题。

马克思在批判当时的错误人本论基础上，从广义人类学立场出发，特别是从"社会人"和"社会化的人类"来理解与把握人和人类世界，找到了正确打开人和人类世界的钥匙，形成了人类学世界观，创立了人类学哲学等新理论。这些新理论为 21 世纪的马克思主义发展开辟了新境界。

人类学哲学是马克思的超越时代的理论构建，它特别适应于今天这个人类学发展的新时代，适用于中国特色社会主义进入新时代的实践要求。2014 年，中国第 14 届"马克思哲学论坛"开创性地提出，要从国际视野、世界历史视野理解马克思哲学，这也就是要求从广义的人类学即全人类的价值立场和价值要求来理解马克思哲学。本丛书就是研究马克思在这一方向上的开创和构建的产物，是对新时代的一种理论回应。

要理解人类学哲学的马克思主义，就要深刻理解马克思的问题意识：马克思是从他所把握到的"一个时代的迫切问题"开始他的理论探索的。"一个

---

[*] 张瑞才，时任云南省社会科学界联合会党组书记、主席，云南省"新时代中国特色社会主义理论研究中心"主任，21 世纪马克思主义创新团队总顾问。

时代的迫切问题"一般包括:"历史基本问题"与"现实迫切问题"两方面。马克思从当时的历史语境出发,首先关注的"历史基本问题"是:世界历史发生了政治革命即政治解放之后而进一步提出的人类解放问题,这一问题在本质上是人类学问题。当时的"现实迫切问题"是:"劳动与资本的对立"所造成的无产阶级的生存解放问题。马克思发现,要追求"全人类解放",首先就要解决无产阶级的生存解放问题。这就成了马克思自觉担负起来的双重一体的世界历史使命,他终生都在为这两大历史使命而奋斗。针对现实迫切的无产阶级的生存解放问题,马克思主要诉诸经济学:针对全人类解放问题,马克思主要诉诸人类学,形成了以人类学为理论根据的广义马克思主义。今天看来,东西方之所以会出现对马克思的两种严重误解,在于不理解马克思的双重历史使命、双重问题域和双重理论构建;在于不理解马克思早期的哲学思想的人类学价值特性及其重要性;在于忽视了马克思本来就是为了全人类解放才首先需要解决作为现实迫切问题的无产阶级的解放问题的。

马克思的人类学哲学思想,从他早年的《博士论文》到晚年的《人类学笔记》都有所体现。他早年就旗帜鲜明地提出:任何解放都是"使人的世界和人的关系回归于人自身",后来又提出"每个人的自由发展是一切人的自由发展的条件"等论断,这些都体现了他所追求的人类学价值原则。马克思开创的人类学哲学方向,超越了他的时代,适应于 21 世纪的人类学发展。

以人类学哲学其为基础的广义马克思主义,有丰富的内容。它的人类学哲学不仅包括对人和人类世界的人类学特性的研究,也包括从人类学立场出发对人的生存发展的人类学价值的追求。作为广义马克思主义的理论主体,今天就是具体追求人的生存合理性的价值哲学。只有这些学科的理论构建,才能针对当代和未来世界的人类学发展所遇到的根本问题,提出马克思主义的解决方略。21 世纪马克思主义,可以通过弘扬人类学哲学,而再次走在21 世纪的世界历史发展前沿,通过对世界历史发展提出马克思主义的人类学价值主张,而引领新的世界历史发展。而这一切,都有待人们对马克思超越其时代需要而构建的人类学哲学的发现、理解、研究、完善和弘扬。

马克思之后,西方自囿于对马克思的人道主义、人本主义的理解,故不可能上升到宏观人类学高度来理解马克思。东方自囿于断裂论、不成熟论和转变论,并企图以此维护对马克思主义哲学的传统理解的权威,不仅没有而且排斥人类学意识，所以也不能上升到宏观人类学高度来理解马克思。这是东西方长期不能发现人类学马克思的哲学立场的认识论原因。20世纪初的马尔库塞，虽已指出马克思哲学的人类学特质，但没有深入研究。1996年在俄国召开的第19次"世界哲学大会"，肯定了"世界哲学发生了人类学转折"，对人的研究成了当代世界的哲学主题，这是当代世界的人类学发展的理论表现。

时代是思想之母，实践是理论之源。改革开放之后，在世纪之交，国内哲学界开始对马克思哲学的人类学方向的探索，其中云南学者迈出了新步伐：苗启明先生从2003年起一直潜心于这一方向，提出了马克思哲学是"实践的人类学哲学"这一新理解。现在已在这一方向发表论文30多篇和6本学术专著。本丛书就是这一研究的又一新成果。通过这一研究，能把马克思的各种思想统一起来，进行系统的广义马克思主义的理论构建。这一研究，一是为国内呼声很高的全面而完整地理解马克思打开了局面；二是对人类学哲学、广义马克思主义的提出，开辟了前所未有的马克思主义研究新方向；三是让我们的改革发展有一种理论自觉，从而形成新的马克思主义信念；四是让马克思哲学与当代的时代精神结合起来，让马克思成为解决人类21世纪的人类学发展问题的马克思，从而继续成为21世纪的世界历史发展的灯塔；五是开辟了一种由马克思奠定的马克思主义新哲学：从人类学立场出发研究人和人类世界的人类学特性和人类学发展的新哲学，这是一种全新的学术任务。

当今世界正处在大发展大变革大调整时期，随着全球化、互联网、全球生态保护、全球和平、全球治理出现，表明世界历史已开始向人类学政治时代发展。在这个新的世界历史发展时代，最需要的哲学就是由马克思开创而又一直被遮蔽、被曲解的人类学哲学。因而，在当代发现、疏理、弘扬马克思的人类学哲学思想，并进而构建人类学哲学和以此为基础的广义马克思主义，是当代马克思主义者的世纪性任务。

经过40多年的改革开放的发展，在21世纪全球化进程中，中国大踏步赶上世界潮流，目前已成为全球化的主要推动者，成为互联网发展、全球生态保护、全球和平的领头羊。中国的"一带一路"倡议，在助推全球化的发展；中国率先提出"构建人类命运共同体"思想，已得到联合国的支持，这些无不表明中国是当代世界历史走向人类学政治时代的伟大推进力量。

"任何真正的哲学都是自己时代的精神上的精华"①，今天能够体现和弘扬这种时代精神的哲学，就是新时代的马克思主义人类学哲学。所以，发现、构建、弘扬马克思站在世界历史高度上所构建的人类学哲学，是时代的需要，是世界历史发展（即全人类生存发展）的需要，也是中国发展和走向世界、引领世界的人类学发展的精神理念需要，更是当代的时代精神对马克思的人类学哲学精神的再呼唤。所以，推出马克思的人类学哲学，是中国改革发展和世界历史的人类学发展的哲学要求。目前的问题是：由于这一思想太新，理解的人还不多；或者还担心与传统意识形态不协调，因而还在观望。只有站在马克思的新的人类学哲学立场上，才能使中国不仅在行动上而且在精神理念上成为世界历史的人类学发展的开拓者。解决马克思主义在当代"失语、失声、失踪"问题，中国将成为 21 世纪世界历史的人类学发展的旗手。

我们必须深刻认识到，马克思人类学哲学所倡导的人类学的自由、真理、正义、平等与公正精神，有利于全人类的合理生存、健康发展与走向自由解放的价值追求。顺应和平、发展、合作、共赢的时代潮流，习近平新时代中国特色社会主义思想贡献了"铸剑为犁""构建人类命运共同体"② 等世纪性的中国智慧，提出新发展理念和"以人民为中心的发展思想"，提出"建设持久和平、普遍安全、共同繁荣、开放包容、清洁美丽的世界"的方案，在国际层面倡导"和平、发展、公平、正义、民主、自由"的共同价值；在国内层面倡导"富强、民主、文明、和谐"的国家理念；"自由、平等、公正、法治"的社会理念等新的价值理想，都已超越了传统马克思主义的价值范畴，不仅有利于中国的人类学方向的发展，作为新的马克思主义价值理念也有利于当代世界的人类学发展。当然，这一切都还有待人类学哲学的正确构建和理论支持。本丛书就是从不同方面分别研究构建马克思的这一新哲学的初步尝试。目前在国内、国外都还没有这方面的专著乃至计划。

本丛书是一种开创性的理论构建，其目的就是让马克思的人类学哲学能够有利于中国和世界在 21 世纪的人类学发展。我们再次强调：所谓人类学

---

① 《马克思恩格斯全集》第 1 卷，人民出版社 1995 年版，第 220 页。

② 中共中央文献研究室编：《十八大以来重要文献选编（中）》，中央文献出版社 2016 年版，第 699 页。

哲学，不外是从人类学立场出发研究人和人类世界的人类学特性和规范其人类学价值发展的新哲学，并指向全人类的自由解放。马克思早在人类解放初露端倪时，就开创了研究和推进这一发展的人类学哲学等理论，它特别适应于全人类在21世纪的人类学发展的新时代；因而是当代世界的历史发展所特别需要的新哲学。所以，21世纪的真正的马克思主义者，应当为构建21世纪的马克思主义人类学哲学而抢占理论制高点，掌握话语权。计划中这些书是一个体系，有一种从直接表现深入理论核心、再到扩展应用的关系：《马克思关于人和人类世界的哲学构建》是从现象和事实引入，《马克思开创的新哲学——人类学哲学及其当代意义》是初步揭示，《〈巴黎手稿〉开创的人类学哲学及其后续发展》是对马克思的相关文献的系统疏理，初步提出人类学哲学的一些范畴和原理，《马克思人类学哲学：改变世界的实践哲学》是强调这一哲学作为改变世界的哲学的实践特征，《马克思人类学哲学：开辟人类学时代的新哲学》《马克思对人类学哲学的理论开辟》《马克思人类学哲学与当代世界探索》是强调它对于开拓21世纪的人类学时代的重要性，《马克思的双重历史使命与广义马克思主义》是从对整个马克思主义的理论分析看提出人类学哲学的合理性。《马克思宏观人类学立场对人类学哲学范式的开辟》《马克思开创的人类学哲学论》《马克思人类学唯物主义体系论》是力图从理论体系上把马克思开创的人类学范式的新哲学构建起来。《论东西方马克思主义的人类向发展》等，是联系东西方马克思主义理论近世的实际发展来看人类学哲学提出的历史发展基础的。在应用方面有：《马克思的生态哲学思想与社会主义生态文明建设》，是从人类学哲学高度来看的马克思的生态哲学思想及其当代应用和对建设生态文明的指导作用的。将分三辑推出。

"马克思人类学哲学探索丛书"是云南哲学社会科学界在新时代，按照习近平总书记提出的"把坚持马克思主义和发展马克思主义统一起来，结合新的实践不断做出新的理论创造"的有益探索，是坚持以人民为中心的研究导向，坚持问题导向，发扬哲学社会科学批判精神，进行深入研究而推出的系列性研究著作。

2018 年 3 月 30 日

人类的哲学理性精神从近代到现当代的发展，历经了主体性和主体理性精神、主体间性和交往理性精神、公共性和公共理性精神，在当代应当向人类性和人类理性精神发展。前者让人们只注意到主体自身，中者让人们突破自我，关注到自身与他人的共在，后者进一步让人们关注到自身、他人与共同体的共在共生共长。但是今天，当提出人类命运共同体的构建之后，这些都不足以把握当代的时代精神，因而当代的哲学理性精神，应当上升到马克思早就开发的人类性和人类理性精神的高度上来，才能推进当代世界历史的人类学发展。人类学哲学，就是马克思开创的弘扬人的人类性和人类理性精神的新哲学。

马克思开辟的人类学哲学，是站在宏观的自然史和人类生成史高度，研究人类这种社会生命存在物的生存运动本性的哲学，它从人的个体生命存在出发，研究人和人类世界的人类学生成、人类学本性、人类学需要以及由其推动的人类学活动（人对世界的生存掌握活动）和人的人类学发展规律，并根据人类学价值原则批判一切不合理非法性关系而追求每个人与一切人的合理生存、健康发展与走向自由解放的哲学。马克思的这种哲学思想在当时的时代超越性在于，他在全球化肇始时期所开创的人类学哲学，是适应于全人类进入"和平、发展、合作、共赢"的人类学政治时代的新哲学。深入研究和弘扬这一哲学，既能让马克思重返当代世界历史发展前沿，又能让弘扬这一哲学的人们在思想境界上高瞻远瞩，推动世界历史向全人类协同共存的人类学文明方向发展。

——本书题记

前言 开发马克思人类学哲学 在今天的重要性

在俄国召开的第十九届世界哲学大会，肯定了世界哲学在 20 世纪末发生了"人类学转折"，表明世界哲学开始从人类学高度关注人类问题。此后的历届世界哲学大会，几乎都与"人"有关。第二十四届世界哲学大会在中国召开，主题是"学以成人"，是典型的人类学问题。而就马克思主义哲学在中国的发展而言，有学者在世纪之交总结道：50 年来走了一条由本体论范式、认识论范式到人类学范式的发展道路，并且指出，马克思主义哲学原本就是一种"人类学范式"的哲学。那么，马克思哲学的人类学范式是怎样的呢？

其实，早在 19 世纪上半叶，马克思就参与并完成了德国哲学的人类学转向。当叔本华反对以绝对理念直接解释世界，提出应根据人的生命特性即意志来解释世界，认为万事万物的本质在于其意志时，哲学就由本体论、认识论转向了以对人的理解来解释世界的人类学方向。接着是费尔巴哈，以对自然性的感性的人的理解，来解释宗教世界以及绝对理念世界，在唯物论基础上推进了德国哲学的人类学转向。马克思正是在这时走上哲坛，他直接遇到的最高哲学问题，就是如何通过对人的理解来把握世界。对此，马克思一是指出"人是对象性的存在物"，是通过自己的感性实践活动把握对象世界而生存的存在物。二是指出人对世界的理解即世界观，是建立在人自身的感性实践活动之中的。因而他明确要求要从人的"主体方面去理解""对象、现实、感性"即人的对象世界，形成世界观。但这绝不仅仅只是对人类学世界观的确立，而更是以对人的理解来把握世界的作为第一哲学的人类学哲学（以及人类学唯物主义）的确立。人类学哲学就是通过对人的人类学特性的把握，来构建关于人类生存发展运动和如何把握世界的新哲学。在这个意义上我们认为，马克思完成了德国哲学的人类学转向，开辟了作为第一哲学的人类学哲学。

当代的世界哲学再次发生的人类学转向，表明人类世界已开始进入人类学时代，即全人类和平共存协同发展的时代，全人类的问题需要哲学家们来共同关心。中国提出的"和平、发展、合作、共赢"，以及"构建人类命运共同体"和"人与自然的生命共同体"的方向，为全人类走向人类学时代提出了发展大纲。那一向未被认识的马克思的人类学哲学，恰恰是最关心人类世界的人类学发展的哲学。这就是我们开发这一哲学和开展这一讨论的现实基础。我们希望，马克思在 19 世纪中期开创的这一超越他的时代的新哲学，在全人类艰难走向人类学时代的今天，能够发挥它的世界历史引领作用，推进人类世界的人类学发展。

（本文原载《思想战线》2019 年第 5 期，人类学哲学专栏的"主持人言"）。

目　　录

A　对人类学哲学本身的理论探索

B　人类学哲学与当代中国、当代世界

C 对马克思人类学哲学的初步评介

A

对人类学哲学本身的理论探索

马克思的双重历史使命、
双重理论视野与双重理论构建

苗启明　　刘琼豪

摘要：马克思生当世界历史的政治革命和资本主义确立的时代。这个时代有两大问题：一是现实社会迫切问题，即由于现实社会的劳动与资本的对立而提出的无产阶级解放问题；二是历史基本问题，即由于政治解放而把人从神对人的统治和人对人的统治下解放出来而提出的人类解放问题。马克思自觉地把这两大问题的解决作为自己的历史使命，这就形成了马克思的双重历史使命和双重战斗任务：其一是劳动对资本的斗争，即为无产阶级解放而奋斗；其二是为每个人与一切人的自由解放而奋斗，即消解人的异化，为全人类的解放而奋斗。前者不能不诉诸经济学，后者不能不诉诸人类学，这就形成了马克思的双重理论视野，从这种双重理论视野观察事物，观察世界，就形成了马克思的双重理论构建——立足于人类学的理论构建和立足于经济学的理论构建，以及其双重理论逻辑——人类学逻辑和经济学逻辑：前者形成了以经济学理论为根基的狭义马克思主义理论；后者形成了以人类学为根基的广义马克思主义理论。确认马克思的双重理论构建以及双重理论在不同历史时代的不同作用，特别是广义理论构建在当代的意义，是在 21 世纪创新马克思主义的关键。

关键词：双重历史使命；双重理论视野；双重理论构建；双重理论逻辑；广义理论构建

自马克思主义诞生以来，人们就在从不同角度理解马克思。这种不同的理解从第一国际、第二国际、第三国际一直持续到今天。然而，所有这些不同的理解，都有一个共同的问题，即把自己的理解作为唯一正确的理解而排斥其他的理解；都是从自己的需要出发而没有设身处地从马克思的时代立场进行思考，没有理解马克思的时代向他提出了怎样的问题以及他如何对待这些问题。的确，马克思作为伟大的人类思想家，是从回答和解决他的"时代的迫切问题"开始的。但是，什么是其"时代的迫切问题"？它包含着怎样的内在张力？这个问题却从没有人反思过。我们认为，马克思所说的"一个时代的迫切问题"，包含当时的"现实迫切问题"和"历史基本问题"这两个相互区别又相互联结的方面，二者是历史与现实的关系。它们的内在张力展开了马克思的理论世界。区别这一点是我们全面和深入理解马克思的前提。

一　马克思的"时代迫切问题"：历史基本问题与现实迫切问题

任何伟大的能推动人类社会发展的理论，都不能不从解决其时代的迫切问题开始。思想家要站在他的时代的迫切问题的立场上，创造性地提出解决道路。马克思的理论尤其是这样。他非常重视"一个时代的迫切问题"：

> 问题却是公开的、无所顾忌的、支配一切个人的时代之声。
> 问题是时代的格言，是表现时代自己内心状态的最实际的呼声。①

马克思这里所说的"问题"，就是他所说的"时代的迫切问题"，即无论从人民内心状态的呼声还是从时代的发展进步上说都需要解决的重大问题。但它从来不是简单的，它的第一层直接意义是：它是广大人民群众迫切需要解决的现实社会问题；第二层意义是：它是社会历史已经提出的并在进一步发展中必须解决的问题。只有解决这种二而一的问题，才能推动一个时

---

① 《马克思恩格斯全集》第 1 卷，人民出版社 1995 年版，第 203 页。

代的发展。

这就是说，对于任何一个时代来说，它的"时代的迫切问题"都不会是单纯的，它至少有两个层次：一是在其社会发展的"现阶段"所遇到的必须优先解决的"现实迫切问题"，它是一个社会中的突出的重大的问题，但也可能是暂时的偶然的人为的；二是这一社会现实作为历史发展的一定阶段的体现，它只是历史发展的一个环节，而历史发展又有它自己的基本问题，这个基本问题这样那样地渗透和体现在现实问题之中，但它不会随着现实问题的解决而消失，而是在现实问题的解决和发展中转化为新的历史问题。所以，任何一个时代的迫切问题，都包括两方面：现实迫切问题与历史基本问题（这个问题在孤立隔绝的封建时代并不突出，但在走出这一时代之后，就日渐突出），现实迫切问题是显性的，它直接呈现在人们面前要求解决，而历史基本问题则可能是隐性的，它是隐藏在上一问题背后并影响着它的解决的深层问题，只有少数深刻的思想家才能把握它，却是历史不能绕开的问题。这是两个不同的但又相互联系的问题。由于"人类"是由不同的民族国家组成的，各个民族国家的社会历史发展的不平衡性，他们社会中的特殊性、偶然性因素，规定了它们的种种问题也不会相同。但是，对于一个问题比较多的时代来说，一定国家的问题往往包含着这两个方面，并且基本纠缠在一起，但毕竟是两个问题。两个问题相结合，就会成为一个时代的"时代迫切问题"。

因此，对马克思所说的他的时代的"时代迫切问题"，就应当从"现实迫切问题"和"历史基本问题"两方面来理解。

首先，就"现实迫切问题"而言，它在不同社会有不同的表现。马克思亲历了两种不同的社会：在封建专制主义横行的德国和新兴的资本主义英、法、荷等国。前者是民主与专制的对立和斗争，这是政治解放的问题。后者是劳动与资本的对立和斗争，这是阶级解放问题。这两方面都是马克思身临其境、亲身参加的斗争，都留下了大量的理论论述。马克思在参与民主对专制这种现实社会的迫切问题的斗争时，同时又是从"历史基本问题"出发的，所以他强调德国的革命不能仅仅是解决现实迫切问题的"纯政治革命"，而且必须是彻底的即同时解决历史基本问题的革命：实现人的解放的革命。他要求在德国革命中要把政治解放提升为人类解放，正是在这个意义上马克思强调"德国人的解放就是人的解放",而要实现人的解放,即人类解放,就需要无产阶级登上历史舞台,把人类解放的哲学"当做自己的精神武器"①。这是要求把现实迫切问题与历史基本问题结合起来加以思考和解决。

马克思在政治、经济和哲学方面的关怀重点,是资本主义世界。它的现实迫切问题,是资本对人的残酷剥削,使广大的无产者不能合理生存。它虽然出现在政治革命后的新社会,它却成了旧时代一切奴役制度的集中体现。资本主义的残酷剥削制度造成了破坏性的"劳动与资本的对立"。劳动的异化、剥削的残酷性,使广大无产阶级只能过"非人的生活"。马克思强调:资本主义"使人成为非人"!这是一种产权暴力、经济暴力的统治,是在新制度中保留和生长的旧时代毒瘤。所以,无产阶级的经济解放与阶级解放,就成了他那个时代的先进资本主义国家共同存在的现实迫切问题。但是,这个问题不能仅仅就它本身来解决,不能像当时许多工人运动仅仅局限于提高工资缩小工时的要求之中。马克思则深切感受到了这一问题对于历史进一步发展的重要,因为无产阶级的经济解放和阶级解放,像整个社会的政治解放一样,是人类解放问题中的关键一环。因而,在他那里,这个问题的解决,是与历史基本问题结合一体来进行的。或者说,他是从历史基本问题的高度来解决现实迫切问题的,因而他比当时的任何社会主义者看得都要深,都要远,这使他成为世界社会主义运动的领袖。

就"历史基本问题"而言,自16、17世纪以来,现代自然科学与哲学社会科学的发展、工业技术的发展,为资本主义生产方式奠定了科学技术基础和思想基础。从荷、英、法、意等国开始的世界性的资本主义革命,从经济上说是确立了新的资本主义生产方式的统治,从政治上说是打破了封建帝王的权力私有制,开辟了人类历史上的权力公有制时代(虽然还主要是资产阶级的)。这不仅是资本主义生产方式的政治前提,也更是人类历史发展中的伟大的"政治解放",而这种政治解放又建立在相应的"思想解放"的基础上。马克思对此作了充分的肯定:这个时代是"人的自我解放力求以政治

---

① 《马克思恩格斯选集》第1卷,人民出版社2012年版,第13—16页。

自我解放的形式进行的时期"①，这个时代的"问题就在这里"——"不是君主的主权，就是人民的主权"。②

这是马克思站在人类学高度上而不是资产阶级眼界对"人民主权"的最强烈的呼唤。他充分看到了政治解放、人民主权对于人类解放的意义：他指出："政治解放同时也是同人民相异化的国家制度即统治者的权力所依据的旧社会的解体"③，又说，"政治解放当然是一大进步；尽管它不是一般人的解放的最后形式，但在迄今为止的世界制度内，它是人的解放的最后形式"④。

马克思的这一思想表明，"人民的主权"即权力公有制的实现，是一场伟大的革命，它开辟了人类走向解放的政治道路。因此，以反专制、反特权、争平等、要尊严等开始的把人从"人对人的统治关系"下解放出来，是人类解放的关键一环，在这一环节基础上如何进一步实现人类解放，就成了马克思时代的历史基本问题。可以说，西欧的这一发展，使人类历史走上了马克思所说的"世界历史"时代。只有到了这时，只有人类开始超越封建专制主义的统治，走向"世界历史"发展的时代时，从政治解放到人类解放的问题才会成为"历史基本问题"而突出出来。马克思把当时的政治解放视为当时人类解放的最高形式，表明资本主义突破封建专制而实现的思想解放和政治解放，是人类解放这一伟大历史进程的开始，由此就可以从世界历史高度上提出人的解放、人类解放、全人类解放的问题。这成了他的历史时代的历史基本问题，马克思的深刻性，在于他从一开始就高蹈于历史之上，举起了人类解放这一历史基本问题的大旗，正是这一人类学关怀使他进一步深入到现实社会的迫切问题之中。

概而言之，在当时的封建德国，现实迫切问题主要是政治解放问题，历史基本问题是人类解放问题；而在英法等资本主义国家，现实迫切问题是无产阶级的解放问题，而历史基本问题则是全人类的解放问题。两者结合起来就是马克思的"时代迫切问题"。

---

① 《马克思恩格斯全集》第 3 卷，人民出版社 2002 年版，第 175 页。
② 《马克思恩格斯全集》第 3 卷，人民出版社 2002 年版，第 38 页。
③ 《马克思恩格斯全集》第 3 卷，人民出版社 2002 年版，第 186 页。
④ 《马克思恩格斯全集》第 3 卷，人民出版社 2005 年版，第 174 页。

二　马克思的双重历史使命、双重理论视野 和双重理论构建的形成

（一）马克思的双重历史使命

马克思的伟大和深刻，就在于他既要从历史基本问题的高度来解决现实社会的迫切问题，即他要从"全人类解放"的高度来解决德国的"政治解放"和英法的"无产阶级解放"问题，又要通过解决现实迫切问题而解决其历史基本问题，即全人类解放问题。一个是由于广大劳动者的苦难生存而刻不容缓的问题，另一个是长期的世界历史发展的根本任务问题。重要的是，当时的"无产阶级解放"这一现实迫切问题，不外乎是当时的"人类解放"这一历史基本问题在先进国家的一种现实具体体现。所以，马克思可以把无产阶级解放作为打开人类解放大门的钥匙。于是，马克思的历史任务，就不能不在人类解放的背景中和前提下，在为人类解放的努力中，首先把他的大部分精力，集中于把无产阶级的解放作为人类解放的事业来做，同时又不断强调人类解放这一伟大事业，即把人类解放这一历史基本问题落实到现实迫切问题中来做。现实迫切问题与历史基本问题结合一体进行，这就是当时的世界历史发展所赋予马克思的双重一体的历史使命，马克思身体力行地为这一双重历史使命奋斗了终生。

马克思身处封建德国与先进资本主义各国交集的环境里，处在近代性社会与现代性社会交错并存的时代，处在两种社会和它们的现实迫切问题与历史基本问题纠缠一体的时代。就不同社会并存来说，它形成了马克思青年时代针对封建社会和针对资本主义社会的两大历史斗争任务。就两种问题纠缠一体来说，在其根本精神的影响下，这两大问题就形成了马克思贯穿一生的双重战斗任务。马克思一生的斗争，都可以概括在他青年时代就确立的这种双重一体的斗争里：在封建德国，是通过民主对专制的斗争而走向"人的解放"，他的斗争旗帜是"自由"！在资本主义世界，是劳动对资本的斗争，是通过无产阶级实现自身解放而开辟人类解放的道路，他的斗争旗帜是"解放"！两者都通向"全人类解放"这一历史基本问题的解决。民主对专制的斗争，主要是在政治上即在社会公权方面反对人类社会中的非正义、不合理

现象；劳动对资本的斗争，主要是在经济上即在资本私有制方面反对人类社会的非正义、不合理现象。前者主要集中在马克思的以政治解放为表现形式的"人的解放"的理论里，后者主要集中在马克思的以"无产阶级解放"的理论里。两者都指向了人类解放这一历史基本问题的解决道路，这是他的根本目标。简言之，"时代的迫切问题"赋予马克思这样的双重历史使命或者说双重历史任务：狭义的历史任务，是根据现实迫切问题而提出无产阶级解放问题；广义的历史任务，是根据历史基本问题而提出政治解放（封建国家）与人类解放问题。前者形成了马克思的以经济学为根基的阶级性问题域；后者形成了马克思的以人类学为根基的人类性问题域；它们成了马克思一生为之奋斗的双重问题域。

从具体的时期来看，在 1841—1847 年，马克思主要运用人类学和哲学武器批判封建性的非人世界，寻找以政治解放为前提的人类解放问题；在 1848—1872 年，马克思主要运用经济学的理论武器批判资本主义非人世界，寻找无产阶级解放以及全人类解放的道路；而到了 1873—1883 年，马克思似乎要运用实证的人类学武器批判旧世界，寻找全人类解放的多重可能性道路。

我们必须看到，马克思是自觉地把解决他的时代的世界历史基本问题和现实社会的迫切问题作为自己终身使命的人类学家、经济学家、思想家、哲学家和革命家。

（二）马克思的双重历史使命所决定的马克思的双重理论视野

马克思的双重历史使命，即历史赋予他的同时解决历史基本问题和现实迫切问题的人生使命，决定了他不能不从双重视野看问题。这是由于，要解决世界历史基本问题，不能不从人类学视野看问题；而要解决现实社会的迫切问题，又不能不从经济学视野看问题。这就形成了他的双重理论视野。而这种双重理论视野又是哲学性的，因为青年马克思首先是位哲学家。所以他的人类学视野，同时也就是人类学哲学视野；他的经济学视野，同时也就是经济学哲学视野。这种双重理论视野是由马克思一身二任的双重理论任务所决定的，对于他来说是必然的也是自然的，他应用起来得心应手，并没有感到有什么区别和不便，所以他也并没去区别和加以审思。

马克思从《1844年经济学哲学手稿》到《资本论》第三卷，主要精力都在经济学问题域中活动，并以经济学作为科学理论武器，研究无产阶级以及全人类的解放问题，这就是我们熟知的马克思主义，我们称之为狭义理论或经济学哲学理论。但是，由于没有认识到马克思的双重历史使命，100多年来人们把这当成马克思的全部思想理论来对待，而不知道马克思还有另一种与此相辅相成的立足于人类学的广义理论构建。事实上，人类学视野是马克思最先强调的理论视野（"人类精神的真实视野"，1842年），这是站在世界历史高度观察"人和人类世界"的问题及其解决方向的视野。他一生都没有放弃这一人类性问题域：既以这一视野为根基考虑狭义理论问题，又直接形成了一系列的广义理论构建。这是至今还没有被认识和承认的理论构建。

（三）马克思双重理论视野的双重理论构建

马克思从来不是以单纯的学者出现于世界的，他从一开始就是以一种强烈的价值追求的理论家、哲学家出现于世界的，这种价值追求，在本质上是一种政治价值追求。这种政治，是一种追求人类解放和解放人类的政治。因而，不论他的人类学视野也好，经济学视野也好，都带有政治追求的性质。这也就是说，马克思的经济学，不是单纯的经济学，而是政治经济学；而马克思的人类学，也不是单纯的人类学，而是政治人类学。这特别体现在他的《1844年经济学哲学手稿》中。如果我们把这本经典著作中的经济学思想和人类学思想仅仅视为一般的、科学的经济学和人类学，那就不能理解马克思特有的价值理论构建。所以，应当进一步认识到：马克思的经济学哲学与人类学哲学，都是为他的政治——解放人类的政治——服务的，因而是一种政治性的经济学哲学和政治性的人类学哲学。当然可以将之简称为经济学哲学和人类学哲学。这就是马克思的双重理论视野。

回到开头所说的两大问题，可以说，在四十多的时间里，马克思都是从这种双重理论视野为这两大问题——现实迫切问题与历史基本问题——的解决进行观察、思考、批判以及相应的理论构建。他为此做过不少事，说过不少话，写过不少东西，形成了他的双重理论论域和双重理论构建。这就是说，正是由于这两大斗争任务的存在，所以，在马克思的理论中，不能不出现大量的双重理论构建——建立在政治经济学基础上的理论构建，以及建立在政治人类学基础上的理论构建。前者可以概括为经济学哲学，后者可以概括为人类学哲学。前者是人人都知晓的传统马克思主义的基本理论，而后者至少从文献上说，则是人人都还不知道的。

马克思的这两大理论构建，都有其明确的目的：建立在政治经济学基础上的理论构建，是直接为解决"现实迫切问题"即为"无产阶级解放"而奋斗的理论构建；而建立在政治人类学基础上的人类学哲学的理论构建，则是直接为解决"历史基本问题"即为"全人类解放"而奋斗的理论构建，前者形成了马克思的狭义理论构建；这里出现的是无产阶级的马克思形象；后者形成了马克思的广义理论构建，这里出现的是全人类的马克思形象。我们重点关注的就是：马克思的建立在政治人类学基础上的、以政治解放为前提的、为"全人类解放"而奋斗的广义的人类学哲学的理论构建。

（四）马克思双重理论构建之间的"互根互张"的理论关系

马克思这种双重理论视野和双重理论构建，不是简单的。马克思理论的深刻性，马克思的秘密，都在于他的这种双重理论构建及其关系中。这种关系，不是因果关系，不是辩证关系，也不是系统关系，而是现实与历史之间的互根互张的关系。

首先，马克思的这种双重理论视野，不是漠不相关的，由于历史基本问题与现实迫切问题建立在历史与现实的相关性和统一性之中，因而，双重理论视野是互根的；这种互根性，又决定了他的理论解决、他的理论主张不能不是互张的，即互相展开、互相发扬的。所以马克思的双重理论构建是互根互张的关系。

这种互根互张的关系，一是体现在两种理论之间的关系中，即狭义理论体系与广义理论体系之间的互根互张性，双重一致性；二是常常体现在马克思从双重理论视野观察把握同一个问题、同一个概念而出现的关于同一个问题、概念、范畴的互根互张的双重理论判定，从而出现了许多不为人理解的所谓马克思的"矛盾""悖论""同语反复"等至今令人困惑的问题。例如，有名的"正义悖论"就是这样：一方面，马克思从世界历史视野、从人类学哲学视野强调资本主义的非正义性，强调无产阶级反对资本主义的正义性；另一方面，马克思又从经济学哲学视野、从现实社会问题的视野，说资本主义的等价交易是正义的，资本家购买工人的劳动力而获取其创造的剩余价值也不是不公平的。这种双重理论构建和从双重视野对同一个问题的把握，就展开了一种具有双重本质的理论世界、理论区间或者用今天的术语说——理论宽带，正是在这种区间和宽带里显现出马克思哲学思想的深刻性和把握问题的全面性。

所以，站在这种双重理论视野的立场之上，人们所发现的所有马克思理论中不可理解的"矛盾""悖论"等，便都可以从这种双重视野形成的理论"宽带"里通过具体分析来理解。可以说，这是我们可以发现马克思从不同论域把握同一个问题的互根互张的最深刻的马克思特有的理论方法，对此，我们特称为双重视野方法论——这是马克思的全部理论活动所创造出来的马克思特有的方法论，也是我们解开马克思悖论马克思秘密的方法论。对这一方法论以及他所形成的种种对同一个概念的双重理论判定，都需要另外专门讨论。

三　马克思双重理论构建与双重理论逻辑的形成

任何科学、任何理论都有它内在的逻辑联系。如果说，马克思既以经济学为理论根基构建了无产阶级解放理论，又以人类学为根基构建了全人类解放理论的话，那么，不论自觉与否，它内部都会产生两种理论逻辑：经济学逻辑与人类学逻辑。

对马克思理论中的双重逻辑线索的发现，是中国马克思主义者在 21 世纪的一大功劳。首先是孙伯鍨先生，他在 2002 年就指出：在《1844 年经济学哲学手稿》中"存在着两种截然相反的逻辑：以抽象的人的本质为出发点的思辨逻辑，和以现实的经济事实为出发点的科学逻辑"[①]。这显然远远超过了在马克思《手稿》中寻找一种理论而排斥另一种理论这种片面性做法，以及把整个《手稿》打入另类的错误立场。发现马克思理论中双重并

---

① 孙伯鍨：《探索者道路的探索——青年马克思恩格斯哲学思想研究》，南京大学出版社 2002 年版，第 157 页。

峙的两种逻辑，这是一种重要的理论突破。但是，这一理解还不够准确，因为，这里是把"思辨逻辑"与"科学逻辑"对立起来，显现出马克思有一种从"思辨"走向"科学"的道路，所以作者强调，马克思的思辨逻辑"仍旧停留在费尔巴哈哲学的范围内"，而"历史唯物主义只有在后一种逻辑基础上才能逐渐产生出来"①，这就不能不陷入"断裂论"的错误立场。但是，这一新颖理论仍然引起了学术界的关注和讨论。

王南湜先生对这一线索有了重要的发展，他进一步称之为"人本逻辑"与"科学逻辑"，指出"《手稿》中存在着人本逻辑与科学逻辑的双重变奏"②。这里以人本逻辑代替思辨逻辑是完全正确的，并且指出这种双重逻辑贯穿于马克思一生理论的始终。但对为什么会出现这种双重逻辑却没有追问。

上面的讨论表明，马克思既然自觉地担负起世界历史发展和现实迫切问题的解决这种双重历史使命，并且进行了双重理论思考和双重理论构建，形成了他的建立在人类学根基上的人类学理论论域和建立在经济学根基上的经济学理论论域，当然也就形成了他的以人类学为理论根基的人类学逻辑和以经济学为理论根基的经济学逻辑。

这就是说，马克思的双重使命、双重论域必然出现双重理论构建和其双重逻辑：人类学逻辑和经济学逻辑。或者更正确地说，形成了广义理论逻辑与狭义理论逻辑。这就要求我们要从双重理论构建和双重理论逻辑的立场，重新研究马克思的理论学说。王南湜先生对这一点的重要性有清醒的认识，他指出：

> 从双重逻辑在马克思理论中始终并存，引申出了马克思哲学思想发展的一项重要任务，那就是《手稿》之后，由于马克思在政治经济学批判中致力于发展科学逻辑，而对人本逻辑虽未弃绝，但事实上也未系统发挥，故基于马克思基本思想发展其人本逻辑，便成了马克思主义哲

---

① 孙伯鍨：《探索者道路的探索——青年马克思恩格斯哲学思想研究》，南京大学出版社 2002 年版，第 193 页。

② 王南湜：《政治经济学批判起点上的人本逻辑和科学逻辑——〈1844 年经济学哲学手稿〉的一种后黑格尔主义的阐释》，《哲学动态》2014 年第 9 期。

学之一项根本性任务。而且，此一任务不仅是马克思主义哲学理论的完整性要求，而且在当今也是现实生活所迫切要求的。而在今天政治哲学复兴的大潮中，马克思主义政治哲学之所以在理论上未有建树，一个重要的原因，恐怕在于囿于黑格尔主义甚至法国唯物主义之眼界，而未能把握住马克思哲学思想中双重逻辑之意蕴，并在科学逻辑已获得充分发展的基础上，对于人本逻辑予以发挥和发展。①

发现马克思的双重历史使命、双重理论构建和双重理论逻辑，是正确和全面理解马克思的起点。可以肯定的是，马克思的全部理论，都可以纳入这种由双重理论和双重逻辑支配的理论体系里。马克思构建了一个关于人和人类世界的理论世界，这个世界的真理存在于由双重理论和双重逻辑所展开的理论空间里。

四　21 世纪：弘扬马克思的广义理论 视野和广义理论构建

马克思解决他的双重问题的双重理论视野——政治经济学的哲学视野与政治人类学的哲学视野是如此有力，它把马克思的全部理论截然分开，从而使我们可以区别对待。

简单地说，在马克思那里存在着的，一是本着无产阶级正义精神批判资本主义经济学和经济奴役，它形成了马克思的狭义批判领域，形成了他的政治经济学理论和以经济学逻辑为主线的狭义理论构建；二是本着人类正义精神批判人类世界的一切不合理非法性现象，它形成了马克思的广义批判领域，形成了他的以政治人类学理论和人类学逻辑为主线的广义理论构建。既然这两个理论世界在今天、在这里才被揭示出来，那么，我们就首先需要把这两个理论世界大体展示出来，并比较两种理论构建对于当代世界的适应性。我们因此看到，由于狭义理论体系早就广为人知，并随着世界历史变迁

---

① 王南湜：《政治经济学批判起点上的人本逻辑和科学逻辑——〈1844 年经济学哲学手稿〉的一种后黑格尔主义的阐释》，《哲学动态》2014 年第 9 期。

已不适应当代世界，因而我们可以将其搁置不论；而广义理论视野和广义理论构建与当代的世界历史发展相适应，因而理应成为我们重点讨论的领域。

这里要注意的是，马克思的这两大理论构建的命运是不同的。前者通过列宁和毛泽东在不发达国家的发展和革命实践，已经改变了半个不发达世界，因而马克思主义便以这一面貌风行世界；后者则因为前者的盛行而一直被遮蔽，从而有待于我们今天去发现。可以说，19、20 世纪的历史已经过去，它的现实迫切问题已经得到这样那样的解决而消逝或转化到新的历史问题之中，而它的历史基本问题则以新形态持续到了 21 世纪的今天。因而，21 世纪是发现和弘扬马克思的广义理论领域而推动世界历史基本问题走向解决的时代。从前者深入到后者，不是改变马克思主义，而是发现和复兴其内在的人类学价值，从而在当今这个人类学时代发展和振兴马克思主义，是让马克思主义进一步与人类历史进步相结合而得到发展的历史性工作。

前面的讨论表明，马克思解决现实迫切问题的无产阶级解放理论之所以有力，在于它以历史基本问题即人类解放为内在的根基和张力；马克思解决历史基本问题即包括政治解放的人类解放理论之所以有力，又在于他找到了其物质性的实践手段——以无产阶级为"物质武器"（从而包含无产阶级解放）这种内在的根基和张力。其结果，就是在马克思那里形成了种种由双重理论张力所形成的理论世界。看不到二者的区别，是我们过去不能发现马克思的双重历史使命和双重理论构建的原因。

本文既是对马克思的主要的双重理论构建的分析揭示，又是对他的狭义理论构建在历史变迁中的相对性的分析，更是对尚不为人知晓的他的广义理论构建的重要性与当代性的分析，以便从马克思理论构建的结构本身及其命运中展示马克思主义的发展方向。当然，这些远不是最后的结论。

总之，马克思的"时代迫切问题"，可以区分为"互根互张"的历史基本问题与现实迫切问题。"历史基本问题"是当时历史上出现政治革命和政治解放之后而提出的人类解放问题；"现实迫切问题"是当时现实社会的"劳动与资本的对立"所引起的无产阶级的生存与解放问题，历史与现实的关系就是互根互张的关系。马克思自少年时代以来的人类学情怀（"为人类幸福而工作"）迫使他首先关注的是历史基本问题，但这个问题要想解决，却必须优先解决现实社会的迫切问题，所以马克思把这两大问题结合起来作为他的双重历史使命，终生为解决这两大问题而献出自己的精力和健康。

　　确认马克思的双重历史使命、双重理论视野和双重理论构建，是提出马克思的人类学哲学以及广义马克思主义的本于马克思本人的合法性根据。这就为进一步的创新研究奠定了理论基础。

　　　　　　　（原载《云南社会科学》2017 年第 6 期。苗启明，云南省
　　　社会科学院哲学研究所研究员，云南新时代中国特色社会主义
　　　研究中心 21 世纪马克思主义创新团队首席专家；刘琼豪，广西
　　　　　　　　　　师范大学马克思主义学院教授，博导）

马克思人类学哲学思想在
时序中的深入发展

苗启明

摘要： 当我们提出马克思人类学哲学时，许多人表示怀疑。这里，我们集中讨论马克思青年时代的哲学思想在时序中的发展，主要是文献综述，评论很少，主要有：一、1842 年：马克思对人类学哲学的理想特征的哲学宣示；二、1843 年：对人类学哲学的对象、任务和人类学价值原则的宣告；三、1844 年：对人类学哲学的人类学特性的诸多理论构建；四、1845—1848 年：对人类学哲学的人本根基的理论确立；五、马克思的众多哲学宣示：对人类学哲学的全面理论和开辟。马克思的这些诸多哲学宣示表明，他在其广义的生存人类学立场和人类学视野的基础上：一是确立了自己的人类观（人是对象性的存在物，人是社会关系的总和等）；二是确立了这一哲学的世界观以及方法论；三是确立了这一哲学的实践理论基础即人类学实践论；四是确立了这一哲学的人类学历史观；五是确立了这一哲学的对象和批判构建任务，即批判人类世界的不合理非法性关系，建立和谐新世界；六是表明了这一哲学的理论关怀的全局性：从人与自然界的生态生存关系出发到其历史发展的终极方向即人类学共产主义的实现；七是确立了新哲学应当是以实践改变不合理世界的新哲学；八是表明了它是关于人类的生存发展命运的新哲学等。

关键词： 马克思；人类学哲学思想；时序发展；人类学价值原则；人类学哲学的人本根基；人类观；人类学实践论；人类学历史观

　　如何理解和把握马克思的本真哲学精神，过去重要，今天更加重要。马克思一开始就与一切哲学家都不相同，他在其人类学立场和人类学视野的基础上，从1842年到1880年先后几十次宣告了他的新哲学的对象、任务和重要特征，并且随着时序在不断发展构建。这些哲学宣示明白无误地表明，马克思力图构建一种能反映时代精神的、关于人和人类世界的新哲学。这一哲学的对象和根本任务，一方面是根据人类学价值立场对人类世界的异化即不合理非法性关系展开批判；另一方面力图使人能按其人类学本性即自然性和人本性而得到合理发展并走向人类学共产主义。这一哲学的功能和使命，一方面是要从人类学立场出发形成对人类世界的问题的正确把握，另一方面在于以实践方式改变不合理世界；从而在基本框架上，构建了一种人类学唯物主义新哲学。这一哲学不能纳入马克思前后任何已知的哲学中，由于它的基本立场是人类学立场，并以人为根基理解世界，关怀的是人和人类世界的人类学发展，因而可以概括为人类学哲学。

　　马克思对人和人类世界有许多深刻的人类学哲学的论断和揭示。这些论断大都以一种哲学格言、哲学主张、哲学宣示的形式表现出来，它们既可以被视为马克思对人类学哲学的具体理论构建，又可以被视为对他的《关于费尔巴哈的提纲》的丰富补充。读者可以看看这些宣示所显示、所呼唤的哲学，究竟应当如何概括（应当概括为人学？哲学人类学？还是其他？）如果说，马克思《关于费尔巴哈的提纲》是人类学哲学的基本理论构架的话，那么，这些哲学宣示则是它的根基乃至枝叶。它们综合起来大体表明了马克思人类学哲学的主要内容，这些内容有一种从外至内、从浅至深的联系。过去由于不能从人类学哲学高度看，这些哲学宣示以一盘散沙的状态出现，它实际上的内在统一联系都被遮蔽了。

　　根据我们一再提出的对马克思的双重历史使命和双重理论构建的理解①，和我们对马克思的人类学精神和人类学立场的讨论，可以断言，马克思青年时代的哲学思想，都是站在人类学立场和人类学价值高度上对人类如何走向自由解放问题的哲学思考，是通过人的人类学特性来理解世界的人类

---

① 参见苗启明、刘琼豪《马克思的双重历史使命与双重理论构建》，《云南社会科学》2017年第6期。

学哲学思考。

下面，让我们按时序粗略"扫描"一下，看看马克思青年时代对他的哲学有过什么样的重要哲学宣示，以作为我们重新理解马克思哲学的理论根据。

一　1842 年：马克思对人类学哲学的理想特征的哲学宣示

1842 年 6 月，马克思就反动报纸《科伦日报》那种反对哲学、反对理性而倡导宗教信仰的社论《第 179 号"科伦日报"社论》进行了抨击，指出该社论是一篇"不能指摘这篇文章有任何哲学观点，但是它至少有一种攻击哲学观点和传播宗教观点的趋向"①。文中多方面谈到哲学的功能，对哲学多所赞美，但是，马克思首先看到的是旧哲学的缺陷，他指出：旧哲学"像一个巫师，煞有介事地念着咒语，谁也不懂得他在念叨什么"②。马克思还嘲笑那种"究竟是'头脑'也属于这个世界，还是这个世界是头脑的世界"的"唯物"或"唯灵"的无谓争论③，而不能真正深入人们的现实生活世界。在这种对旧哲学的诸多不满中，马克思表述了他的有名的对未来"真正的哲学"的希望：

"任何真正的哲学都是自己时代的精神上的精华，因此，必然会出现这样的时代：那时哲学不仅在内部通过自己的内容，而且在外部通过自己的表现，同自己时代的现实世界接触并相互作用。那时，哲学不再是同其他各特定体系相对的特定体系，而变成面对世界的一般哲学，变成当代世界的哲学。各种外部表现证明，哲学正获得这样的意义，哲学正变成文化的活的灵魂，哲学正在世界化，而世界正在哲学化"。这种"哲学思想冲破了令人费解的、正规的体系外壳，以世界公民的姿态出现在世界上。"④

这实际上是马克思对他的新哲学观以及新哲学的理想特征的宣言，也是

---

① 《马克思恩格斯全集》第 1 卷，人民出版社 1995 年版，第 208 页。
② 《马克思恩格斯全集》第 1 卷，人民出版社 1995 年版，第 219 页。
③ 《马克思恩格斯全集》第 1 卷，人民出版社 1995 年版，第 220 页。
④ 《马克思恩格斯全集》第 1 卷，人民出版社 1995 年版，第 220 页。

对未来哲学的宣告。这里的"世界",显然是指人类的现实生活世界,而不是客观物质的或理念的世界。马克思认为,哲学的立足点应当在现实生活之中,而不是站在世界之外做无尽的"遐想"。他明确要求哲学要像"世界公民"那样,关心人类世界的公平正义,为人类的自由和幸福而奋斗。在这里,马克思表明了他所希望的哲学不是脱离实际生活的哲学,而是要作为人的理性精神渗透在人的现实世界之中并规范现实世界的哲学。可以认为,马克思要求新的哲学要成为人类的生活之道,世界之理,时代之声,文明之魂。以"世界公民"比喻哲学,表明了这种哲学的人类学特质,表明了他所希望的哲学,是一种关于人类现实生活世界的哲学。马克思显然认为,哲学要成为"世界的哲学",并通过世界的哲学而达到"哲学的世界"。这些关于新哲学的思想不是虚幻,它显示了人类学哲学的基本特征,并且成了他此后哲学开拓的纲领。

二　1843 年:对人类学哲学的对象、任务和人类学价值原则的宣告

(一) 对新哲学的哲学对象和哲学任务的宣示

从文献上看,马克思在他的博士论文之后,最重要的哲学工作,就是在1843 年夏开始的对黑格尔法哲学进行的批判。但是,《黑格尔法哲学批判》并未完成,手稿也未整理就已中断,可能和他当年 10 月去了巴黎而又转向经济学有关。倒是其中的"导言"比较完整,他到巴黎后发表在 1844 年的《德法年鉴》上。这是代表了马克思整个哲学精神的最重要的著作之一。按马克思的说法,《黑格尔法哲学批判》主要是通过对黑格尔的国家哲学和法哲学思想的直接批判而间接批判德国现实的。"导言"不仅直接点明了该书的这种曲折方法和意图,而且直接批判了德国落后于世界文明发展水平的政治现状。所以,马克思的《黑格尔法哲学批判导言》,是直接批判德国现实的哲学。这是德国哲学在声势浩大的宗教批判之后,在马克思这里力求实现的现实批判转向。

德国是有伟大哲学批判传统的国家。当英国新的生产方式即资产革命及其政治经济学走在世界历史前列、法国的政治革命和政治哲学走在世界历史

发展前列时，德国在这两方面都还很落后。但是，它们反映在德国的哲学思想中，却使其哲学思想发展走在当时世界文明的发展前列。康德、黑格尔代表了当时世界哲学发展的最高成就。特别是黑格尔之后的宗教批判，在斯特劳斯等人，特别是费尔巴哈的宗教批判中，最终得出"人创造了宗教，而不是宗教创造人"① 这一真理，从而把神统治人的时代转化成了人自己可以独立自由发展的时代，即从对宗教解放的追求走向了对人的解放的追求。这就为以人类学代替神学开通了道路。所以马克思说，"就德国来说，对宗教的批判基本上已经结束；而对宗教的批判是其他一切批判的前提"②。所以，马克思要求：德国哲学要从对人的自我异化的神圣形象即神灵的批判，转向对非神圣形象即人和人类世界自身的自我异化进行批判。因为废除了宗教对人的精神和生活的统治，就是宗教幻想的熄灭和人的现实生活的站立，也就是人作为人类学的人的站立，从而使人能自己创造自己的世界。有了这种对德国精神历史发展任务变革的认识，马克思正式宣告了新哲学的对象及其批判任务，即要对人类世界的不合理、非法性关系展开批判：

> 真理的彼岸世界消逝以后，历史的任务就是确立此岸世界的真理。人的自我异化的神圣形象被揭穿以后，揭露具有非神圣形象的自我异化，就成了为历史服务的哲学的迫切任务。于是，对天国的批判变成对尘世的批判，对宗教的批判变成对法的批判，对神学的批判变成对政治的批判。③

这是一次最重要的哲学宣示，它表明马克思的人类学理念和人类学精神有了实际的发展：强调哲学要从神学批判转向人类学批判的必然性和必要性。"此岸世界"即人类世界，它的不合理、非法性主要集中在作为国家制度的政治和法之中，所以，马克思要求新哲学要对现实的政治和法进行批判，对不合理、非法性的国家制度展开批判。马克思强调，这就成了为历史

---

① 《马克思恩格斯全集》第 3 卷，人民出版社 2002 年版，第 199 页。
② 《马克思恩格斯全集》第 3 卷，人民出版社 2002 年版，第 199 页。
③ 《马克思恩格斯全集》第 3 卷，人民出版社 2002 年版，第 200 页。

发展服务的、他所要开辟的新哲学的哲学任务。这一宣告的重要意义,不仅在于指出了历史的发展需要创立这样一种批判性的"尘世的哲学"——关于人和人类世界的哲学,而且确立了这种新哲学的任务和特质。一种关于人和人类世界的批判哲学就此确立。

(二)马克思对新哲学的人类学价值原则的揭示

与这种对象和任务相适应的,是马克思从肯定方面对人类学价值原则的构建。由于这一问题我们在别处还要专门研究,这里不妨点到即止。马克思强调:

> 人是人的最高本质。①
> 人的根本就是人本身。②
> 从社会自由这一前提出发,创造人类存在的一切条件。③
> 任何解放都是使人的世界和人的关系回归于人自身。④

这是马克思 1843 年所写而发表在 1844 年《德法年鉴》上的《黑格尔法哲学批判导言》和《论犹太人问题》中所宣告的人类学价值思想,是马克思本着他的人类学理念,所提出来的人类学价值原则或者说人类学价值立场的集中体现之一。与此同时,马克思还从这种人类学价值原则出发,要求对违背这一价值原则的不合理世界进行批判,他称之为"绝对命令":

> 绝对命令:必须推翻使人成为被侮辱、被奴役、被遗弃和被蔑视的东西的一切关系,……把人解放成为人⑤。

至此,可以说,马克思明确地从正反两方面宣告了他的人类学价值立

---

① 《马克思恩格斯选集》第 1 卷,人民出版社 2012 年版,第 10 页。
② 《马克思恩格斯全集》第 1 卷,人民出版社 1956 年版,第 460 页。
③ 《马克思恩格斯选集》第 1 卷,人民出版社 2012 年版,第 15 页。
④ 《马克思恩格斯全集》第 3 卷,人民出版社 2002 年版,第 189 页。
⑤ 《马克思恩格斯选集》第 1 卷,人民出版社 2012 年版,第 10 页。

场，这一立场成了他要构建的新哲学的最高价值原则。这应当引起我们充分注意。正是从这种价值立场出发，马克思产生了他的自由、真理、正义、平等的人类学价值追求。但是，由于该问题需要专门研究，这里从略。

此外，写于 1843 年而在 1844 年发表的《论犹太人问题》和《黑格尔法哲学批判》导言中，初步从人类学价值立场出发，提出和讨论了从政治解放走向人类解放的问题。他的"任何解放都是使人的世界和人的关系回归于人自身"①，实际是对人的人类学解放论的提出，这里从略。

三　1844 年：对人类学哲学的人类学特性的诸多理论构建

为什么我们把马克思的哲学称为人类学哲学？一个根本原因，在于它是建立在人的人类学特性基础上的，这种人类学特性形成了它的人类学理论根基。这集中体现在他的《1844 年经济学哲学手稿》中。其中比较完整的理论，是从人与自然的一体化关系出发的对人的人类学生成论的理论构建。

（一）对人与自然界互为对象的理论构建

马克思对人类世界的人类学哲学思考，是从自然界出发的，人与自然界的关系是马克思哲学思考的最根本关系。这种关系首先体现在人与自然界是互为对象的一体性存在，《手稿》把这种一体性存在以人与对象的对象性关系表达出来：

> 随着对象性的现实在社会中对人说来成为人的本质力量的现实，成为属人的现实，因而成为人固有的本质力量的现实，一切对象也对他说来成为他自己的对象化，成为确证和实现他的个性的对象，成为他的对象，这就等于说，对象成了他本身。对象对他说来如何成为他的对象，这取决于对象的性质以及与其相适应的本质力量的性质。②

---

① 《马克思恩格斯全集》第 3 卷，人民出版社 2002 年版，第 189 页。
② 马克思：《1844 年经济学哲学手稿》，人民出版社 2003 年版，第 78—79 页。

这里把对象的性质与人的本质力量的性质视为同一种性质，正是凭借这种人—物共同性而形成了人对对象的肯定方式，这就是五官感觉的形成：

> 正是这种关系的规定性造成了一种特殊的、现实的肯定方式。眼睛对对象的感受与耳朵不同，而眼睛的对象不同于耳朵的对象。每一种本质力量的独特性，恰恰是这种本质力量的独特的本质，因而也是它对象化之独特的方式，它的对象性的、现实的、活生生的存在方式。因此，人不仅在思维中，而且以全部感觉在对象中肯定自己。①

这种把人与自然界视为互为对象的一体性思想，是马克思的人的自然生成论的理论前提。

（二）对人的人类学生成论的理论构建

1. 人的自然生成论。在马克思看来，人与自然的一体性关系的集中体现，是人的生命、人的五官的感觉特性，与自然事物是同一的，是在自然事物的作用中生成的。马克思强调：

> 不仅是五官感觉，而且所谓的精神感觉、实践感觉（意志、爱等）——总之，人的感觉，感觉的人类性——都只是由于相应的对象的存在，由于存在着人化了的自然界，才产生出来的。五官感觉的形成是以往全部世界历史的产物。②

这种生成，其一在于自然界的丰富性，其二在于自然界创造了人类感知的丰富性，人的相应感觉的丰富性。在马克思看来，自然对象对人、对我的意义，"以我的感觉所能达到的程度为限"。正是在人与自然界的长期相互作用中，"那些能感受人的快乐和确证自己属人的本质力量的感觉，才或者

---

① 马克思：《1844 年经济学哲学手稿》，人民出版社 2003 年版，第 79 页。
② 马克思：《1844 年经济学哲学手稿》，人民出版社 2003 年版，第 79 页。

发展起来，或者产生出来"①。人的思维以及人的各种人类学能力，也是这样产生和发展起来的，而且，正是这种自然的产生和发展，才使人成为人类学意义的人。但是，人的自然生成是在人的劳动中实现的。

2. 人的劳动生成论。人的自然生成又是通过非自然的手段而实现的，这就是人的劳动。马克思"把劳动看作人的自我创造活动"②。正是通过劳动，人既把自己与自然界结合起来，又把自己与自然界分离开来，创造自己的生活、生存和自己本身。并且随着劳动的发展，这种结合—分离活动也在变化发展，它既潜在着超越自然、创造文明的可能，也潜在着违背自然、自我毁灭的可能，这是后话。这里要强调的是，劳动是人类作为人类的最根本的人类学特性，它不仅使人的手与对象物、自然物相适应，使人的身体活动与环境、与对象物相适应，也使"人的感觉和思维"发展起来，恩格斯把它概括为"劳动创造了人"。这一思想是马克思在《手稿》中奠定的：

> 全部所谓世界历史不外是人通过人的劳动的产生，是自然界对人说来的生成。③

这种"世界历史"包括人通过劳动的自然生成的"自然史"，以及人类生成为人类之后的"人类史"在内。而人的自然生成在本质上是通过劳动而实现的。

人的劳动生成也不是孤立进行的，它是在社会中实现的。

3. 人的社会生成论。这里要注意的是，"人的劳动"是一种社会性行为，而人在劳动中则进一步产生和构建人的社会关系，从而使人的社会性得到更深入的发展，结果不仅是社会人的形成，更是人类社会的形成。所以人的劳动生成也就是人的社会生成。这是劳动的深刻意义之所在。

"正像社会本身创造着作为人的人一样，人也创造着社会。""社会的性质是整个运动的普遍的性质。"因此，人的"活动及其成果的享受，无论就

---

① 马克思：《1844 年经济学哲学手稿》，人民出版社 2003 年版，第 79 页。
② 马克思：《1844 年经济学哲学手稿》，人民出版社 2003 年版，第 128 页。
③ 马克思：《1844 年经济学哲学手稿》，人民出版社 2003 年版，第 84 页。

其内容或就其存在方式上说，都具有社会的性质"①。所以人只能在社会中生成为人。

马克思的这段话是说，人的社会生成与社会的人的生成，人与社会的互相生成，互相创造，人在社会中实现自己的人类作为人类的意义，这些都是人在社会互相构建的人类学的生成。

人的社会生成也不是可以自行实现的，它是在与自然界的交互作用基础上实现的。

4. 人与自然界在社会中的人类学生成。上面所说的人的社会生成，也就是人与社会都是在自然界的基础上生成和互相构建的。因为社会是人与自然界的中介，人借社会在自然界中实现自身，所以在人的社会生成中包括人的自然生成和自然的人的生成。所谓人的生成，就是人类学生成。人在社会中与自然界发生人类学关系，自然界也才能转化为人的人类学存在，在这种深层次意义上，人的社会生成也就是人与自然界的人类学的生成发展。马克思以深刻的语言，揭示了人、自然界与社会的这种复杂的人类学的生成关系：

> 自然界的属人的本质只对社会的人来说才是存在着的；因为只有在社会中，自然界才对人说来是人与人间联系的纽带。才对别人说来是他的存在和对他说来是别人的存在，才是属人的现实的生命要素；只有在社会中，自然界才表现为他自己的属人的存在的基础。只有在社会中，人的自然的存在才成为人的属人的存在，而自然界对人说来才成为人。因此，社会是人同自然界的完成了的本质的统一，是自然界的真正的复活，是人的实现了的自然主义与自然界实现了的人本主义。②

这就是说，人的人类学生成，自然界的人类学生成，都是在社会中实现的。人的自然本质与自然界的人类学本质，都只有在社会中才能实现。人的社会生成实现着人的自然生成和劳动生成。三者在自然界的中介下是人的三

---

① 马克思：《1844 年经济学哲学手稿》，人民出版社 2003 年版，第 75 页。
② 马克思：《1844 年经济学哲学手稿》，人民出版社 2003 年版，第 75 页。

位一体的生成过程。

（三）人的人类学特性："自由自觉的活动"

马克思人类学哲学的深刻之处，在于他多次谈到人的"类的特性"，不仅承认人的类的特性的存在，而且指出了人的类特性就在于追求自由的实现，这种人的类特性，也就是对人的人类学特性的揭示。

在《手稿》中，马克思从费尔巴哈"类哲学"的合理性出发，指出"人是类的存在物"，而人作为类的存在物，体现出他的人类学特性，这就是把自己当作"自由的存在物来对待"：

人是类的存在物。这不仅是说，人无论是在实践上还是在理论上都把类——既把自己本身的类，也把其他物的类——当作自己的对象；而且是说（这只是同一件事的另一种说法），人把自己本身当作现有的活生生的类来对待，当作普遍的因而也是自由的存在物来对待。①

人的"生产生活也就是类的生活。这是创造生命的生活。生活活动的性质包含着一个物种的全部特性，它的类的特性，而自由自觉的活动恰恰就是人的类的特性"②。

这里所说的"一个物种的全部特性"，就是指人这种生命存在物的人类学特性。马克思把这种特性概括为"自由自觉的活动"，道出了人类这种存在物的本质特征，可以说，正是人的这一本质特性，支配着人的生存发展，是人的生存发展的内在灵魂。

（四）对人的人类学特性的深入把握（人是怎样的存在物）

人的生成，建立了人与自然界的区别，形成了人的人类学特性。认识人的这种人类学特性，是人类学哲学的最重要的理论基础。费尔巴哈与施蒂纳，只认识到人是自然存在物，人是类存在物，和人是个体存在物，更深刻的是靠马克思自己来揭示的。在《手稿》中，马克思直接指出了"人是自然存在物"，"人是类的存在物"，"人是社会的存在物"，"人是属人的存在

---

① 马克思：《1844年经济学哲学手稿》，人民出版社2003年版，第48—49页。
② 马克思：《1844年经济学哲学手稿》，人民出版社2003年版，第50页。

物"，以及人是"自由自觉的存在物"，人是"作为能思的存在物"等，对此的全面的逻辑的展开，我们已在《〈巴黎手稿〉开创的人类学哲学及其后续发展》中做了系统的研究①，这里从略。知道人是怎样的存在物，对于认识世界和改造世界来说，是先决条件。比如，马克思为什么要追求人的自由解放？这不是人道主义和人性论的问题，而是人类学的问题，它既是人的人类学特性的要求，也是人类世界和人类文明发展的方向，因为人的人类学特性就是"自由自觉的活动"。这对我们理解马克思主义哲学的本真精神来说，是至关重要的。

（五）人的自然性与人本性的双重发展：人的人类学发展与共产主义的生成

人既是自然存在物又是社会存在物，决定了他至少具有双重生命特性，这可以概括为人的自然性与人本性：自然性不仅是人的自然需要，还指人的天赋能力；人本性可以包括人的社会性、人类性以及利他性等于一身。理解人的这种双重本性，是理解马克思的自然主义与人本主义的前提，也是理解共产主义的前提。

进而应当认识到，马克思所说的共产主义是两重意义的合璧：一是由工人阶级那里来的经济学的共产主义，即生产资料的社会所有制，这是我们所熟知的；二是人们还不知道的马克思的人类学共产主义思想。经济学的共产主义要通过经济的发展和改变来实现，人类学共产主义要通过人的人类学发展来实现，这是在《手稿》中集中体现出来的思想：

> 共产主义，决不是人所创造的对象世界，即人的采取对象形式的本质的消逝、舍弃和丧失，决不是返回到违犯自然的原始的简单状态的贫困。相反地，它们无宁是人的本质力量的现实的生成，是人的本质力量对人说来的真正的实现，是人的本质作为某种实在的东西的实现。②

---

① 苗启明：《〈巴黎手稿〉开创的人类学哲学及其后续发展》，中国社会科学出版社2017年版，见第四章。

② 马克思：《1844年经济学哲学手稿》，人民出版社2003年版，第128页。

这段话的前一句，既是指人所创造的对象物即财富和人的文明成果，又可以指发展了的人本身，即人的人类学本质所达到的成就。马克思强调，共产主义在于保持这些东西而进一步发展。后一句，直接强调它是人的本质力量的现实的生成。这里的人的本质力量，主要是指人的人类学本性，即人的自然性和人本性。强调共产主义是人的人类学本性的丰富发展和完满实现。那么，什么是人的人类学本性呢？怎样才能发展人的这种人类学本性呢？这里马克思是借助费尔巴哈的术语——自然主义与人本主义来表达他的伟大的人类学思想的。这种人类学思想是在对"社会"的理解中生成的：

> 社会是人同自然界的完成了的本质的统一，是自然界的真正的复活，是人的实现了的自然主义与自然界实现了的人本主义。①

在这里，"人的实现了的自然主义"，是指人的自然性的实现；"自然界实现了的人本主义"，是指自然界的人本性的实现。可以认为，马克思以自然主义表达了对人的自然性的实现愿望，以人本主义表达了对人的人本性的实现愿望。理解这一层之后，我们就不会像人们通常所做的那样，把马克思如下的话作为费尔巴哈思想而丢弃：

> 共产主义是私有财产即人的自我异化的积极的扬弃，因而也是通过人并且为了人而对人的本质的积极的占有；因此，它是人向作为社会的人即合乎人的本性的人的自身的复归，这种复归是彻底的、自觉的、保持了以往发展的全部丰富成果的。这种共产主义，作为完成了的自然主义，等于人本主义，而作为完成了的人本主义，等于自然主义；它是人与自然界之间、人和人之间的矛盾的真正解决，是存在和本质、对象化和自我确立、自由和必然、个体和类之间的抗争的真正解决。它是历史之谜的解答，而且它知道它就是这种解答。②

---

① 马克思：《1844 年经济学哲学手稿》，人民出版社 2003 年版，第 75 页。
② 马克思：《1844 年经济学哲学手稿》，人民出版社 2003 年版，第 73 页。

这里所强调的实现了的自然主义等于人本主义，实现了的人本主义等于自然主义，表明在马克思那里，人的自然性与人本性的高度统一和互相实现。这种自然性和人本性的实现过程，也就是"人的本质""人的本性"即人的人类学特性的发展过程，共产主义是以人的人类学发展为前提的，它就是这种人的人类学特性发展的结果，只有通过这种发展，人的自我异化即私有制才能被扬弃，人的生存性矛盾即人与自然界之间、人和人之间的矛盾才能解决，实现人与自然的和人与人的双重和谐的生态生存。同时也解决了在历史中一直作为人的生存发展矛盾的人的存在和人的本质性要求、人的对象化创造和人的自我的实现，以及人的自由和社会必然性的条件和限制、人的个体发展和整体规范之间等的差别、对立、摩擦和抗争，因为人的自然性和人本性的人类学发展，可以消除这些存在的对立而达于和谐。这样的建立在人的人类学发展之上的共产主义，我们应当概括为马克思的人类学共产主义思想。它在今天就体现为对全人类的和谐共生主义的追求。

（六）历史是人的生成史、发展史、实践史

与人的人类学发展思想相联系的是，马克思把历史理解为人的生成和发展的历史。他认为，"历史本身是自然史的一个现实的部分，是自然界生成为人这一过程的一个现实的部分"[1]，他把历史分为两部分："人的产生的活动、发生的历史"和"作为现实的主体的人的现实的历史"即发展史[2]。这两部分都是以人为根基的。他首先关注的是"人类历史——人类社会的产生活动"[3]，认为"全部所谓世界历史不外乎是人通过人的劳动诞生，是自然界对人来说的生成"过程。[4] 他的这样一种以人的人类学生成为根基的历史思想，实际上是一种历史人类学思想，这是他的人类学历史观的源头，是他在《德意志意识形态》中形成人类学历史观的理论根基。也是他在《政治经济学批判》中所说的生产力历史观的人类学根基（虽然那里没有表明）。理解这些是理解马克思人类学哲学思想的理论基础。

---

[1]　马克思：《1844 年经济学哲学手稿》，人民出版社 2003 年版，第 82 页。
[2]　马克思：《1844 年经济学哲学手稿》，人民出版社 2003 年版，第 112 页。
[3]　马克思：《1844 年经济学哲学手稿》，人民出版社 2003 年版，第 81 页。
[4]　马克思：《1844 年经济学哲学手稿》，人民出版社 2003 年版，第 84 页。

四 1845—1848 年：对人类学哲学的
人本根基的理论确立

（一）对社会人、历史人、自由人思想的构建

1. 社会人思想：马克思一方面承认费尔巴哈的类本质的存在，另一方面又加以发展，把类本质理解为"人的本质"，并把人的现实的本质归结为他的具体的社会性，社会关系，即在其现实性上，它是一切社会关系的总和。

在费尔巴哈那里，人的"本质只能被理解为'类'，理解为一种内在的、无声的、把诸多个人自然地联系起来的普遍性"。这当然是不够的，在马克思看来，"人的本质不是单个人所固有的抽象物，在其现实性上，它是一切社会关系的总和"①。

这是马克思在人的问题上所得到的最高结论，人是社会关系的总和的思想，实际上也就是对马克思特有的"社会人"②思想的提出。

2. "历史人"概念的形成。上节所讨论的历史是"人的产生的活动、发生的历史"和"作为现实的主体的人的现实的历史"③，就宣布了马克思的人是"历史人"的思想，但是，马克思既没有这一词，后人也没有这样概括，但这是马克思人类学哲学对人的基本理解：有了历史人的思想，才会产生人类学历史观的思想。历史人思想是马克思对他的从 1842 年到 1844 年所强调的社会人思想的深入发展。而马克思从社会人出发理解人类世界，就形成了他的社会人本论，从历史人理解世界历史，就产生了他特有的世界历史的人类学发展思想。这同样是马克思对人的人类学特性的最重要的理论构建。即人的全部人类学活动，都是建立在社会人和历史人基础上的。

3. 自由人及其联合体。人类学意义的自由是马克思一生的重要思想。这一思想集中体现在他在《共产党宣言》中的这样一句话中："在那里，每

---

① 《马克思恩格斯选集》第 1 卷，人民出版社 2012 年版，第 135 页。
② 这个概念马克思直到 1880 年才正式提出：见第 2 章的引文。
③ 马克思：《1844 年经济学哲学手稿》，人民出版社 2003 年版，第 112 页。

个人的自由发展是一切人的自由发展的条件。"① 自由发展的人就是自由人，"自由人"应当是马克思的基本人类学概念。

提出怎样的人，以怎样的人为根基理解人类世界，也就会形成怎样的人本哲学。马克思与费尔巴哈等人本哲学家的不同，其根基就在于他对社会人、历史人和自由人等的理解。

（二）对人类学哲学的立脚点、出发点、归宿点的确立

马克思的人类学理论和人类学立场，其直接的理论体现，就是对人类学哲学的立脚点、出发点、归宿点的确立。

马克思的前几次哲学宣示虽然都是以人为根基的，但是没有说明如何以人为根基，以什么样的人为根基，这些都来不及交代。而不交代这一层，就很难与费尔巴哈等人本哲学家在根基上区别开来。所以，马克思两次强调他与其他人本哲学家的不同，是在理论的立脚点和出发点上的不同。

1. 1845 年：对人类学哲学的立脚点的确立

既然马克思构建了具有人类学特质的新唯物主义哲学，那就有个以什么为根据把握世界的问题。对此，马克思在《提纲》中的第十条，回答了这一问题：这就是他从人类学高度，宣告了他的"新唯物主义"与旧唯物主义即费尔巴哈唯物主义的不同："旧唯物主义的立脚点是市民社会，新唯物主义的立脚点则是人类社会或社会的人类。"② 这里马克思强调，旧的费尔巴哈唯物主义在把握世界时，其立脚点虽然也是人，但是没有上升到人类学高度，只能把人理解为在社会中的各自孤立的人，"市民社会"就是由个人结成的社会，因而不能真正理解人；而马克思则要求上升到人类学高度，把市民社会的人上升成为人类社会的人，也就是要站在以"社会化的人类"为立脚点的人类学高度来理解和把握人和人类世界。这种立脚点，是马克思人类学立场的进一步体现。它表明，以社会化的人类为立脚点理解和把握人和人类世界以及人的对象世界，是新哲学与一切旧哲学的（唯物的、唯心的，物本的、人本的）本质区别。它是马克思人类学立场的具体体现。

---

① 《马克思恩格斯选集》第 1 卷，人民出版社 2012 年版，第 422 页。
② 《马克思恩格斯选集》第 1 卷，人民出版社 2012 年版，第 136 页。

为什么马克思要强调这一条呢？我们知道，哲学在研究其对象和问题时，都会有它的理论的立脚点。以抽象的"物质"为立脚点，就不能不形成形而上学唯物主义哲学；以脱离人的"历史"为立脚点，就会形成历史哲学；以独立的脱离人的"实践"为立脚点，就会形成实践哲学或实践唯物主义等。马克思表明自己的哲学的立脚点，不是物质，不是辩证法，不是历史，不是实践，不是自然性的"类本性"或"唯一者"，不是市民社会，也不是人性、人道、生存、解放，更不是一般的"人"，等等，因而不能以这些范畴为立脚点概括他的哲学。特别要注意的一点是：马克思在《提纲》中谈得最多的是实践，全面建立了他的实践理论，但他却没有要求以实践为立脚点，马克思也从来没有说过可以以这些范畴为立脚点来观察世界，构建哲学。他所强调的，是他的哲学的立脚点只能是"人类"，是"社会化的人类"，这充分体现出他的哲学的人类学特征，即"人学"特征。因而，这一哲学宣示最明白不过地表明，马克思的新哲学，是以社会化的人类为根基来研究人和人类世界的人类学哲学。

2. 1846 年：对人类学哲学的理论出发点的确立①

立脚点具有总体特质。而当要具体研究和把握人类世界的问题时，它就具体体现在从哪里出发的问题。所以，马克思又根据他的人类立脚点而提出了理论研究的具体的人的出发点。在 1846 年展开的对德国错误人本哲学思想进行批判的《德意志意识形态》中，马克思开宗明义地强调了他的新哲学的理论出发点：

> 德国哲学从天国降到人间；和它完全相反，这里我们是从人间升到天国。这就是说，我们不是从人们所说的、所设想的、所想象的东西出发，也不是从口头说的、思考出来的、设想出来的、想象出来的人出发，去理解有血有肉的人。我们的出发点是从事实际活动的人，而且从他们的现实生活过程中还可以描绘出这一生活过程在意识形态上的反射

---

① 这里我们仅限于对马克思早期哲学思想的考察，因为这是最典型的时期。关于马克思中期和晚期的人类学哲学思想，我们已在《〈巴黎手稿〉开创的人类学哲学及其后续发展》中做了较系统的研究，为避免重复，本书没有系统论述。参见苗启明《〈巴黎手稿〉开创的人类学哲学及其后续发展》，中国社会科学出版社 2017 年版。

和反响的发展。①

这是对前几次宣告的深入。所谓"天国",不过是指那种想象出来的抽象的理论,是对文艺复兴、启蒙运动以及德国新兴的人本哲学只知道研究抽象的人、一般的人、理想的人或强调人的突出特性如生命、意志、表象等这种倾向的批判;所谓"人间",不过是指现实的真实的人类生活世界。这里实际上指的是应当从人的实际出发即唯物主义地,还是从观念出发即唯心主义地看待人的问题。所以,把出发点建立在"从事实际活动的人"身上,是马克思从人的事实存在出发这种"新唯物主义"立场的集中体现。

马克思为什么要在这篇批判大作中一开始就强调怎样理解人的问题呢?因为马克思1846年所面对的,既不是宇宙本体论哲学和理念认识论哲学,这些都随着黑格尔哲学的解体而终结,也不再是宗教哲学和神学批判,这些在费尔巴哈哲学中已经完成,而是在宗教批判之后德国哲学对人的关注和多种多样的人的研究。这里不仅有启蒙运动对人的一般本性的抽象研究,也有新兴的德国哲学对人的自然本性、类本性或孤立个体心灵的研究。这些研究都是从传统哲学的抽象手法出发对人的本性的抽象甚至想象,所以马克思强调,他不是从想象出来的人出发,他要求对人的研究要从天上返回到人的真实存在这一地上来,从具体的"真实的人""现实的个人"出发,也就是从有生命的个人的存在出发。

3. 1848 年:对人类学哲学的理论归宿点的揭示

马克思人类学哲学的理论重心不在于对人的人类学特性这种人类学范畴的研究,而在于以这种人类学为基础而展开的对人类世界的生存解放问题的哲学研究。而人的生存解放问题的最高体现,就是自由人的联合体的形成,而这也就是归宿点的形成,无产阶级革命的最高目的也在于此。所以,马克思在《共产党宣言》中强调了他的理论追求、革命追求的归宿点:"在那里,每个人的自由发展是一切人的自由发展的条件。"② 它之所以是归宿点,在于它是对《共产党宣言》中全部社会主义革命的目的和未来发展方向的

----

① 《马克思恩格斯选集》第 1 卷,人民出版社 2012 年版,第 152 页。
② 《马克思恩格斯选集》第 1 卷,人民出版社 2012 年版,第 422 页。

概括。这话我们在其他地方还要多次研究到，这里从略。

（三）对西方人类学思想的深入发展

综上可以说，马克思宣告了人类学哲学的众多理论特征。重要的是，这不仅是他的"新唯物主义"的理论内容，而且对于西方人本哲学来说也是一种人类学的深入发展，这里主要突出以下几点。

其一，在西方，在中世纪，主要是宗教统治人，只有神的地位而没有人的地位。文艺复兴在本质上是人的复兴，随着文艺复兴的深入发展，是对人的理解的深入，人的自由、人性提了出来。笛卡尔就开始把人理解为自主的理性存在。

其二，工业革命使资本主义走向世界历史前台，科学技术的发展，使人的力量、人的价值得到彰显，人开始走向历史的前台。所以，人不仅成了当时走向世界的经济、政治、社会关注的主题，人也成了启蒙运动关注的主题。

其三，启蒙运动把人设想为具有完美精神的人，却既忽略了人的个体生命的生存这种现实问题，也忽略了"人类"整体的生存发展问题。这些抽象的人的概念虽然阻碍了对真实的人及其问题的理解，但也促进了哲学对人类问题的关注。康德开展了人类学研究，黑格尔之后德国哲学直接转向了对人的问题的研究。费尔巴哈就是典型体现。在这一思潮中，马克思要建立自己的关于人和人类世界的哲学学说，他的唯物主义科学态度，使他不能再从对人的各种想象和抽象本质出发，而必须找到真实的出发点，这就是他所提出的要从"从事实际活动的人"即从"真实的人"出发。所以，马克思的主要哲学工作，就是要找到真实的立足点、出发点以及归宿点以与传统的人本理论区别开来。

其四，当时（马克思所说的三年中）德国最前沿、最当红的哲学是关于人的哲学。用斯特劳斯的话说：人刚刚才被发现。马克思所批判的费尔巴哈、鲍威尔、"神圣家族"和施蒂纳等都是关于人的哲学家。前者把人理解为自然的类，从"类本性"出发理解人，要建立的只能是脱离社会的类本哲学或类哲学；后者直接脱离开社会，把人理解为孤立的个体，构建了同样脱离社会的"唯一者"的孤立个体人本哲学。这些虽然是对启蒙运动人的观念的发展，但依然是从脱离实际的想象出来的人出发。这就依然不可能真正理解人和人类世界，当然也就不能正确对待人类世界的问题。所以，马克思要批判他们，并力图正确回答当时的哲学前沿问题即"从哪里出发"来理解人和人类世界的问题。对于他来说，只有批判了错误，只有从真实的个人存在出发，才能走向人类世界的真理。

其五，当马克思提出我们的出发点是"从事实际活动的个人"时，这不仅仅是新唯物主义问题，而且是要找到"真实的人"作为科学理论的出发点，而真实的人也就是"现实的个人"，最后归结为"有生命的个人的存在"这一人本根基，因而，上面那段话也就是他对他的"新唯物主义"哲学的人本根基的宣告。以"真实的人"而不是以想象出来的人为根基，才能进入和把握真实的人类世界，从而把马克思的人类学哲学思想建立在确实的即科学事实的基础上。

立脚点、出发点和归宿点的确立，像人类学立场和人类视野一样，为新哲学奠定了人本理论和人本方法的基础。

顺便指出，马克思的"人类"立脚点和"个体生命"出发点之间的协同一致，就会既反对有害个体的整体主义又反对有害整体的个人主义，从而可以在哲学价值观上，为既克服基于个体的个人主义又克服基于类群的整体主义这两种片面性奠定理论基础。这对社会主义的发展、人类世界的未来发展来说都是非常重要的。用马克思的话来说，它是解决"个体与类之间的矛盾"问题的逻辑根据。

（四）1848年以后马克思人类学哲学思想的深入发展

1848年之后，马克思没有再专门思考人类学哲学问题。但是，他的人类学哲学思想一直没有休眠，而是他进行经济学哲学思考的理论背景，并时时冒出来，完成以前未竟的思考，从而使他的人类学哲学思想更加完善。可以视为哲学宣告的还有：

在《1857—1858年经济学手稿》中，对人的人类学发展提出了三阶段论的发展规律。在1859年的《政治经济学批判》序言中，对人对世界的生存掌握关系这一重要问题进行了概括："头脑用它所专有的方式掌握世界，而这种方式是不同于对于世界的艺术精神的，宗教精神的，实践精神的掌握的"①。在 1867 年的《资本论》中对人类学辩证法的深入探索（详见《〈巴黎手稿〉开创的人类学哲学及其后续发展》第四章）。特别是 1880 年最终对"社会人"的哲学宣示：表明马克思终生都在进行人类学哲学的思考。由于这些问题我们在别处都有专门研究，这里不再分析。

五　马克思的众多哲学宣示：对人类学哲学的全面理论和开辟

上面所涉及的马克思在各个时期的典型哲学宣示，不包括 1846 年的人类学历史观和 1859 年的生产力历史观（将另外讨论），马克思的基本哲学言说，大都囊括在内。这是我们思考马克思究竟构建了怎样的哲学所必须考虑的最起码的文献基础。

根据上述哲学宣示，马克思在哲学上排斥什么，要求什么，已经很明确。这里不妨略加讨论。

（一）马克思哲学宣示所排斥的哲学方向

其一，这些哲学宣示排斥了以客观物质为本位或以精神为本位的哲学。它根本不涉及这些方面，因为它已经转到了人类学方向上来。它表明，马克思的哲学思想已经完全超越了传统的物质本体论或精神本体论及其认识论范畴，而进入了人类学范畴，因为它们都是关于人和人类世界的哲学思考。

其二，这些哲学宣示排斥了追求人性或人的一般本性的"人学"方向。马克思的哲学立脚点和出发点的宣告表明，他与启蒙运动以来从人的抽象的一般本性出发构建人的哲学、人性论哲学或所谓的"人学"的方向不同，他对抽象的人的理论不感兴趣，而是从"现实的个人"深入人类世界的问题之中，要求解决"一个时代的迫切问题"。他从这里出发，走上了对人类命运和人类生存发展问题的关怀，这就超出了对人进行抽象理论把握而构建人的哲学、人学的道路，走向了直接为人的生存发展解放服务的生存人类

---

① 《马克思恩格斯全集》第 30 卷，人民出版社 1995 年版，第 43 页。

学、历史人类学方向。

其三，这些哲学宣示排斥了哲学人类学方向。从上面众多哲学宣示特别是对这一哲学的批判任务的宣告可以看出，马克思关于人和人类世界的哲学思想，与存在主义、生命意志主义以及性本能哲学的区别和对立是明显的，没有人把它们混淆起来。但是问题是：由于人们不明白马克思所独创的这种哲学的特质，所以，今天东西方都有人把马克思哲学理解为西方的哲学人类学，称为辩证人类学等。是"哲学人类学"还是"人类学哲学"？这里有原则的区别，有必要先看看哲学人类学的特征。

后于马克思走上理论战线的舍勒，是明确提出哲学人类学的哲学家，他认为：

> 哲学人类学的任务就是要精确地说明，人类一切特有的品性、成就和价值——比如语言、良心、工具、武器、正义及非正义的观念、国家、管理、艺术表现功能、神话、宗教、科学、历史性和社会性等等，是如何产生于人类存在的基本结构的。①

这就是说，哲学人类学是从"人类存在的基本结构"研究人类的"一般品性"与活动成就的人类学，是从哲学上对于人类一般品性及其各种表现进行的人类学研究，是哲学与人类学交叉而成的人类学学科。所以，它不关心人类社会的具体矛盾和具体的生存发展问题。而马克思的人类学哲学，却要坚持对人类世界的异化进行批判，坚持"对政治的批判和对法的批判"，坚持从人类社会的"自身矛盾"研究它的发展解决之道，这是从广义的生存人类学立场出发为人类世界的真理与正义而斗争的哲学。关不关心人类的社会生存问题及其合理性解决，是马克思人类学哲学与西方哲学人类学的本质区别。

（二）马克思所开创的新哲学：立足于人类学立场的人类学哲学

马克思的诸多哲学宣示表明，他在其广义的生存人类学立场和人类学视

---

① ［德］马克斯·舍勒：《人在宇宙中的地位》，陈泽环、沈国庆译，上海文化出版社1989年版，第74页。

野的基础上：

一是确立了自己的人类观（人是对象性的存在物，人是社会关系的总和等）；

二是确立了这一哲学的世界观以及方法论（已另外阐述）；

三是确立了这一哲学的实践理论基础即人类学实践论（已另外阐述）；

四是确立了这一哲学的人类学历史观（另外阐述）；

五是确立这一新哲学的对象和批判构建任务，即批判人类世界的不合理、非法性关系；

六是表明了这一哲学的理论关怀的全局性：从人与自然界的生态生存关系出发到其历史发展的终极方向即人类学共产主义的实现（另外阐述）；

七是确立了新哲学应当是以实践改变不合理世界的新哲学（另外阐述）；

八是表明了它是关于人类的生存发展命运的新哲学等（另外阐述）。

这里对人类学哲学诸多特征的论断，已经基本描绘出一种关于人和人类世界的新哲学——他称之为"新唯物主义""新哲学""当代世界的哲学"等，其中包括实质上就是以"人类个体生命存在"为本体的人类学哲学。马克思对这一伟大哲学的开创，任何人都不应当错误理解、置之不理或把它排除在马克思的经典思想之外。人们不是都在讲发展 21 世纪的马克思主义哲学吗？舍此不可能有重大发展。

从这些哲学宣示可以看出，马克思力图构建一种能反映时代精神的、关怀人和人类命运的新哲学。这一哲学的根本方法，是立足于"社会化的人类"和"人的个体生命存在"的基础上，观察把握人和人类世界的问题及其解决的哲学；这一哲学的对象和根本任务，一方面是根据人类学价值原则对人类世界的异化即不合理、非法性关系展开批判；另一方面是力图使人能按其人类学本性即自然性和人本性而得到合理发展并走向全人类的和谐共生主义（人类学共产主义）。这一哲学的功能和使命，一方面在于它强调以实践方式改变不合理世界；另一方面是要从人类学立场出发形成人们观察理解对象世界的人类学世界观，以正确把握人类世界。总的来看，在基本理论、基本框架和理论宗旨上，马克思实际上构建了这一新哲学。这一哲学不能纳入马克思生前和逝后的任何已知的哲学中，由于它的基本立场是人类学立场，关怀的是人和人类世界的人类学发展，因而应当概括为人类学哲学。

总之，从总体上看，马克思的众多哲学宣示表明，它既与人道主义无关，又超越了费尔巴哈人本主义以及哲学人类学方向，不能归结为"不成熟"而一弃了之。关键的问题在于，由后来的学者构建的辩证唯物主义、历史唯物主义以及实践唯物主义等，都没有接触到以上内容，在逻辑上也包含不了，因而不能通过这些理论的综合和完善来发展当代的马克思主义哲学。21 世纪，就是要从发展马克思的人类学哲学开始新的理论征程。

（原载张兆民主编《马克思主义人类学哲学研究》，
云南人民出版社 2020 年版）

从人类学哲学视域对马克思《关于费尔巴哈的提纲》的新理解

苗启明

摘要：《提纲》的产生，正处在德国当红哲学由黑格尔理念哲学转向费尔巴哈人本哲学这样一个制高点上，因而，它是马克思在这个制高点上向人类学方向的进一步开拓。《提纲》用三个不确定的词，感性的人的活动、实践、主体方面，来表达他的确定的哲学新思想：既以三个词互相解释显现；又以三个词从不同方面表达人的人类学特质。在这一意义上说，人就是以人的人类学特质来理解对象、现实、感性即人的周围世界的。因而，马克思是在这种人类学特质的根基上构建了他的人类学唯物主义、人类学世界观、人类学活动论、人类学实践论、人类学辩证法等，并据此提出了改变世界的哲学要求。这些充分表明了《提纲》的人类学哲学特质。而这一层对于当代的人类学时代的来临，具有根本性的意义。

关键词：人的人类学特质；人类学唯物主义；人类学活动论；人类学本质论；人类学实践论

《关于费尔巴哈的提纲》，是马克思一生唯一的也是最重要的哲学提纲。《提纲》中的十一条，每一条都可以视为批判和告别旧唯物主义而构建新唯物主义的哲学宣言。如果说，马克思是一位伟大的超前的现代哲学家的话，那么，这就主要体现在他的《提纲》中。但是，我们至今并没有真正理解《提纲》，因而我们也并没有真正理解马克思的哲学思想。

《提纲》既是批判费尔巴哈人本学哲学的，又是在批判中构建马克思自己的哲学思想的提纲。《提纲》并没有批判费尔巴哈人本学哲学的对象，而是在承认这一人本对象的前提下，批判费尔巴哈对人、对世界的理解不对。所以，我们应当把它视为马克思对费尔巴哈人本哲学的批判发展，是在发展中构建自己的人本哲学的提纲。

《提纲》的产生，正处在德国当红哲学由黑格尔理念哲学转向费尔巴哈人本学哲学这样一个德国哲学发展的制高点上，并且是把费尔巴哈人本哲学通过批判进一步向前推进的纲要。因而，它是站在德国哲学也是世界哲学发展的顶点上进行新开拓的哲学纲要，是在德国哲学由传统转向现代的因而是一个现代性方向的哲学提纲。

那么，这种现代性的根基何在呢？找不到这个基点，我们就不能正确理解《提纲》。

费尔巴哈哲学的出现，是以既批判作为人的异化的宗教哲学和神灵世界，又批判以绝对精神为本体而概括一切存在的黑格尔哲学的。他扬弃传统哲学的本体论、认识论追求，把人与其赖以生存的自然界作为他的哲学研究的对象，这是德国哲学从叔本华开始的最明确的人类学转向——虽然他的人类学转向还不够正确和彻底，但是，他不能不是西方哲学从本体论、认识论向现代性的人类学转向的开拓者之一。因而，他的哲学有一种人类学高度，他把人作为自然存在物来看待，把人作为一种类存在物，以它的"类本性"为本体来理解世界，这就上升到人类学高度上来了。因而，要理解和批判费尔巴哈哲学，也要上升到人类学高度上来。所以，马克思就是站在当时德国哲学发展的最高点即人类学高度上，来批判费尔巴哈和构建他自己的新哲学的。因此，如果我们没有哲学性的人类学的自觉，不能站到人类学高度上来，也就不能理解《提纲》和整个马克思哲学。

一　《提纲》的核心哲学构建：对人类学
唯物主义和人类学世界观的创立

《提纲》只有十一条，哪条是总纲呢？第一条以及作为它的补充的第十条。这两条表达了马克思的根本哲学思想，奠定了整个提纲的理论根据。

（一）《提纲》从"感性的人的活动"这种人的人类学特质理解世界，形成人类学唯物主义和人类学世界观

《提纲》和它的第一条，是马克思一切哲学表述中最重要的哲学表述，是马克思站在整个西方哲学发展的顶点上对传统哲学包括费尔巴哈哲学的批判和对他自己的新哲学的开辟：

> 从前的一切唯物主义（包括费尔巴哈的唯物主义）的主要缺点是：对对象、现实、感性，只是从客体的或者直观的形式去理解，而不是把它们当做感性的人的活动，当做实践去理解，不是从主体方面去理解。①

在这里，马克思一是批判旧唯物主义哲学"直观地"把对象世界理解为与人无关的、独立自在的"客体"，这就不能不出现主体与客体的二元对立，成了旧哲学摆脱不掉的天生局限。马克思提出了克服这种二元对立局限的新主张，这就是把对象、现实、感性，"当作感性的人的活动，当作实践去理解"，要"从主体方面去理解"。

在这里，其一，马克思不提旧唯物主义的"物质世界"、不提"整个世界"、不提"一切存在"，这些习惯的以客体为本位的哲学思考对象。而是提"对象、现实、感性"，即人能感知到的周围真实的具体世界。这就是从人的眼光或以人为本地来看待世界。这是马克思的人类学立场的体现之一。

其二，应当特别注意到，马克思一连用三个不确定的词即"感性的人的活动""实践""主体方面"，来表达他的确定的哲学新思想。一方面，这三个词有互相解释和显现的功能；另一方面，三个词表达的是同一个东西，即从人类学高度来看，三个词表达的不外乎都是人类的人类学特质——人是进行感性生存活动的存在物，所以"感性的人的活动"就是人的人类学特质；"实践"是它的体现或显现形式，而这种以实践方式显现出来的人的感性活动，也就是"人的主体方面"。所以，主体方面不是指人的观念，思想，心理，而是指包含这些精神性内容的物质性的感性实践活动，因而，"主体方

---

① 《马克思恩格斯选集》第 1 卷，人民出版社 2012 年版，第 133 页。

面"也是指人的人类学特质。

这也就是说，从人类学高度来看，人总是要从人的人类学特质来理解对象、现实、感性即人的周围世界的。人在理解世界时，总是通过把自己的人类学特质投射或加入到对象中来理解对象的，人所理解的世界不能不打上人的映影。因而，这种以人的人类学特质理解世界的唯物主义，不是没有人的因素的单纯的"客体"唯物主义，而是以人的人类学特质为根基的"人类学唯物主义"。这就消解了主体与客体的二元对立，构建了主客一体的"新唯物主义"。这也就是说，由于它是建立在人的人类学特质之上的，因而也就不能不是人类学唯物主义。

其三，以人的人类学特质理解人周围的具体的真实的世界，所形成的世界观，相应地也就是人类学世界观。人类学世界观也就是人类学唯物主义的世界观。这里要注意的是：一是不能理解为物质世界观，因这里没有谈到物质；二是不能理解为实践世界观，因为实践不是脱离开人的独立环节，它不过是感性的人的活动，因而应当从人的活动理解世界，形成的世界观只能是人类学世界观而不是实践世界观。

所以，第一条所奠定的马克思的"新唯物主义"，不是物质唯物主义，不是客体唯物主义，不是关于整个世界的唯物主义，而是建立在人的人类学特质之上理解世界的人类学唯物主义和其人类学世界观。这是《提纲》开宗明义的关于新哲学的最重要的思想。有没有人类学眼光，能不能从人类学高度看问题，是能不能理解和发现马克思人类学唯物主义哲学的关键所在。

上述第一条哲学思想，在第十条中得到了补充和拓展。此条的主要部分是：

> 新唯物主义的立脚点则是人类社会或社会化的人类。[1]

马克思这里的"立脚点"，是站在哪里看问题，包含立场和视野双重意蕴，就是站在什么立场以及相应地从什么视野看问题。马克思表明，新唯物主义，即人类学唯物主义，观察世界、把握问题的立场和视野不是别的，不

---

[1]　《马克思恩格斯选集》第 1 卷，人民出版社 2012 年版，第 140 页。

是原子，不是单子，不是物质，不是客体，也不是实践或历史，而是人类，是"社会化的人类"。把立脚点确立在"社会化的人类"的基础上，最鲜明地表明了马克思的哲学立场是人类学立场。因为人在本质上是社会存在物，"社会化的人类"就是指人类这种存在物的社会存在方式。把哲学的立场和视野确立在作为人类的存在特性的基础上，既是对人类学立场和人类学视野的确立，又是对人类学唯物主义的根本方法论的确立。人类学唯物主义既有了它的人类学根基（人的人类学特质），又有了从这一根基出发的人类学世界观，以及有了相应的人类学立场和视野这种人类学方法论，也就大体可以站立起来了。

事实上，马克思不是从费尔巴哈那里得到人类学高度的。他学生时代立志为"人类的自由和幸福"而工作的人类学情怀，他在刚刚走向社会的1842年，就强调要从"人类精神的真实视野"观察世界，表明他自己从一开始就是站在人类学高度思考哲学问题的，因为他是站在文艺复兴、启蒙运动和德国哲学革命的制高点上观察世界的。所以，要想理解马克思，首先要从他的"人类精神"即人类学精神和人类学立场出发，才能理解他的哲学构建。遗憾的是，从恩格斯起直到今天，马克思主义者都没有发现马克思的这种哲学性的宏观的人类学精神、人类学立场和人类学视野，因而至今不理解马克思所要构建的"当代世界的哲学"、马克思的"真正的唯物主义"，是人类学唯物主义哲学。

（二）《提纲》确立了新唯物主义的"主体方面"："社会人"与"社会化的人类"——这是马克思人类学唯物主义的体现

《提纲》是关于人的提纲还是关于物的提纲？毫无疑问是关于人的提纲。这就是要求"从主体方面去理解"世界——"对象、现实、感性"。因而，对主体、对人的理解就成了提纲的理论始发点。

马克思的整个《提纲》都是讨论人和其人类学的感性活动的。它把人理解为"主体方面"，即相对于"对象、现实、感性"世界的"主体方面"，认识和理解"对象、现实、感性"的主体方面。那么，这个主体方面是什么呢？它不是"自我意识"，不是"类本性"，而是作为"一切社会关系的总和"的人，即"社会人"① ——这是就个体而言；而就人的整体而言，则是"社会化的人类"。所以，马克思"新唯物主义"的主体不是物，不是自然界，不是自我意识，也不是抽象的人，而是"社会人和社会化的人类"。这种关于"社会人和社会化的人类"的哲学，只能是站在人类学立场上形成的人类学唯物主义哲学。

（三）《提纲》提出了新旧唯物主义的本质区别

第一条的另一重大意义，在于提出了新旧唯物主义的本质区别。马克思把一切从单纯的客体出发的唯物主义，称为从前的、过时的即直观的旧唯物主义，而把从"人的感性活动"即人的实践或主体方面理解世界的唯物主义，称为"新唯物主义"。前者失去了人的能动作用，追求的是对世界的客观本体论的理解；后者是人根据自己的感性生存活动、自己的人类学特质这种能动的方面去理解世界，追求的是在人的作用之下的人类学理解。这里提出的从纯客体的本体论的角度理解世界和从主体的人类学的角度理解世界，是二者新旧的分水岭。简单地说，区别在于有或没有以人为中介。

马克思提出的这一新旧唯物主义的划分准则，既是对一切旧唯物主义的批判，又是对他的新唯物主义的开辟。所以，今天认识到马克思的新唯物主义对从人的人类特质出发理解世界和事物的人类学唯物主义特别重要。

二 《提纲》从人类学立场出发所构建的人类学唯物主义哲学原理

人类学唯物主义作为马克思要构建的新哲学，有没有它的哲学原理呢？《提纲》并非没有有意识地要构建其哲学原理，而是在批判费尔巴哈的错误人类学原理时，构建了马克思自己的人类学哲学原理。

---

① 马克思青年时代所一再强调的既不同于启蒙运动的抽象的人，又不同于费尔巴哈的自然人和类本性的人，更不同于施蒂纳的孤立个体人（唯一者）的"人"是什么呢？这就是作为"社会关系的总和"的"社会人"。但这个极其重要的词，他直到 1879 年在《评阿·瓦格纳〈政治经济学教科书〉》一文中批判其对人的理解问题时，才正式提出来。足见这是马克思一生的关于人的基本思想。

重要的是，马克思不仅要求以"感性的人的活动"观察理解世界，他也要求以"社会化的人类"这种人类学立场和视野来看待人类问题。其他十条提纲，都是这种人类学立场和视野的具体体现。

这种立场和视野在第一条中的体现，就是形成了人类学唯物主义和人类学世界观——或者更准确地说：第一条所形成的人类学唯物主义和其世界观，要求从"社会化的人类"这种人类学的立场和视野观察理解世界，分析问题。

在这种人类学唯物主义基础上，在这种人类学立场和视野之下，分析的一切问题，都会有个共同的特征，这就是它的人类学特征。

（一）对人的人类学活动论的哲学揭示

马克思对费尔巴哈的一个重要批判，就是他只发现和强调人的感性存在这一物质的事实，而没有揭示人的存在在于他的感性活动——生命的、生活的、社会的感性活动，实践的活动。这是《提纲》第一条就提出的批判。因为费尔巴哈不理解黑格尔辩证法对人类世界的重要性，没有从辩证法的高度来考虑人类世界，所以他只能停留在存在论范围，强调人是感性的存在物。马克思则相反，他理解黑格尔的人类世界的辩证法，理解矛盾的内在发生及其导致的辩证活动。所以马克思从一开始就超越了人的存在论范畴，上升到人的活动论、过程论来理解人和人类世界，强调人的活动是"对象性"的"感性活动"，这是对人的人类学活动、人类学特质的深入揭示。它不仅纠正了费尔巴哈把人的人类学活动理解为孤立的、静止的"人的感性存在"的局限，而且构建了他关于人和人类世界的人类学活动论，为新唯物主义奠定了人本理论根基：

> 唯心主义是不知道现实的、感性的活动本身的。费尔巴哈想要研究跟思想客体确实不同的感性客体，但是他没有把人的活动本身理解为对象性的活动。①
>
> 费尔巴哈不满意抽象的思维而诉诸感性的直观；但是他把感性不是

---

① 《马克思恩格斯选集》第 1 卷，人民出版社 2012 年版，第 133 页。

看做实践的、人的感性的活动。①

　　直观的唯物主义，即不是把感性理解为实践活动的唯物主义，至多也只能做到对"市民社会"的单个人的直观。②

　　这里所说的"思想客体""抽象的思维"，都是指黑格尔的思辨哲学。但是，费尔巴哈脱离开这种错误后，却没有找到正确的方向：他对人的自然性的感性直观的理解，有以下局限：一是没有从人的感性存在上升到人的感性活动，二是未能理解人的感性活动是一种对象性活动，三是不知道人的对象性活动就是人的实践活动，就是人的生存实践，四是从其自然人本论而不是从社会人出发，无法进入人的社会世界。因而，对人的理解也就只能停止在"单个人"的孤立存在的层次而不能达到由于活动而形成的"社会人"的层次，即不能真正上升到人类学高度来理解人。而马克思在这四个对人类学哲学具有奠基意义的方面，都超越了费尔巴哈，构建了被理解为人的、对象性的、活动性的、实践性的、社会性的感性活动论。这是马克思所揭示所构建的人的最基本的人类学特性，通过这一批判性构建，就在人类学高度上奠定了其"新唯物主义"即人类学唯物主义哲学的第一块基石：人的对象性的感性活动论即人的人类学活动论。在这块基石上，马克思就可以构建所有的人类学哲学的基本理论了。例如，这一理论为他在《手稿》中提出"人的本质力量的对象化和自然界的人化"等人本理论找到了它的人类学基础。而在《德意志意识形态》中，马克思进一步地直接研究了人的人类学活动——改造自然和改造人自身的活动：

　　到现在为止，我们主要只是考察了人类活动的一个方面——人改造自然。另一方面，是人改造人……③

　　这就是说，在人的人类学活动论基础上，马克思展开了对人和人类世界

---

① 《马克思恩格斯选集》第1卷，人民出版社2012年版，第139页。
② 《马克思恩格斯选集》第1卷，人民出版社2012年版，第139页。
③ 马克思、恩格斯：《德意志意识形态》节选本，人民出版社2003年版，第32页。

的考察。当然这种人类学活动论也是人的人类学特质。从这种人类学活动论出发，就能够进入人的真实的生存生活世界，构建超越费尔巴哈直观唯物论的人类学唯物主义哲学体系。

（二）对人的人类学本质——"社会人"与"社会化的人类"的发现

"社会人"与"社会化的人类"，不仅是马克思新唯物主义的主体方面，它同时也是马克思所发现的人的人类学本质。

马克思和费尔巴哈一样，都是从人类学高度来看待人的。从人类学高度理解人，说"人是自然存在物"，"人是类存在物"（费），"人是社会存在物"（马）等，这是从人类学高度对人的人类学规定性的揭示。因而，马克思说：

> 人的本质不是单个人所固有的抽象物，在其现实性上，它是一切社会关系的总和。①

这些是从人类学高度来立言的，因而他所指出的"人的本质"，是从人类学高度来看待的人的人类学本质。这种人类学本质，从个体来看，是作为个人社会关系总和的"社会人"；从人的整体来看，是作为整体社会关系总和的"社会化的人类"。所以，"社会人和社会化人类"，同时是马克思所发现的人的人类学本质。凭借这一人类学本质的发现，马克思一是可以从人类学高度把握和进入社会性的人和人类世界，二是与一切人本哲学家区别开来，三是可以以此为本来理解人和人类世界的其他特质。

（三）以"社会化的人类"为立脚点观察世界：具体人类学方法论的提出

马克思在第十条提出了新旧唯物主义所依据的人本理论的不同，指出：

> 旧唯物主义的立脚点是"市民"社会；新唯物主义的立脚点则是

---

① 《马克思恩格斯选集》第1卷，人民出版社2012年版，第139页。

人类社会或社会化的人类。①

旧唯物主义从抽象的人、自然人出发，不能从社会关系来把握人和人类世界，只能把社会（市民社会）理解为单个人的总和。而马克思的新唯物主义，则不仅从社会人（社会关系总和）理解人的人类学特性，而且以"社会化的人类"为立脚点观察把握人类世界。这就提出了理解和把握人和人类世界的一种具体的人类学立场和人类学方法论。它是马克思总的人类学立场与人类学方法的具体体现。

（四）根据社会人和社会化的人类理解人类世界：社会人本论的提出

在人的人类学活动论和人类学本质论基础上，马克思提出了他的社会人本论。

马克思提出"社会人和社会化的人类"，不是为提出而提出，正像他在第十条中所要求的那样，而是要以其为立脚点来观察理解人和人类世界。这里应当注意到，一旦人们站在"社会人和社会化的人类"的立场上理解人和人类世界，这就是方法论上的社会人本论的产生。这就为人类学唯物主义哲学奠定了人本理论基础。

马克思通过第六、七两条的批判性提出：费尔巴哈不理解人的"现实的本质"是社会关系的总和，不理解人的社会性，因而他就一方面把人理解为抽象的、孤立的个体人，另一方面把人的本质理解为"类"，类本性，"理解为一种内在的、无声的、把许多个人纯粹自然地联系起来的普遍性"②，从而不能从真实的"社会形式"上理解人。所以他无法进入人类社会，研究人类的社会生产和生活问题。这里指出了费尔巴哈人类学转向的不彻底性，即没有通过社会人而转向人类世界，而是到了人的自然性和类本性这种抽象范围就终止了。

马克思比费尔巴哈更彻底的人类学转向在于：他在 1942 年就强调人的社会特质，在 1844 年强调人在本质上是社会存在物。而在这里，马克思则

---

① 《马克思恩格斯选集》第 1 卷，人民出版社 2012 年版，第 140 页。

② 《马克思恩格斯选集》第 1 卷，人民出版社 2012 年版，第 139 页。

进一步把人的现实的本质理解为"一切社会关系的总和"，这就从人类学高度把握住了人的人类学规定性。在此基础上形成的人本观，就是人类学的人本观，也就是人类学的人类观。根据这种人本观来理解人类世界，也就形成了有重要意义的马克思的社会人本论。这就为人类学唯物主义哲学奠定了社会人本论基础。从社会人本基础出发，马克思就进入人的生存活动世界及其历史性发展中来了，为其后来的历史观奠定了人类学的理论基础。

马克思社会人本论的提出，既与费尔巴哈的自然人本论、施蒂纳的个体人本论和启蒙运动的抽象人本论区别开来，又超越了他们的局限。

（五）找到了人类学辩证法的理论根基

在人的人类学活动论和人类学本质论基础上，马克思提出了他的人类学辩证法。

马克思站在"社会人和社会化的人类"的立场上，从人的人类学视野出发，分析了人类世界的矛盾和对待矛盾的方法，这就构建了新唯物主义哲学的辩证法：

> 世俗基础使自己从自身中分离出去，并在云霄中固定为一个独立王国，这只能用这个世俗基础的自我分裂和自我矛盾来说明。因此，对这个世俗基础本身应当在自身中、从它的矛盾中去理解，并且在实践中使之发生革命。①

这一条的人类学意义往往被人们所忽视，仅仅把它视为对费尔巴哈不理解人类社会的批判。但是，实际上，马克思在这里说的是如何看待和对待人类世界的矛盾的问题。他指出要从这个世界的"自我矛盾"和矛盾的"自我分裂"来把握它，这就是对人类世界的辩证法的揭示。而正是由于这种矛盾，人需要创造一个观念世界即宗教世界来维护。马克思强调，对这个世俗基础本身即人类世界，应当在它"自身中""从它的矛盾"去理解，并在实践中使之革命化。这就是要求从人类世界的自身矛盾即它的辩证法中理解

①《马克思恩格斯选集》第1卷，人民出版社2012年版，第134页。

它，并且通过革命的辩证法加以解决。这当然也是从人类学高度指出的人类世界的必然的矛盾现象即辩证法现象，因而是从人类学高度而不是社会学经济学角度所提出的人类学辩证法。虽然马克思在这里只是为了批判费尔巴哈而略微触及，但已为人类学唯物主义哲学奠定了人类学辩证法的理论基础。

最后可以指出的是，马克思提出的人类学唯物论、人类学辩证法、人类学实践论和后来在《形态》中提出的人类学历史观，以及他在 1843 年就提出的人类学解放论，都是建立在他的人类学活动论的基础上的。这里我们仅仅是从"提出"的角度讨论这些问题，下一部分我们才能讨论它所理解的内容。

三　《提纲》对人的人类学实践论的提出

（一）马克思从五个层次揭示了实践的人类学特征

由于实践论的重要性，我们把它从人的人类学特性中独立出来，单独讨论。

《提纲》中最引人注目的理论，是对实践范畴的提出。但这个范畴的提出不是孤立的，它是建立在马克思的人的人类学活动论和人类学本质论基础上的，是建立在人类学基础上的人类学实践论。第二、三、五、八条都是直接强调实践的特征的。

为什么说马克思的实践论是人类学实践论呢？这一特质在五个层次上体现出来。

第一个层次，实践只能是作为主体方面的人的实践，只能是"社会人和社会化的人类"的实践。所以，《提纲》中的实践不是独立自在的实践，而是作为"主体方面"的"社会人和社会化的人类"的实践。因而，那种把实践作为独立自在的实践而形成的实践哲学或实践唯物主义，是砍去了"社会人和社会化的人类"这一头颅的抽象的实践，它与马克思的实践思想背道而驰。

第二个层次，是对实践的直接的人类学理解，这就是把实践理解为"感性的人的活动"，"人的感性的活动"，人的"对象性活动"等，这些都在于指出实践的人类学特质，是马克思从人类学高度对实践的人类学的理解。后面的理解都是建立在这种人类学特质基础上的。

第三个层次，是指出这种实践的双重人类学改变功能，这就是它通过"对象性活动"既改变对象（自然），又改变人的活动和人自身：

> 环境的改变和人的活动或自我改变的一致，只能是被看做是并合理地理解为革命的实践。①

这种双重改变即是对客体自然物的改变，它形成了人类的物质进步，这当然是一种人类学过程；而在这种人的人类学活动中，人自身的人类学性质也不能不相应地改变，因而，实践的双重改变是从人类学意义上来理解的，正是在这个意义上，马克思提出人是在其劳动中生成的。

第四个层次，是提出以实践来理解人类的"全部社会生活"，而同时，这也就是从人类的"全部社会生活"的高度来理解实践，把实践视为人类的社会生活特质。这同样是把实践提高到人类生活这种人类学高度上来了：

> 全部社会生活在本质上是实践的。凡是把理论引向神秘主义的神秘东西，都能在人的实践中以及对这种实践的理解中得到合理的解决。②

这不仅是费尔巴哈等人本理论家所未能达到的层次，也是他们的人类学转向的不彻底性，也是新唯物主义即人类学唯物主义在把握人类世界的问题时应当坚守的生活实践原则。这就为人类学唯物主义哲学奠定了人类学的生活实践论的理论基础。

第五个层次，是讲人类学实践论在哲学史上的革命性变革，即把认识论真理论问题，转变成了实践论价值论问题。马克思指出：

---

① 《马克思恩格斯选集》第 1 卷，人民出版社 2012 年版，第 134 页。
② 《马克思恩格斯选集》第 1 卷，人民出版社 2012 年版，第 135—136 页。

> 人的思维是否具有客观的真理性，这不是一个理论的问题，而是一个实践的问题。人应该在实践中证明自己思维的真理性，即自己思维的现实性和力量，自己思想的此岸性。关于思维——离开实践的思维——的现实性或非现实性的争论，是一个纯粹经院哲学的问题。①

这里讲的是人类思维与人类实践的关系，同样是从人类学高度来看待的。我们知道，传统的本体论、认识论哲学，最高问题就是认识论真理性问题，黑格尔就把哲学定义为关于真理的学问。符合论也好，创造论也好，始终纠缠不清。马克思通过人的人类学实践，彻底否定了这种本体论认识论哲学的合法性，提出了实践真理论和真理的实践检验论，这就为人类学唯物主义哲学奠定了实践价值论和实践真理论根据。

概括上面五层思想，可以说，这是马克思站在人类学立场上，从人的人类学特质（对象性感性活动）和人的社会生活出发，构建的人类学实践论，这是人类学唯物主义哲学最重要的理论基石。

此外，还应当认识到，人类正是通过他的实践的这种双重人类学改变功能，既开辟人类的生存世界，又在这种开辟中改进人的活动和人自身，不断创造自身的历史，从野蛮走向文明。所以，这种人类学实践论是马克思后来形成人类学历史观的理论根据。

（二）从人的人类学活动即实践的双重改变功能出发，提出了改变世界的哲学

在人的人类学活动论特别是实践的双重改变功能基础上，马克思提出了他有名的改变世界的哲学要求。提纲中最有名的哲学宣言，就是提出了"改变世界"的哲学。之所以能够提出改变世界，在于马克思发现了实践的双重改变功能：

> 环境的改变和人的活动或自我改变的一致，只能被看做是并合理地

---

① 《马克思恩格斯选集》第 1 卷，人民出版社 2012 年版，第 134 页。

理解为革命的实践。①

　　传统哲学由于没有站在人类学立场上——没有站在"主体方面"的立场而是站在"客体"的立场上思辨，所以只能解释世界；而马克思自己提出的站在人的"对象性的感性活动"即实践的立场上构建哲学，发现了实践在改变世界的同时也能改变人自身的双重人类学改变功能，因而它能改变世界。所以，马克思最后提出：

　　　　哲学家们只是用不同的方式解释世界，问题在于改变世界。②

　　这是对全部本体论、认识论的旧唯物主义哲学局限的批判，也是马克思对构建新唯物主义即人类学唯物主义哲学的最高希望。

（三）《提纲》以人的人类学活动论为根基的基本理论构架

　　上述主要理论，也就是马克思在《提纲》中从人的人类学活动论出发，所构建的人类学唯物主义哲学的基本理论，如下（括号中是提纲的相关条目）：

　　《提纲》以人的人类学活动论为根基的基本理论构建
　　1—〉人的人类学活动论：人类学根基
　　2—〉以其理解世界，形成人类学唯物论和人类学世界观（1－10）
　　3—〉以其理解人，形成人的人类学本质论（社会人）（6－7－9－10）
　　4—〉以其理解人的实践，形成人类学实践论（2－3－5－8）
　　5—〉以其理解人类世界的矛盾与其分裂，形成人类学辩证法（4）
　　6—〉从它对世界的实践改变出发，形成了改变世界的新哲学(3－11)

①　《马克思恩格斯选集》第1卷，人民出版社2012年版，第134页。
②　《马克思恩格斯选集》第1卷，人民出版社2012年版，第136页。

可见：其一：马克思提出的人的人类学特质即人的人类学活动论，是理解整个《提纲》的人类学根基；其二：根据人类的人类学特质即"对象性的感性活动"来理解世界，为新唯物主义找到了人类学根据，构建了人类学唯物论和人类学世界观；其三：从人的人类学特质来理解人，形成了人的人类本质论——"社会人"和"社会化的人类"；其四：以人类学特质理解实践，形成了人类学实践论；其五：以人类学特质理解人类世界的自身矛盾和其自我分裂，形成人类学辩证法；其六：根据人的人类学活动即实践的双重改变功能，为提出"改变世界"的哲学奠定了理论基础等。

这些就是马克思在《提纲》中构建的人类学唯物主义哲学的基本理论。

四　《提纲》哲学思想的遭遇及其在今天的意义

但是，人们既没有这样理解《提纲》，也没有把它与马克思前后的思想联系起来。如果说，在 1888 年之前它只是存在于马克思的笔记中，不为人知，那么，在这一年被恩格斯发表后，它理应得到重视。但是，之后部分马克思主义者不是冷落就是给予错误的理解。

（一）《提纲》和其前后的理论构建：对人的人类学活动论的理论构建

最初认识到《提纲》的重要性的是恩格斯，他在 1888 年把《提纲》附录在他的《费尔巴哈与德国古典哲学的终结》中发表，并认为这是"新世界观的萌芽"，但是并没有去研究发挥，也没有发现它的人类学特质，从而让它沉寂在历史中。值得注意的是，恩格斯并没有把它纳入唯物史观的范畴——它毕竟不是从历史层面看问题的，而是从现实性层面批判费尔巴哈哲学的。

但是，《提纲》为费尔巴哈的论域所限，没有更多的扩展。例如，马克思在 1843 年就强调的"全人类解放"即人类学解放论的哲学思想，在 1844 年提出的共产主义即人类学共产主义思想，都没有提到。而更为重要的是，它没有表述马克思的历史观，因为《提纲》还没有从历史层面考虑问题。直到次年的《德意志意识形态》，才开始重点批判费尔巴哈的非历史性，构建了他的人类学历史观。这表明，马克思当时所关心的，还是对黑格尔哲学中所显示出来的对"现实的人和现实的人类"的关怀，他本来就强调哲学要成为现实世界的哲学，还未来得及从历史规律性层面考虑问题。因此，如果我们再加上马克思前后表述的人类学历史观，人类学解放论和人类学共产主义论，那么，这一理论就比较完整了：在人的人类学特质即人的人类学的感性活动的基础上，形成了人的人类学本质论（社会人与社会化的人类）；在人的人类学本质论基础上，形成了人的人类学实践论；在人类学实践论基础上，形成了人的人类学历史观（实践的发展就是历史）；在人类学历史观基础上，形成了人类学辩证法（辩证法主要体现在历史发展中）；在人类学辩证法基础上，形成了人的人类学解放论和人类学共产主义论（人类世界的辩证法就是不断走向自由解放）。这就是对人的"人类学活动论"的系统的理论构建，是人类学唯物主义哲学中相对完整的一部分理论（除此之外，人类学哲学还有其他两大理论要构建——人的人类学生成论和人的人类学发展论，这里不便论及）。

（二）《提纲》被冷落和误读的原因

1. "辩证唯物主义"的提出没有顾及《提纲》

但是，马克思这样的极其重要的哲学理论构建，却一直不被理解，不被看重。

在对马克思主义哲学构建的最初时期，主要是狄慈根在进行。狄慈根一方面接受法国的以物质为本体的唯物主义思想，另一方面在此基础上研究黑格尔的辩证法。所以，他首次把两者结合起来形成辩证唯物主义，用以概括马克思恩格斯的哲学思想。这一思想得到普列汉诺夫的支持并进一步研究完善，后来恩格斯也礼貌地表示赞赏。列宁的马克思主义哲学思想，主要就是从这里开始的。他在物质本体论方面进一步提出了对"物质"的定义，在认识论方面进一步提出了反映论。这些得到斯大林进一步的肯定。今天可以看出，这一构建完全忽略了《提纲》，要知道对于他们来说，《提纲》是已经发表并摆在那里的，所以这种疏忽不能没有更深层的原因。

为什么他们会忽略马克思的《提纲》和其明明白白的哲学思想呢？可能有两个原因。

一是不理解德国哲学向现代哲学的人类学发展，不理解黑格尔、费尔巴哈哲学的人类学内容的合理性，也更不理解马克思对他们的发展和超越。即既没有考虑马克思哲学的德国哲学史的根基，更没有注意到其人类学转向的根基。所以，他们的唯物主义，是法国唯物主义的翻版，是前康德的客体唯物主义；他们的辩证法，是简单把黑格尔理念辩证法的"理念"去掉，保留它对自然界、人类社会和人类思维的概括性。但是，由于不理解黑格尔的认识史的逻辑发展思想，不理解他的辩证法是在这种逻辑发展中展现出来的，把这种合理的东西也抛弃掉了，因而也不可能接受黑格尔辩证法的系统的逻辑发展形态，从而只能抽象地孤立地提出几条规律和范畴。辩证唯物主义就是这两者的相加，它离马克思哲学思想之远，使我们找不到马克思的任何文本的理论支持。它甚至没有关注《提纲》中最为突出的人本实践论思想，以至于后来有了实践唯物主义的产生。

二是人们已经指出的：狄慈根主要是业余工人哲学家，不可能有深厚的哲学根底。而普列汉诺夫也不是专业哲学家。这当然是一种原因。但是，关键是当时还没有人发现德国哲学特别是马克思推动的人类学转向。而且，推动德国哲学的人类学转向的哲学家们自己，也没有这种自觉的意识。对此我们不能深责，因为直到海德格尔，才发现了德国哲学的人类学转向：在结合尼采哲学总结现代哲学的特征时，才提出"哲学变成了人类学"，世界观和世界观学说变成了以"人的形象"来理解世界的人类学。[①] 所以，不可要求两位学者有这种超时代的认识。

因而，正是因为没有现代哲学的人类学转向的意识，人们才无法理解《提纲》思想的奥秘和重要性，只有置之一边。

2. 历史唯物主义的提出没有触及《提纲》

恩格斯比较重视他和马克思的唯物史观。对他们已经十分成熟的"唯物主义历史观"，他只是反过来说成"历史唯物主义"，没有增加或改变其意义。在恩格斯那里，它仅仅是科学性的历史观而已，还不是一种哲学。但是，在拉法格和拉布里奥拉手里，历史唯物主义被加以客观化、普遍化和绝对化。再经过俄国的规律化的发展，这就成了普遍印象中的也是我们所接受

---

① ［德］海德格尔：《尼采》（下卷），孙周兴译，商务印书馆 2002 年版，第 762 页："世界要根据人的形象来解释，形而上学要由人类学来取代。"

的经典理论了。世纪之交，有学者鉴于历史唯物主义中"人学的空场"和自然界的空场，提出"大历史唯物主义"和"广义历史唯物主义"，力图把自然界和人也包括进来。但是，也没有考虑从《提纲》的人类学立场出发。因为《提纲》的人本立脚点是高于这些单纯客体思想的。

3. 实践唯物主义没有把"实践"理解为人的人类学活动，没有发现其人类学特质

当然，《提纲》并非没有发生哲学作用。葛兰西的实践哲学，以及实践唯物主义的提出，显然都受到了《提纲》中的实践思想的影响。但是，由于没有人类学意识，没有把人的活动理解为人类学活动和其人类学特质，所以，不明白整个《提纲》的人类学哲学意蕴，只能直观地、孤立地把实践范畴摘取出来并本体论化，作为自己构建实践唯物主义的抽象的范畴根据。它其实是完全违背《提纲》的哲学精神的。

4. 辩证的、历史的、实践的三大唯物主义的三统一主张没有顾及《提纲》

最近人们在讨论三大主义的统一问题，直接在这几个范畴之间寻求相互统一。但是，没有注意到《提纲》已为这种统一奠定了人本理论基础，没能上升到人类学高度上，发现它们在人类学特性上的统一，即它们都不外乎是对人的人类学特性的概括而已。

（三）《提纲》在今天的苏醒

正如不到"惊蛰"万物不会苏醒，不到春天花朵不会开放一样，一种超前的哲学思想，不到其时代的来临，也不会被人认识。《提纲》就是这样。在人类问题还没有成为主要问题的时候，马克思根据人类的人类学特性而构建了超时代的人类学性质的新哲学，不被其时代理解是自然的。但是今天就不同了：在公然的帝国主义已经消逝、殖民地普遍获得解放、冷战结束、阶级斗争不再是社会的主要问题、世界大局进入和平发展时代的今天，在中国这个自古以来主张天下和平的东方文明重新走向世界的今天，在全球化、互联网、生态问题把全人类结成一体的今天，特别是中国提出构建人类命运共同体的今天，历史已经开始进入人类学时代。人类学时代需要人类学哲学，所以，马克思的立足于人类学的哲学构建，就不能不像春天的花朵一样绽放在我们面前。

任何时代都有它的时代精神。人类学时代的时代精神，就是人类学精神。这一点敏感的作家叶舒宪也提了出来。从当代的人类学精神回顾马克思的《提纲》，我们发现，马克思正是从人类学高度来批判费尔巴哈哲学和构建他自己的新唯物主义哲学的。马克思的整个哲学时代（1839 年到 1847 年的青年时代），都是从人类学精神、人类学立场、人类学视野、人类学高度以及人类学价值原则来批判旧哲学和开辟新哲学的。人类学精神是他的基本哲学精神。这种人类学精神，与今天的人类学时代的人类学精神直接相通，因为二者都是为了人的人类学发展的哲学精神。这就为今天直接构建马克思主义的、志在改变世界的人类学唯物主义新哲学奠定了理论基础。

其实，从人类学高度关怀全人类的问题，是在"二战"之后就开始的。战争的巨大创伤，一方面使世界人心思和，出现了联合国这种维护世界和平的全人类性的组织，另一方面使哲学家思想家们不得不考虑人类世界的问题。爱因斯坦在联合国成立前后，联合世界上一大批科学家、哲学家、政治家要求构建世界政府，就是从人类学高度、世界历史高度看问题的。但冷战使这一切化为泡影。冷战结束以后，全人类的问题很快成了哲学的首要问题，所以，20 世纪末，世界哲学终于"发生了人类学转折"（1996 年的第十九届"世界哲学大会"肯定了这一点）。在这种世界性的时代背景和哲学氛围下，《提纲》对人类学方向的哲学开辟日益突显。要知道在世界上的各种哲学家中，只有马克思最关心全人类的合理生存与自由解放——当然，在当时无产阶级解放是其关键环节，因而马克思以其毕生精力研究经济学，首先追求无产阶级解放。而今天的世界历史发展形势，要求我们重新走向马克思最初的哲学世界即人类学世界。因此，对《提纲》的人类学理解应当得到普遍的重视。

附注：本文是首次从人类学哲学角度对《提纲》的分析。笔者认为，21 世纪的世界历史，是人类突破种种问题和冲突而走向全人类合作共存的人类学发展的新时代。这一时代虽然还难以避免冲突和战争，但主导这一时代发展的时代精神，是以全人类合理生存发展的价值为准则的人类学精神。而马克思早在青年时代由于关心世界历史发展和人类解放，就开创了关怀全人类生存发展命运和走向自由解放的人类学哲学和其哲学精神，它与今天的时代精神不谋而合。因此，研究和弘扬马克思的人类学哲学，是让马克思主义哲学走向 21 世纪的时代发展前沿而规范人的人类学发展的唯一途径。但是，目前人们对"人类学哲学"的提法还不甚理解，所谓人类学哲学，可以这样理解：它是从人类学立场出发，研究人和人类世界的人类学生成、人类学活动、人类学发展并为此批判一切不合理、非法性关系而追求全人类每个人与一切人的合理生存、健康发展与走向自由解放的新哲学。海德格尔指出："现代哲学就是人类学。"所谓人类学就是从"人的形象"出发理解世界的新的哲学方向。马克思在《提纲》中提出的从"感性的人的活动"理解世界，就是对这一哲学的最早开辟。传统理解的马克思主义三大理论——哲学（唯物史观）、政治经济学和科学社会主义，其直接的理论基础是经济学，而间接的理论基础则是人类学。人们今天发现的马克思理论中的"双重逻辑"的根源即在于此。不理解马克思理论的这一深层实质，就没有也不可能真正理解马克思主义。

　　谨以此文纪念马克思诞辰 200 周年。

（原载《思想战线》2018 年第 6 期）

青年马克思的哲学立场及其
开辟的"真正的哲学"

苗启明　　张兆民

摘要： 如何探索青年马克思最重要的哲学开创和他的哲学的本真精神，是当代马克思主义者的任务。我们认为，青年马克思开辟的"真正的哲学"，是建立在他的人类学精神和人类学立场之上的新唯物主义哲学。从这种立根于人类学立场的新唯物主义哲学出发，引起了哲学的如下变革：（1）由"绝对精神"的视野，转换为"人类精神"的视野；（2）从形而上学的"存在的存在"本体论，转换为"人的个体生命存在"本体论；（3）由对宗教神学世界的非理性之批判，转换为对人类世界的非法性之批判；（4）由思辨性的真理论哲学，转换为行动性的价值论哲学；（5）由"解释世界"的认识论哲学，转换为"改变世界"的实践论哲学。通过这一切，青年马克思就完成了哲学的人类学转向，把关于"整个世界"的哲学，转换成了关于人和人类世界的新哲学，这就是人类学哲学。而这一哲学对于今天人类世界的世界历史发展来说，是至关重要的。

关键词： 人类学精神；人类学立场；人和人类世界；真正的哲学；人类学哲学；哲学变革

所谓"青年马克思问题"，实际上是对青年马克思哲学思想的理解问题。我们认为，青年马克思的哲学思想不是不成熟，不是费尔巴哈哲学的翻版，而是开创了一种新哲学。那么，应当怎样理解他的哲学开创呢？

青年马克思与当时一切哲学家不同的是，他第一个从世界历史发展的人类学高度来理解人和人类世界的问题，因而开创了当时没有人能够理解而今天还有待于理解的"真正的哲学"。要理解这一层，首先就要从青年马克思在世界历史发展中形成的精神理念出发。

一　青年马克思在哲学上的人类学理念、
　　人类学精神与人类学视野

青年马克思像一切从事哲学的人那样，是踏着当时的代表性哲学思想和其历史发展而走上哲学思考道路的。他在学习和掌握哲学时对一些哲学问题的最初思考，表明了这一层。据聂锦芳先生考证，青年马克思在柏林大学读书时，所写《伊壁鸠鲁哲学》的七本笔记中，深入到西方传统哲学的深层，思考的问题包括"世界是什么？它由什么构成？人如何思考世界？人思考世界的目的何在？人思考世界有什么样的困难和可能的结局？人理解世界的思维方式是如何形成和发展的？等等"①。这是典型的西方传统哲学问题，即形而上学本体论的内容和致思方式。它表明青年马克思在学生时代就有了深刻的传统哲学素养。人总是要先学习，掌握了前人理论的优劣及其问题之后，才能根据现实需要和自己的精神理念有所创造。而创造的起点，则是一个人的人生志向、基本理念及其与现行思想理论的矛盾。青年马克思的人生志向，在他的中学作文中就已充分表述出来，这就是立志为"人类的幸福"而工作，青年时代依然为"要求人民的现实幸福"② 而奋斗，这是青年马克思的人类学情怀。此后这种人类学情怀转化为一种为人类世界的自由幸福而奋斗的人类学理念，这对他是强烈的，重要的，恒久的。他显然是在抱着这样的人类学理念追求学问。他学的是法律，但法律没有哲学的视野广阔，所以他转向哲学，希望以哲学为社会自由、为真理、为人类服务。他首先选择的主题，是西方自文艺复兴以来人们对自由的追求，也许，他认为，"自

---

① 聂锦芳：《马克思是在什么样的基点上开始哲学征程的——以〈伊壁鸠鲁哲学〉中对"天象"的分析为例》，《天津社会科学》2015 年第 5 期。

② 《马克思恩格斯选集》第 1 卷，人民出版社 2012 年版，第 2 页。

由"是人类幸福的前提，是人的人类学本质。他没有去直接论证这一层，而是通过对德莫克利特和伊壁鸠鲁两人的原子论哲学的深入比较分析，为自由找到了原子自由偏斜运动的自然哲学基础。这就把自由问题奠定在自然本性或者说自然本体论的基础之上了，这是青年马克思的人类学情怀、人类学理念在他的博士论文中的第一次体现。还能有比这更深刻、更根本的对人类自由本性的哲学论证吗？

　　但是，在博士论文之后，青年马克思在利用传统哲学为人类的自由和幸福、为历史发展服务方面，显然没有多少进展。所以，一种反思油然而生：他觉得传统哲学那种"爱好宁静孤寂，追求体系的完满，喜欢冷静的自我审视"① 离现实生活太远。他的人类学情怀和人类学理念，要求创立一种能够直接为现实生活服务的新哲学。在这样一种哲学理念之下，在 1842 年他刚刚走上理论战线时，就提出了要从"人的精神的真实视野"② 观察世界的要求。这是他的人类学情怀、人类学理念所产生的他的人类学精神和人类学视野，是青年马克思从一开始就确定的哲学精神和哲学视野。它表明，青年马克思已从近代哲学的物本理性及其哲学视野（法国唯物主义）、绝对理性及其哲学视野（黑格尔哲学），跃升到了现代性的人本理性的哲学精神和哲学视野的高度上来了。在这一精神、视野之下，他的哲学思考就超越了本体论、认识论的思考，而上升到人类学的范畴上来了。这表明，青年马克思是站在当时德国哲学发展的顶峰上——在黑格尔哲学解体和费尔巴哈的宗教批判之后，哲学有待于从宗教批判转向对人类世界的人类学批判这一大方向之上的，对青年马克思这一层有深刻的认识，他在 1843 年就强调："真理的彼岸世界消逝以后，历史的任务就是确立此岸世界的真理"③，并自觉走向对"此岸世界"即人类学世界的真理和正义的追求。因而，青年马克思是把哲学批判转向人类世界的开拓者。它远远超越了当时最激进的费尔巴哈和施蒂纳的人本哲学，后者没有自觉上升到从人类学高度对人类世界的不合理问题展开批判。这应当视为青年马克思超越本体论范式的哲学而开创人类学范式

---

① 《马克思恩格斯全集》第 1 卷，人民出版社 1995 年版，第 219 页。
② 《马克思恩格斯全集》第 1 卷，人民出版社 1995 年版，第 215 页。
③ 《马克思恩格斯选集》第 1 卷，人民出版社 2012 年版，第 2 页。

的哲学的自觉开始。这无疑对他以后的人类学范式的哲学思考，奠定了思维的和理论的基础。

二　青年马克思的人类学立场及其哲学指向

任何哲学都会有它的哲学立场。青年马克思既然从一开始就形成了他的人类学情怀和人类学理念，他就会自觉地从人类之成为人类的人类学立场，思考把握人和人类世界的问题。

对青年马克思哲学的理论立场，一般大都理解为唯物主义立场。但是，对唯物主义立场，有的理解为抽象的物质，这就走向了客观唯物主义；有的理解为物质生产，这就走向了历史唯物主义；有的理解为实践，这就走向了实践唯物主义或实践哲学。这些成说的合理性与问题我们这里不研究。我们要强调的是，青年马克思哲学的根本立场是人类学立场。这种人类学立场从三个侧面表现出来。

（一）主观自为的人本立场："通过人而为了人"而解决人类问题的人本立场

青年马克思在《1844 年经济学哲学手稿》中，在研究人的问题时，几次提到"因为人而为了人""通过人并且为了人"①。这句话透露出青年马克思主观上对人的态度：首先，"因为人"是因为人是伟大的存在物，我们不得不加以关注；进而，这种关注的目的是"为了人"。人作为人类学的存在，在文明出现之前长期受自然界的统治；接着又受原始宗教、文明宗教、战争、暴政以及资本、阶级和其他作为人类异化产物的不合理东西的长期统治。但是，由于人首先是一种自为的存在，人的本性是"自由自觉的活动"，在上述不合理关系的统治之下，也就不能不长期受到压抑，处在苦难之中。因而，人类的幸福不是自动实现的，它是需要人自己去争取的。"为了人"就是为人类的自由幸福的实现而努力。所以，"因为人而为了人"，"通过人并为了人"，所表达的正是青年马克思主观自为的力求实践的人类

① 马克思：《1844 年经济学哲学手稿》，刘丕坤译，人民出版社 1979 年版，第 73、77—78 页。

学立场。在青年马克思这里，这就是如何进一步为人的合理性生存而斗争，这是青年马克思伟大的人类学精神的体现。这可以从如下的话看出：

"对私有财产的积极的扬弃，也就是说，通过人并且为了人而对人的本质和人的生活、对对象化了的人和属人的创造物的感性的占有"，是争取"人以一种全面的方式，也就是说，作为一个完整的人，把自己的全面的本质据为己有"①，即实现人类作为人类的合理生活的过程。

这里把人实现自己的本质、实现自己的"人的生活"、实现自己对自己的创造物的占有，实现自己作为一个"完整的人"即超越于异化而形成的健全的人这样一种人类学要求，建立在"对私有财产的扬弃"之上，而私有财产的扬弃就是共产主义。由这里反映出来青年马克思的思想理念，主要是如何使人实现自己的本质和生活、如何使人不再是"片面的人"而成为"完整的人"这样一种"因为人而为了人"的主观上的人本价值立场。

"因为人而为了人"的主观人本立场，在本质上也就是青年马克思的主观的人类学价值追求。从这样的人类学价值追求出发，青年马克思一是从人的生命的自然存在开始，二是注重人的社会存在，三是关注人的个体生命及其生存共同体，即其类的生活。青年马克思通过分析人的生命的各种本质性关系，特别是"人的对象性存在"，深入了人的生存世界，这些都是为人的生存价值服务的。而这种生存价值追求是"新唯物主义"的真正的哲学精神追求。

青年马克思的"因为人而为了人"的主观人本立场，同时也是一种典型的人类学的哲学态度。正是根据这一态度，青年马克思才在《1844 年经济学哲学手稿》中批判国民经济学"忘记了人"，旧的唯物主义哲学"忘记了人"。正是从这种态度出发，青年马克思从经济学、政治学、人类学、伦理学、生态学等多方面对人和人的生存世界展开了全面的批判研究，从而导致以广义人类学为基础的真正的哲学的创立。简言之，真正的哲学就是为了建立人的美好世界而奋斗的哲学，是"因为人"的存在、"通过人"的努力而"为了人"的自由发展的哲学。青年马克思的哲学理念，潜在地包含了这样一种"为了人"的主观坚定的人本价值追求。这是一种人类学价值立场的体现。没有这样的人类学价值立场和人类学态度，就不能开发出他的

---

① 马克思：《1844 年经济学哲学手稿》，刘丕坤译，人民出版社 1979 年版，第 77 页。

"真正的哲学",也不能发现青年马克思的哲学秘密何在。

青年马克思的这种主观的人本理性哲学立场,发源于他的中学毕业论文"为人类的幸福"而工作的人类学情怀,成长于他在1842—1843年反对德国封建专制特权制度的斗争中,而在《1844年经济学哲学手稿》中达到了较为完整的体现。这是青年马克思开创他的"真正的哲学"的最重要的主观理性支点。

(二)客观自在的人本立场:以人的个体生命存在为根基的人本立场

通常在谈到马克思的哲学开创时,人们往往埋头看生产活动,经济活动,政治活动以及现实的、历史的运动等,即往往见物不见人,所以出现了"人学的空场"。这与青年马克思的人类学思想并不相符。青年马克思强调人类世界的一切关系与一切活动都发源于人,人是人类世界一切关系与活动的动因、根基。他一方面在人的后面看到的是物,这形成了他的经济学哲学;而另一方面,他在物的后面看到的是人本根基,强调人是人类一切活动的根源,这就形成了他的来自客体的人的生命存在的人本立场:

"全部人类历史的第一个前提无疑是有生命的个人的存在。"① "历史不过是追求着自己目的的人的活动而已。"②

"人是本质、是人的全部活动和全部状况的基础"③。"人成了决定性的因素"④。

青年马克思这里所说的"人",既不是启蒙运动所理解的"抽象的人",也不是费尔巴哈的自然性与类本性意义上的人,而是他自己所坚持的作为"社会关系的总和"意义上的"社会人",是人的个体生命与其类的集合:即人类作为人类的人类学意义上的人。可以看出,"有生命的个人的存在",是青年马克思理解人类世界一切事物的客观的人本立场,也是其"真正的哲学"理论赖以构建的人本立场。青年马克思正是从这种客观自在的人本立场来理解人类社会和人类世界,以及人类历史的一切问题的。由于这个问题我

① 《马克思恩格斯选集》第1卷,人民出版社2012年版,第146页。
② 《马克思恩格斯文集》第1卷,人民出版社2009年版,第295页。
③ 《马克思恩格斯文集》第1卷,人民出版社2009年版,第295页。
④ 《马克思恩格斯文集》第1卷,人民出版社2009年版,第270页。

们已在其他多种场合都强调过，这里从略。

（三）主观与客观的统一：包含价值追求的人类学立场

青年马克思主观自为的人本立场，如果不与客观自在的立场相结合，就会成为主观的单纯的态度。而在客观上，既然发现人的个体生命存在是人类世界一切关系与活动的根据，那么，这两者的结合就形成了完整的人类学立场。简言之，青年马克思本人的主观自为的人本方面与他所把握的客观自在的人本方面的统一，就形成了他的包含人类学价值追求的人类学立场。

青年马克思正是这样做的。他接受和提升了宗教批判以来以及费尔巴哈人本哲学对人的推崇和肯定，提出了一系列表达他自己思想的以人为本的包含人类学价值的人类学立场。这种人类学立场把人视为人类世界的至高无上的存在："人是人的最高本质"，"人的根本就是人本身"①。这是他的人类学立场和人类学价值追求的集中体现。在这种人类学立场之上，青年马克思开始了他的真正的哲学构建。

（四）青年马克思的人类学立场的三大体现

青年马克思的主客观相统一的人类学立场，或直接或间接地贯穿于他的全部理论活动中。并且以立足点、出发点和归宿点的形式体现出来，孙正聿先生已经指出了这一层。

立脚点：这方面青年马克思有直接的强调。在《德意志意识形态》中，青年马克思强调他和旧唯物主义立足于市民社会的自然人不同，强调他的"新唯物主义的立脚点则是人类社会或社会化的人类"②，这是青年马克思人类学立场的体现之一。

出发点：在批判德国唯心主义人本哲学时，指出他们的哲学思考不是从实际出发，不是从真实的人出发，而是从想象出来的、抽象的人出发。所以他明确强调：我们要"从现实的、有生命的个人本身出发"③，这是青年马

---

① 《马克思恩格斯全集》第3卷，人民出版社2002年版，第207页。
② 《马克思恩格斯选集》第1卷，人民出版社2012年版，第140页。
③ 《马克思恩格斯选集》第1卷，人民出版社2012年版，第153页。

克思人类学立场的体现之二。

归宿点：更重要的是，青年马克思把全部共产主义运动的目的，归结为对"每个人的自由发展是一切人的自由发展的条件"的追求，归结为"人的全面而自由发展"的实现，这是这一理论和这一运动的归宿点。这是他的人类学立场的根本体现之三。

立足点、出发点、归宿点都是人，有力地表明青年马克思的"真正的哲学"的哲学立场是人类学立场。而这种人类学立场的哲学指向，就是对人和人类世界的生存发展问题的关怀和研究。

三　青年马克思在其人类学立场上对哲学的人类学变革

青年马克思的人类学精神理念和人类学立场的形成，特别是人类学哲学方向的形成，其意义和作用是重大的，它促使马克思在哲学上发生了一系列重大的变革，它特别体现在如下方面。

（一）由以"存在的存在"为本体，转换为以"人的个体生命存在"为本体

从古希腊柏拉图的理念本体论哲学，到黑格尔的绝对理念本体论哲学，都是追究"存在的存在"的哲学。黑格尔的绝对理念，法国唯物主义的物质，都是这种存在的存在，本体论的存在。这也就是他们的哲学本体论。青年马克思既然把绝对精神的视野，转换为人类精神的视野，把人和人类世界作为他的哲学的对象，其哲学本体论也就相应地转换到人类学方面来了。如前表明，青年马克思在讨论历史的根基时，明确强调其本体论是人的个体生命存在本体论：

全部人类历史的第一个前提无疑是有生命的个人的存在。①

---

① 《马克思恩格斯选集》第 1 卷，人民出版社 2012 年版，第 146 页。

这就是青年马克思对他的哲学的"人的个体生命存在本体论"① 的表达。哲学本体论的这一转换，首先就开拓了哲学的新对象、新领域。这个新对象、新领域就是把哲学由对整个世界本原的探讨，转换到了对人和人类世界及其生存发展问题的探讨，实现了哲学对象的革命性的深入和更新。因为这种人类学本体论的转向，使他可以不再理睬"一切存在"的本体或"存在的存在"这种客观的形而上学本体论追求，并与这种传统哲学划然分开，这是哲学史上发生的走向现代性的人类学转向。这也就是说，青年马克思在哲学本体论上的转换，同时也就是告别了关于"整个世界"的哲学，创立了关于人和人类世界的新哲学。这是西方哲学史上的重大发展。当然，这一发展转向是从叔本华就歪曲地开始的，但青年马克思扶正和完成了这一转向。

这里要强调的是：对于青年马克思来说，从人的个体生命存在出发，通过人的劳动生成和社会生成，就可以逻辑地进入"人的社会存在"，即进入人的社会关系、社会交往、社会生产、社会活动以及人的生存发展等具体的人的社会生活世界，进入由社会存在所决定的社会意识，从而走向开创"新唯物主义"的世界观、人类观和历史观的道路。由此出发，一种全新的人类学哲学就开发出来了。所以，把"人的个体生命存在"作为新哲学思考的起点，就实现了从哲学存在论到它的理论内容的革命性的转换更新。

从另一方面看，这也是哲学关心范围的收缩和深入：从对一切存在的形而上学思考，深入到关心"人的个体生命存在"；从关注客体，本体，转换到了关注主体，人；从关心整个世界，转换为关注人类世界。这是哲学对象的重大转换，也是重要深入。哲学由形而上学，转向了我们所说的"形而间学"，即关注"人类"这种具体对象的存在和规定性的新哲学。这是哲学研究向人类世界的深入。它与哲学史的人类学转向是相一致的。

（二）由"绝对精神"的视野，转换为"人类精神"视野

我们知道，青年马克思生于黑格尔哲学盛行的时代，黑格尔把人的理性

---

① 苗启明：《论马克思人本理性哲学的本体论——人的个体生命本体论》，《昆明学院学报》2009年第1期。

精神客观化和绝对化，成为整个宇宙的绝对精神。这种绝对精神的自我发展，是从"无"走向"有"并生产出宇宙人间万物，最后又通过人的理性认识到自身。通过这一过程，把整个世界都在这种绝对精神的辩证发展之中展现出来，这是把握整个世界的绝对精神的视野。青年马克思抱着最进步、最伟大的理想信念投入社会，想用他的精神改造社会，不能没有这种哲学精神的映影。但是，青年马克思从一开始就反对这种从精神理念来推演世界的"唯灵主义"。相反地，他从一开始就站在现实的人的立场上，明确提出要"从人类精神的真实视野"观察世界。这表明青年马克思已经从"绝对精神"的视野，转向了"人类精神"的视野，而人类精神的视野，在本质上只能是关涉全人类的人类学的视野。正是这种人类学视野，才能与他的人类学立场相辅相成。

（三）由对宗教神学世界的非理性之批判，转换为对人类世界的非法性之批判

在西方精神史上，宗教一直压抑着人，不批判宗教，就没有人的地位。费尔巴哈的《基督教的本质》出版之后，由于他揭示了"人创造了宗教，而不是宗教创造人"[1]，宣告了人对宗教的胜利，即人类学对神学的胜利。就此来说，青年马克思认为，德国哲学对宗教的批判任务已经结束，现实的任务是对人类世界中的那种不合理、非法性因而像宗教一样压制人的东西展开批判。他的名言是：

> 真理的彼岸世界消逝以后，历史的任务就是确立此岸世界的真理。人的自我异化的神圣形象被揭穿以后，揭露具有非神圣形象的自我异化，就成了为历史服务的哲学的迫切任务。于是，对天国的批判变成对尘世的批判，对宗教的批判变成对法的批判，对神学的批判变成对政治的批判。[2]

---

① 《马克思恩格斯文集》第1卷，人民出版社2009年版，第3页。
② 《马克思恩格斯全集》第3卷，人民出版社2002年版，第200页。

这些话，明白宣告了哲学的历史任务应当发生重大的转化，而且，青年马克思就此宣告了德国哲学的新的世界历史性任务，而这也就是他自觉担当的哲学任务。所谓此岸世界，非神圣形象，尘世，都不过是指人和人类世界。青年马克思由此构建了对人类世界一切不合理、非法性关系展开批判的新哲学。其具体锋芒所指，主要是德国封建专制制度和其法律与政治对人的压抑，意在为人的政治解放和人类解放开辟道路。

（四）由思辨性的真理论哲学，转换为实践性的价值追求哲学

传统哲学一贯是关于真理的思辨性哲学。黑格尔就把哲学视为追求真理的学问。青年马克思的人类学立场一改这种传统，而是从人的生存价值出发。因为人的生命本性就在于生存，而要生存，就要为生存而行动。这就是去创造生存价值物。从而，对人的生命存在的深入关怀，就是对人的行动性的生存价值的关怀。这就使得哲学认识的根本问题得到改造，哲学的根本问题就不再是自古代以来对"存在的存在"的认识问题，也不再是自从笛卡尔以来的主体对客体的认识"如何可能"和如何达于真理的问题；相反地，由于对人的生存行动即实践的引入，哲学的根本问题转化成了如何按一定的价值目标改变世界的问题，转化成了实践活动的价值性与合理性问题。如下的话表明了他要求哲学要从对思辨的真理性的追求，转换成为对实践的价值性追求：

> 人的思维是否具有客观的真理性，这不是一个理论的问题，而是一个实践的问题。人应该在实践中证明自己思维的真理性，即自己思维的现实性和力量，自己思想的此岸性。关于思维——离开实践的思维——的现实性或非现实性的争论，是一个纯粹经院哲学的问题。①

青年马克思对人的生存活动的重视，就是对人的生存实践和人对世界的"实践关系"的提出，这就必然指向人的生存价值世界。

《提纲》的第2、3、5、8条本质上可以合为一条，即都是对人类实践在

---

① 《马克思恩格斯选集》第1卷，人民出版社2012年版，第134页。

人类世界的规范性地位的提示，通过这几条哲学宣示，一种实践性的哲学就构建起来了。

总之，青年马克思的新哲学所引起的上述哲学转向归结到一点，就是把历史上的关于"整个世界"的理论性哲学，转换成了关于现实的人和人类世界的实践性的新哲学，这是青年马克思独立完成的哲学的人类学转向，因为实践不是独立存在的，它不过是人类世界的本质特征（所以那种抽象的实践唯物主义不能成立）。在过去的历史上也有对人的研究，但那是为形而上学服务的，比如研究人的理性，那是为认识论、本体论服务的，并不是为了研究人和根据人的特性来理解世界，所以不是人类学转向。从叔本华到施蒂纳的一些人本哲学家，由于其唯心主义、非理性和片面性，并没有完成这种第一哲学的人类学转向的历史性任务，只有青年马克思从人类学唯物主义出发才完成了哲学的人类学转向。

（五）由"解释世界"的认识论哲学，转换为"改变世界"的实践论哲学

哲学作为人类理性精神的发扬，作为一种生命智慧，从来都以解释世界为己任。而青年马克思的人类学立场则一改常态，它以建立在认识基础上的人的实践为主体，这就有可能创立一种以合理性为根据的"改变世界"的新哲学。这种改变，既要建立在对人的生存世界的科学认识和理性态度中，又要建立在人类对生存合理性的历史追求之中，因而是一种可以主导历史发展的人本理性主义新哲学。这导致了哲学功能的根本性转变。所以，与前几条相适应，青年马克思提出了最有名的"改变世界"的实践的哲学纲领：

> 哲学家们只是用不同的方式解释世界，问题在于改变世界。[1]
> 对实践的唯物主义者即共产主义者来说，全部问题都在于使现存世界革命化，实际地反对并改变现存的事物。[2]

这些话表明，青年马克思要创立的哲学，是为了人的合理生存而改变世

---

[1] 《马克思恩格斯选集》第1卷，人民出版社2012年版，第136页。
[2] 《马克思恩格斯选集》第1卷，人民出版社2012年版，第155页。

界的实践的哲学，是直接以实践为手段改变不合理世界的哲学。从改变世界而不是从解释世界出发，就使哲学在性质上发生了本质的变化："解释世界"，由于是从人对世界的认识关系出发，它就只能形成认识论、真理论的哲学；而"改变世界"，由人对世界的实践关系出发，它所形成的哲学就不能不成为实践论、价值论哲学。因为任何改变都不能不诉诸实践和追求价值。在青年马克思看来，人类只有通过实践手段才能改变世界：因为，"物质力量只能用物质力量来摧毁"①。同时，任何对世界的改变，都不能没有它的价值要求、价值原则和价值方向，因而不能不是一种价值追求哲学。这就是说，从人的生存实践出发，就为创立改变世界的实践价值论哲学开辟了道路。从哲学史的发展来看，这也就是哲学由"解释世界"的认识论功能，转换成了"改变世界"的实践价值论功能。

对于青年马克思哲学来说，由于其人类学价值追求，由于人类世界的不合理性，首要的就是要改变世界。而改变世界，就首先要对世界进行以人类学要求为本的、以一定的价值原则为根据的合理性审思与合法性批判。这就突出了青年马克思主义哲学的批判性、革命性的本质特征。

联系当代的世界历史发展，青年马克思的哲学开拓所引起、所开创的这些伟大的哲学变革，对于当代世界就有了重大的意义。这就是，青年马克思的这种超越他的时代的理论构建，由于是研究人和人类世界走向自由解放这种人类学发展的，因而特别适用于 21 世纪的世界历史的人类学发展。21 世纪，就是全人类如何走向"和平、发展、合作、共赢"从而走向全人类的"命运共同体"的构建的人类学发展的新世纪。

四　青年马克思从人类学立场出发对 "真正的哲学"的哲学开拓

青年马克思的人类学立场与他的时代的"时代迫切问题"相结合，就产生了他关怀时代问题、关怀人类命运的真正的哲学。

---

① 《马克思恩格斯全集》第 1 卷，人民出版社 1956 年版，第 460 页。

（一）青年马克思的哲学构想与哲学追求：创立能为时代服务的"真正的哲学"

青年马克思在撰写了他的《博士论文》之后，已经站到了世界哲学意识发展的前沿。传统的物质、精神、理念、本体等哲学范畴，已不能使他产生兴趣。新兴的生命、意志、人的存在、自我意识、人的类本性等，也不能阐述他的哲学意向。青年马克思不满意这种抽象的避开实际问题而走向思辨性、抽象性理论的倾向。他的哲学目光所关注的，是如何深入人类现实生活的实际问题之中，解决人类生存发展的迫切问题，以便实现"造福人类和自由的崇高活动"①。1842 年，青年马克思在《第 179 号"科伦日报"社论》中，初步提出了他对"真正的哲学"的构想。按他的要求，这种哲学首先要"同自己时代的现实世界接触并相互作用"，进而成为自己的"时代精神的精华"，成为"当代世界的哲学"②。这种哲学要"用双脚站在地上"，并"以世界公民的姿态出现在世界上"③，即它应当是关心人类社会和人类命运的新哲学，是像世界公民那样能肩负起世界历史责任的、积极为真理、为正义而斗争的新哲学。这一哲学构想，进一步发展为青年马克思对新哲学的价值追求：在 1843 年的《〈德法年鉴〉大纲方案》中，青年马克思以一句话概括了他的哲学追求：哲学要引导人们"致力于造福人类和自由的崇高活动"④。这就是力求把"造福人类和追求自由这一崇高活动"，作为一种人类学价值方向加以追求，这反映了青年马克思崇高的人类学精神，并且是他的真正的哲学精神的最高体现。正是这一哲学价值精神决定了青年马克思所要创造的新哲学的特质：它是造福人类和追求自由的号角，是为人的生存世界的发展进步服务的新哲学。

（二）青年马克思对"真正的哲学"的哲学要求：关注时代的迫切问题

青年马克思不是从既有的哲学理论出发的，如果有，那也是从康德的批判精神出发的。他比任何哲学家都关心现实问题，在本质上是从时代的基本

---

① 《马克思恩格斯全集》第 40 卷，人民出版社 1995 年版，第 370 页。
② 《马克思恩格斯全集》第 1 卷，人民出版社 1995 年版，第 220 页。
③ 《马克思恩格斯全集》第 1 卷，人民出版社 1995 年版，第 220 页。
④ 《马克思恩格斯全集》第 40 卷，人民出版社 1995 年版，第 370 页。

问题出发的。他的名言是：

> 问题就是公开的、无畏的、左右一切个人的时代声音。问题就是时代的口号，是它表现自己精神状态的最实际的呼声。①

在青年马克思看来，问题就是"真正的哲学"的最重要的根据。把握时代问题，提出问题的解决方向，就是哲学推动时代进步的基本手段。并且，问题的提出方式和回答方式，也往往就是新哲学的"出场"方式，即走向世界并发生作用的方式。在其他地方我们已多次表明，青年马克思所把握到的问题，作为"一个时代的迫切问题"，包括历史与现实两个方面：一是历史基本问题——人类解放问题，二是现实迫切问题——在劳动与资本对立状态中无产阶级的生存解放问题。马克思终生都在为这两大解放问题而奋斗。所以，我们将其视为马克思的双重历史使命。而青年马克思主要关怀的是第一个问题。

（三）从对黑格尔的扬弃中走向"现实的人和现实的人类"

青年马克思是在他的人类学精神、人类学立场的主导下，在对时代的迫切问题的关怀中，汲取他的时代大哲的哲学精神，为他的"真正的哲学"创造服务的。首先面对的是对他影响最深的黑格尔哲学。他从黑格尔哲学的"合理内核"中，固然汲取了辩证法的"合理内核"，但人们没有注意到的是，更重要的是他对黑格尔哲学中的人类学对象、人类学精神这种"合理内核"的汲取，他明确指出这就是建立在自然界和人的精神之上的"现实的人和现实的人类"，即人和人类世界，而这就是马克思"真正的哲学"的哲学对象，并实际走上了构建这一新哲学的道路。当然，他首先直接关注的，就是"现实的人和现实的人类"，这是他从黑格尔哲学中找到的哲学史依据，是通过批判黑格尔并发现其"合理内核"而达到的：

> 在黑格尔的体系中有三个要素：斯宾诺莎的实体，费希特的自我意

---

① 《马克思恩格斯全集》第40卷，人民出版社1995年版，第289—290页。

识以及前两个要素在黑格尔那里的必然充满矛盾的统一，即绝对精神。第一个要素是形而上学地改了装的、同人分离的自然。第二个要素是形而上学地改了装的、同自然分离的精神。第三个要素是形而上学地改了装的以上两个要素的统一，即现实的人和现实的人类。①

它表明，青年马克思在黑格尔绝对理念掩盖下的人类学中，发现了他的"真正的哲学"的哲学对象，这就是建立在自然界和人类精神之上的"现实的人和现实的人类"，用今天的话来说，就是真实地存在着的人和人类世界。青年马克思这一时期所说的"人类社会""社会化的人类""人类"和"人类世界"等，所指都是作为"现实的人和现实的人类"的人和人类世界。可以认为，把"人和人类世界"作为自己的哲学探索对象，并从人的"主体方面去理解"② 对象世界，马克思的"真正的哲学"也就产生了。

但是，对人和人类世界这一对象也会有各种各样的理解和研究。只有从人类学立场出发，对人类命运、人类的自由和幸福的关心，只有从这种关心出发对不合理世界的批判，并力求探索人类的合理生存与自由解放道路的哲学，才能形成"真正的哲学"。青年马克思正是在这一意义上开始他的哲学批判的哲学开创的。他首先面对的，是要对以费尔巴哈为代表的众多人本哲学的批判。

（四）从对费尔巴哈的扬弃中走向"社会人"和"社会化的人类"

青年马克思不仅抱着"真正的哲学"的思想批判吸取黑格尔，更抱着这一哲学愿望批判地对待费尔巴哈。费尔巴哈强调人的自然性，马克思在《手稿》中则强调人的社会性；费尔巴哈强调"自然人"，马克思在《提纲》中则强调人是"社会关系的总和"，即他后来所说的"社会人"；费尔巴哈强调人的"类本性"，马克思则强调"社会化的人类"。所有这些改造都走向人的更真实的存在。人的自然性，自然人，类本性，是费尔巴哈人本学哲学的旗帜，而青年马克思则上升到新的高度，并以"人的社会性""社会人"和"社会化的人类"作为他的超越费尔巴哈的新哲学的旗帜。而这个

---

① 《马克思恩格斯文集》第 1 卷，人民出版社 2009 年版，第 341—342 页。
② 《马克思恩格斯选集》第 1 卷，人民出版社 2012 年版，第 137 页。

新哲学、"真正的哲学"的哲学对象，就是从黑格尔那里开发出来的对"现实的人和现实的人类"世界的关怀。马克思把费尔巴哈与黑格尔批判地结合起来，就形成了他的"真正的哲学"的哲学对象：现实存在的人和人类世界。

概括地说，青年马克思不仅有他的人类学立场，还有他的人类学精神和人类学视野，以及在这种立场、精神与视野之下对"真正的哲学"的具体开辟。正是在这一包含人类学价值要求的哲学中，他超越了黑格尔和费尔巴哈，从他们的不合理性中走出，开辟了对人和人类世界的正确的哲学理解和哲学把握方向，从而为人类如何走向自由解放这种最高幸福而奋斗的大方向，实现了他创立"真正的哲学"的愿望。

这就是说，正是在上述人类学立场和它所导致的哲学的人类学转向的基础上，青年马克思开辟了他的"真正的哲学"。马克思的真正的哲学就是建立在人类学立场上的、从人类学视野出发的、以人的个体生命存在为本体的、通过人的社会性、社会人和社会化的人类把握"现实的人和现实的人类"世界的新哲学。这一哲学从人类学价值追求出发，通过针对人类世界的非法性关系的揭露和批判而力图"改变世界"，最终走向"每个人与一切人"都能自由发展的新世界。

（原载《学术探索》2020 年第 4 期。张兆民，云南省社会科学院副研究员，时为院"马克思主义哲学创新团队"首席专家）

马克思对人类学哲学方法论的开辟

苗启明

摘要： 任何独立的哲学都有它的方法论，马克思对人类学哲学的构建，是从他的立足于人类学立场所形成的一系列方法论开始的。这就是在人类学立场上所形成的人类学唯物论，从人类学出发理解世界的人类学世界观和从人类学视野、人类学价值立场把握人类世界的人类学方法论，这些共同构成了马克思的人类学哲学方法论，在这种方法论基础上，马克思构建了他的人类学哲学。这就是在人类学立场、人类学唯物论和人类学世界观基础上，运用人类学方法对人和人类世界进行深入研究的哲学，它是从人类学出发研究人和人类在自然环境中的生存实践及其历史发展和其对世界的总体把握的哲学。

关键词： 人类学立场；人类学唯物论；人类学世界观；人类学方法论；人类学哲学

哲学与其他一切学科不同的地方，就是它总想最概括地把握世界，把握和解释"一切存在"。然而，这一方向到黑格尔便走到了尽头，在马克思时代，哲学已从关注一切存在，转向关注具体的实在的领域，其中一支关注的是"人的存在"，这就产生了从"人的存在"出发观察世界的立场、态度、方法。这一转向是深刻的，哲学由涵盖一切的形而上学领域，转向了人类学领域，并从人类学出发理解世界，所以海德格尔说：哲学"变成了人类学"①，即变成了从人类学的立场、态度、方法观察

---

① 《海德格尔选集》下卷，孙周兴选编，上海三联书店 1996 年版，第 902 页。

世界的哲学。马克思作为这一现代哲学方向的开拓者之一，他不仅关注到人的人类学存在，更关注到人的世界历史性存在，这是马克思比别的任何人都深刻的地方。

人的人类学存在，人的世界历史性存在，不是依赖自然进化的被动的存在，他是宇宙中一种主动地依赖自己的劳动实践和智力优化而自己创造自己的生存与历史的存在，这种优化发展就形成自己的世界历史，即各民族都奔向合理生存状态的世界历史，这是人类世界的本质之所在。马克思站在这种人的人类学存在和世界历史性存在的立场上对人类世界和与它连成一体的自然界的观察，就形成了他的人类学唯物论、人类学世界观和人类学方法论。

正如一切新生事物都是在混沌中开辟道路那样，哲学的人类学转向一开始也不是自觉的，清醒的，也是在创造和混乱中产生的，是在形形色色的错误思想中成长的。马克思出现在这个哲学时代，他别无选择，只能"在批判中创造新世界"，即在批判中创造新哲学。所以毫不奇怪，他的人类学唯物论、人类学世界观和人类学方法论，都是在批判中产生的。通过这种批判，马克思为他的人类学哲学奠定了基本的方法论。

一　马克思对人类学立场和人类学唯物论的奠定

（一）马克思对人类学唯心主义的批判，马克思的人类学立场和人类学唯物论，是在《神圣家族》的理论批判中奠定的

这一著作是马克思、恩格斯对青年黑格尔派"布鲁诺·鲍威尔及其伙伴"关于人和社会的种种问题的唯心主义观点的批判。他们以自我意识、以自己的主观精神对一切批判进行批判，认为"自我意识即精神就是一切。在它之外没有任何东西"，而"自我意识的本质不是人，而是理念"，"世界不过是自我意识制造出来的形而上学的区别"[①]。另外，"宣告自己是历史的唯一创造因素"[②]，不可一世地批判一切，自诩为精神英雄而批判没有精神的群众。所以马克思把《神圣家族》叫作《对批判的批判所做的批判》。这是

---

① 《马克思恩格斯全集》第 2 卷，人民出版社 1957 年版，第 176—178 页。
② 《马克思恩格斯全集》第 2 卷，人民出版社 1957 年版，第 45 页。

马克思继对黑格尔唯心主义的批判之后对青年黑格尔派的最重要的哲学批判，马克思在一开始的"序言"中就指出：

> 现实人道主义在德国没有比唯灵论或者说思辨唯心主义更危险的敌人了。思辨唯心主义用"自我意识"即"精神"代替现实的个体的人，并且用福音书作者的话教诲说："叫人活着的乃是灵，肉体是无益的。"显而易见，这种没有肉体的精神只是在自己的臆想中才具有精神。①

很显然，"布鲁诺·鲍威尔及其伙伴"们已经不自觉地转到了人类学领域，但是，他们是站在黑格尔的绝对理念的自我意识的立场来批判人类现实的一切的。马克思深刻指出，"布鲁诺·鲍威尔及其伙伴"从黑格尔的"自我意识"出发，对人和人类社会的一切问题都做了唯心主义的解释，他们的思辨唯心主义完全站到了基督教的立场来对待现实的人类世界，指出他们的"这种思辨是基督教德意志原则的最完备的体现"，因而将他们比之为基督教的"神圣家族"而予以坚决的批判。马克思对他们的批判是多方面的，首先指出的是他们的思辨唯心主义本质，诸如：

"布鲁诺·鲍威尔先生把'无限的自我意识'作为自己的一切论断的基础，甚至把这一原则看成福音的创造原则"，它们像黑格尔那样"力图用自我意识的原则来铲除一切确定的和现存的东西"②。

"批判的批判把全人类统统归之为一群没有创造精神的群众，这样它就最清楚不过地证明了，思辨的思维把现实的人看得无限渺小"，它与旧的思辨哲学不谋而合。③

"当思辨在其他一切场合谈到人的时候，它指的都不是具体的东西，而是抽象的东西，即观念、精神等等。"④

接着指出他们的这种唯心主义观点的社会危害性：

"批判的批判却相反，它教导工人们说，只要他们在思想中消除了雇佣

---

① 《马克思恩格斯文集》第 1 卷，人民出版社 2009 年版，第 253 页。
② 《马克思恩格斯全集》第 1 卷，人民出版社 1957 年版，第 48 页。
③ 《马克思恩格斯全集》第 2 卷，人民出版社 1957 年版，第 49 页。
④ 《马克思恩格斯文集》第 1 卷，人民出版社 2009 年版，第 49 页。

劳动的想法，只要他们在思想上不再认为自己是雇佣工人，并且按照这种极其丰富的想象，不再为他们个人而索取报酬，那么他们在现实中就不再是雇佣工人了。……只要他们在思想上征服了资本这个范畴，他们也就消除了现实的资本"等。①

马克思恩格斯指出了他们这是在哲学理论上倒行逆施：

> 唯灵论和唯物主义原先的对立在各个方面都已经决出胜负，并且被费尔巴哈一劳永逸地克服以后，"批判"又重新以最令人厌恶的形式把这种对立变成基本教条，并且让"基督教日耳曼精神"获得胜利。②

马克思恩格斯以一句话回敬了这些只讲自我意识、只讲精神而否定人的根基地位的错误而反动的人类学唯心主义立场：

> 人是本质、是人的全部活动和全部状况的基础。③

这句话表明，马克思、恩格斯是站在人类学立场批判"布鲁诺·鲍威尔及其伙伴"的唯心主义的。

《神圣家族》是马克思、恩格斯反对社会历史领域的唯心主义的最重要的著作之一，为了批判这种极为有害的社会唯心主义——也可以说是人类学唯心主义，马克思援引费尔巴哈的人类学唯物主义、普鲁东的社会唯物主义等作为理论武器，作为同道，并对他们做了高度的赞扬，强调他们在关于人和人类世界的一些重要问题如人、资本、贫困、阶级、私有制等等社会问题上的唯物主义观点，强调他们的"真正人道主义"。而马克思恩格斯则是站在"现实的个体的人"即真实的人的立场上对这些错误的关于人和人类社会的思想展开批判的。从"现实的个体的人"出发，是马克思人类学唯物主义立场的集中体现。

---

① 《马克思恩格斯文集》第1卷，人民出版社2009年版，第273—274页。
② 《马克思恩格斯文集》第1卷，人民出版社2009年版，第296页。
③ 《马克思恩格斯文集》第1卷，人民出版社2009年版，第295页。

马克思恩格斯对于布鲁诺·鲍威尔们的批判，是从各个方面进行的。一方面借助费尔巴哈对黑格尔唯心主义的摧毁对他们进行批判，指出：

> 然而，到底是谁揭露了"体系"的秘密呢？是费尔巴哈。是谁摧毁了概念的辩证法即仅仅为哲学家们所熟悉的诸神的战争呢？是费尔巴哈。是谁不是用"人的意义"……而是用"人"本身来代替包括"无限的自我意识"在内的破烂货呢？是费尔巴哈。……他早已摧毁了现今正被"批判"滥用的那些范畴："人的关系的现实丰富性、历史的惊人的内容、历史的斗争、群众与精神的斗争"等等。①

另一方面是援引在经济、社会方面提出和坚持唯物主义观点的蒲鲁东，对他的社会唯物主义观点大加赞扬，诸如：

> 蒲鲁东把劳动时间，即人类活动本身的直接定在，当做工资和产品价值规定的尺度，他就使人成了决定性的因素；而在旧国民经济学中却是资本和地产的物质力量起决定作用，这就是说，蒲鲁东还是以国民经济学的、因而也是充满矛盾的形式恢复了人的权利。②

并就此阐述自己的正确的人本思想：

> 在直接的物质生产领域，确定某物品是否应当生产，即确定这种物品的价值，这主要取决于生产该物品所需要的劳动时间。因为社会是否有时间来实现合乎人性的发展，就取决于时间。③

由这些分析可以看出，马克思也是从人本立场来援引普鲁东的。在社会经济活动中，"人成了决定性因素"，人对于物的权利，"真正人的发展"，

---

① 《马克思恩格斯文集》第1卷，人民出版社2009年版，第295页。
② 《马克思恩格斯文集》第1卷，人民出版社2009年版，第270页。
③ 《马克思恩格斯文集》第1卷，人民出版社2009年版，第270页。

是马克思人类学唯物论所要强调的价值方面，是直接面向人类的生存实践和历史发展的人类学唯物论。并且，它具体落实在人的劳动、人的物质生产领域，由此奠定了马克思的更深入的从人的物质生产实践观察世界历史的唯物史观方向。

再一方面，马克思还从西欧 17—18 世纪英、法唯物主义的历史发展，表明唯物主义对人类社会以及社会主义关心的必然性：

> 笛卡儿的唯物主义汇入了真正的自然科学，而法国唯物主义的另一派则直接汇入社会主义和共产主义。①
>
> 并不需要多么敏锐的洞察力就可以看出，唯物主义关于人性本善和人们天资平等，关于经验、习惯、教育的万能，关于外部环境对人的影响，关于工业的重大意义，关于享乐的合理性等等学说，同共产主义和社会主义有着必然的联系。既然人是从感性世界和感性世界中的经验中获得一切知识、感觉等等的，那就必须这样安排经验的世界，使人在其中能体验到真正合乎人性的东西，使他常常体验到自己是人。既然正确理解的利益是全部道德的原则，那就必须使人们的私人利益符合于人类的利益。②

这些引述表明，马克思恩格斯在 17—18 世纪英、法唯物主义中所看重的东西，同样是"使人在其中能体验到真正合乎人性的东西，使他常常体验到自己是人"③ 这种人类学因素的东西，而对他们所强调的抽象的物质世界弃而不问。这是值得我们深思的。

（二）马克思的人类学立场与人类学唯物论的形成

由上面的批判可以看出，马克思对《神圣家族》的批判，是建立在人类学立场上的批判。他的人类学立场借助对黑格尔的批判而突出地表现

---

① 《马克思恩格斯文集》第 1 卷，人民出版社 2009 年版，第 334 页。
② 《马克思恩格斯文集》第 1 卷，人民出版社 2009 年版，第 334—335 页。
③ 《马克思恩格斯文集》第 1 卷，人民出版社 2009 年版，第 334—335 页。

出来：

"在黑格尔的体系中有三个因素：斯宾诺莎的实体，费希特的自我意识以及前两个因素在黑格尔那里的必然的矛盾的统一，即绝对精神。第一个因素是形而上学地改了装的、脱离人的自然。第二个因素是形而上学地改了装的、脱离自然的精神。第三个因素是形而上学地改了装的以上两个因素的统一，即现实的人和现实的人类。"①

这就是说，在马克思看来，在黑格尔的实体、自我意识和绝对精神中所包含的合理的东西，不过是与人相联系的"自然"、与自然相联系的"精神"以及作为二者的统一的"现实的人和现实的人类"。"现实的人和现实的人类"，就是马克思在黑格尔哲学中找到的真正合理的人类学基石，就是马克思人类学立场的集中体现。

马克思这里所说的"现实的人和现实的人类"，既不是费尔巴哈的抽象的类本质人类学立场，也不是施蒂纳的"唯一者"人类学立场，而是他的从"现实的个体的人"出发的人类学立场。这是马克思、恩格斯最明白无误地表达出来的人类学立场。这种人类学立场以如下多方面的形式表达出来，如："人是全部人类活动和全部人类关系的本质、基础"，"现实的个体的人"，"全部人类现实"，"使人成了决定性的因素"，"人的权利"，"实现真正人的发展"，"使人在其中能认识和领会真正合乎人性的东西，使他能认识到自己是人"，"使个别人的私人利益符合于全人类的利益"，以及在《德意志意识形态》中强调的"真实的人"，"从事实际活动的人"，"现实的个人"，"有生命的个人的存在"，在《共产党宣言》中的"每个人与一切人"等，并把"有生命的个人的存在"视为"全部人类历史的第一个前提"。

这些话是马克思在复杂的哲学史中和现实世界中所坚持的人类学立场的体现，即他的一切都是从"现实的人和现实的人类"出发的，是站在这种人类学立场上说话的，根据这种人类学立场来理解和把握世界，就形成了马克思的人类学唯物主义。或者简言之，以"人是全部人类活动和全部人类关系的本质、基础"为根据的唯物主义，就是人类学唯物主义。此后，马克思都是站在这种人类学立场上观察世界、观察人的。由此形成的唯物主义，就

①《马克思恩格斯全集》第2卷，人民出版社1957年版，第177页。

只能是人类学唯物主义。

　　由这些批判性构建可以看出，马克思恩格斯并没有强调关于世界的自然物质性的思想，因而他们的唯物主义，已不再是传统的抽象的关于物质和物质世界的旧唯物主义，而是已经通过批判黑格尔和费尔巴哈而发生了人类学转向的关于人和人类世界的"新唯物主义"，即建立在人类学立场上的关于如何更好地构建人类世界、促进人类世界的世界历史发展的人类学唯物主义。

　　这样的唯物主义，是被哲学的历史发展更新了的更进步的唯物主义，马克思称之为"新唯物主义"。那么，这种新唯物主义新在何处？上面的讨论表明：新就新在它是建立在人类学立场上的人类学唯物主义。人和人的人类学特性，是这种唯物主义的理论基础。这种唯物主义所关心的，不是什么抽象的物质和意识的关系，而是"现实的人和现实的人类"以及他们与自然界的关系和社会历史的发展方向。《神圣家族》对布鲁诺·鲍威尔一伙的社会唯心主义的批判，就在于确立了这种人类学唯物主义的哲学立场，这是对《手稿》中还不明晰的人类学唯物论思想的明确的发展。它为人类学哲学奠定了唯物主义的理论基础。对这一点决不能等闲视之，它是马克思一切哲学思考、哲学构建的人本理论基础，由此奠定了整个马克思主义哲学的立足之地。对于抽象的"物质"和立于其上的旧唯物主义，马克思非但从来没有肯定过，相反地，倒是将其列入了批判的对象。

二　马克思在哲学批判中对人类学世界观的奠定

　　从人类学立场出发的人类学唯物论，也就奠定了人类学世界观的基础。但是，马克思还在对旧唯物主义的批判中直接构建了他的人类学世界观，这是在《关于费尔巴哈的提纲》中奠定的。恩格斯非常看重马克思的《提纲》，把它单独选出发表，并称之为"新世界观的萌芽"。但这个新世界观是什么世界观呢？先看马克思的定论：

　　　　从前的一切唯物主义——包括费尔巴哈的唯物主义——的主要缺点是：对对象、现实、感性，只是从客体的或者直观的形式去理解，而不是把它们当做人的感性活动，当做实践去理解，不是从主体方面去理解。因此，结果竟是这样，和唯物主义相反，唯心主义却把能动的方面发展了，但只是抽象地发展了，因为唯心主义当然是不知道现实的，感性的活动本身的。①

这是《提纲》开宗明义地批判旧唯物主义世界观、确立新唯物主义世界观的第一条。这段纲领性的话，就是从人们如何形成其世界观的高度来讲的。他批判从前的包括费尔巴哈的"一切唯物主义"的局限，即其只知道从人的感性直观性出发理解世界，把世界理解为与人对立的客观世界，不仅陷入了主客二元对立的境地，也只能形成主观对客观的理论认识论，从而陷入旧哲学的世界观和认识论中不能自拔。相反地，马克思则要求这样地理解世界，即把人的"对象、现实、感性"世界，不是当作客体的与人对立的东西，而是要"当作感性的人的活动、当作实践去理解"。这是什么意思呢？许多人很难理解这一层。这里我们要注意以下几点：

其一，要从马克思的把自然界理解为人化的世界，即是由人的本质力量与自然界在活动中共同创造的世界出发。这样，它自然就只能是感性的人的活动的产物和实现，因而，人也只能从自己的"感性的人的活动"来理解世界（那种纯客观的理解除了自然科学之外在哲学中是从来不曾存在的，它只是哲学还局限在直观的感性阶段的追求）。而"感性的人的活动"或"人的感性活动"不是别的，它就是人作为人的实现其目的的人类学活动，因而，从人类学实践来理解世界，也就是"从感性的人的活动"理解世界，这也就是从人类学角度理解世界，由此形成的世界观就只能是人类学的世界观。在这个人类学的意义上，我们才能进一步理解马克思的下一句话：要求"从主体方面去理解"世界。

其二，马克思强调，这种从人的感性活动、从实践来理解世界，也就是要求从人的"主体方面去理解"世界。所谓"主体方面"，不可能是指人的主观心灵，主观观念，而是指人在其客观的实践活动中所形成的人的主体性、人类性，即要求从人类学立场理解世界。"人"是主体，这个主体方面

---

① 《马克思恩格斯选集》第 1 卷，人民出版社 2012 年版，第 137 页。

如何，人对世界的理解和把握也就只能如何。这就把人对世界的理解（世界观）纳入由人对世界的改变活动所形成的人自己的活动历史、精神历史即人类学的历史中来了，这里充分展示了它的人类学意义，从而使哲学自觉地从人类学的视角来理解世界。事实上，"感性的人的活动""实践""主体方面"，这些都是指人的人类学特性。这也就是要求从人的人类学特性理解世界。这种人类学世界观的奠定是无限重要的，人类学世界观的构建开辟了现代哲学的先河。海德格尔就曾指出：

"在今天有一种思想是人人都熟悉的，那就是'人类学'的思想，这种思想要求：世界要根据人的形象来解释，形而上学要由'人类学'来取代。"①"世界观和世界观学说"要"无保留地变成一种关于人的学说，变成人类学"②。

上述"世界要根据人的形象来解释，形而上学要由'人类学'来取代"③，是海德格尔结合尼采哲学对现代哲学的概括。但这一现代哲学方向就其合理形态来说，是从马克思开始的，它和马克思的要根据"感性的人的活动"、根据人的"主体方面"来理解世界如出一辙。而这也就是要求从人类学立场、从人的人类学特征来理解世界。它表明，马克思早在尼采之前，就开辟了这种从"人的形象""人的主体方面来理解"世界的现代哲学的大方向。

可以说，海德格尔在尼采哲学中看到的这种现代哲学倾向，这种从叔本华就开始的现代哲学大方向，在马克思这里得到了最自觉、最合理的发展开拓，这就是形成了他的人类学世界观。

其三，马克思强调，人的这种感性实践活动本身是一种"对象性的活动"，他批评费尔巴哈"没有把人的活动本身理解为对象性的活动"④，即没有把感性的人的活动理解为是人与对象世界、人与环境共同存在和相互作用的、有自己的规律和方向的、客观存在着的人的生存发展活动，从而他不能理解人的对象性活动对人的主体方面的规定性意义，当然也就不能构建正确

---

① ［德］海德格尔：《尼采》下卷，孙周兴译，商务印书馆 2002 年版，第 762 页。
② 《海德格尔选集》下卷，孙周兴选编，上海三联书店 1996 年版，第 902 页。
③ 《海德格尔选集》下卷，孙周兴选编，上海三联书店 1996 年版，第 902 页。
④ 《马克思恩格斯选集》第 1 卷，人民出版社 2012 年版，第 137 页。

的世界观，不能理解人和人类世界。而马克思正是要求从人的对象性活动（人的本质力量对象化）和由此产生的人类学意义来理解世界，这就坚定地把人的世界观钉牢在人的人类学活动这一天地中来了。

其四，这种人类学世界观不是关于抽象的物质世界或理念世界的世界观，而是关于"对象、现实、感性"世界的世界观。即与人有关的、现实存在的、感性地存在于人面前的具体世界的世界观。马克思的这一强调就是要排除传统哲学的那种抽象的物质、本体、本原等只在人的思辨中才存在的空洞的抽象，要求哲学摒弃"无限的东西"，从"现实的、感性的、实在的、有限的、特殊的东西"① 出发，从可以实证的存在世界出发。这就把传统唯物主义的根本立足点"物质"消除掉了。当然，马克思是承认自然物质世界的客观存在的，但它已成了自然科学的对象，并通过自然科学理论返回到人的生活实践中来（包括科学哲学），成为人类学世界观中的科学内容。这些都会随着人的社会历史实践主体的历史性变化而变化（因而，没有永恒的哲学世界观），这是马克思人类学世界观在内容上的具体体现。

其五，那么，这种人类学世界观是怎样的呢？它作为人类的实践主体对世界的理解，显然要受主体的社会历史实践的水平所规定，并在这种规定中理解人的人类学特性、人类与自然物质世界的生存关系、人类在自然物质世界中的生存发展活动，以及由此形成的人类的世界历史发展和在这种发展中对于世界的哲学理解等，这就为顺利进入人类世界奠定了理论基础。

可以说，人类学唯物论和与之相适应的人类学世界观的创立，是人类学哲学赖以成立的标志。

三　马克思对人类学方法论的奠定

马克思根据人类学立场、人类学唯物论和人类学世界观对世界的把握，就形成了他的人类学方法论，因为方法不是别的外在物，它不过是人的哲学立场和哲学世界观在实际运用中的体现，是它在实际运用中的必然表现方式。把这种实际运用方式从理论上概括出来，就形成了相应的方法论。马克

---

① 马克思：《1844 年经济学哲学手稿》，刘丕坤译，人民出版社 1979 年版，第 111 页。

思的人类学方法论，是早在 1842—1843 年就奠定了的，这说明他的人类学唯物论与世界观也是在这一时期就形成的，只是表述得相对迟一点罢了。这就是由人类学立场、人类学唯物论和人类学世界观在观察世界时形成的人类学视野、在把握世界的价值要求方面形成的人类学价值立场和在分析问题时的世界历史高度，并把这些运用于对人和人类世界一切问题的分析和把握。

（一）马克思的"人类精神的真实视野"：人类学视野

马克思的青年时代，正是德国哲学从"以神为本"向"以人为本"发展转化的时代。所以，1842 年，马克思一踏入社会，就提出了"用人的眼光"来观察世界。那么，为什么他这时要提出"用人的眼光"观察世界？显然是为了反对宗教的眼光、神的眼光，反对某种哲学、某种政治的眼光，当然也不是生物的自然的眼光，不是国家或其任何统治阶级的眼光等。这里的"人"，和他以后的思想相比，显然是指人作为人的人类学意义的人，是指"人类"这种特殊存在物及其价值要求。因而，所谓"人的眼光"，就是人类的眼光，人类学的眼光，即用人类学的眼光观察世界。因为马克思紧接着就表明，他的"人的眼光"，不外乎就是"人的精神的真实视野"①。那么，何为马克思这里所说的"人类精神"？显然，它不是指神的精神，不是指国家精神，也不是指人类的精神创造物，如一些文学艺术精神或科学的哲学的精神等，更不可能是指作为精神性的人或人类的精神现象，而是指在人类历史中日渐增强的对人的尊重和理解、对人的地位和价值、对人的自由和创造、对人的"人性的光辉"的欣赏与赞美，是人超越神而成为自然与社会的主导力量的一种精神体现，这只能是在历史发展中形成的一种广义的人类学精神。它是自文艺复兴以来反对神而弘扬人、关心人类命运、关心人的生命、自由、价值、创造与尊严的人类学精神，这是西方哲学的精神历史向人类学转向的体现之一。马克思继承了作为西方精神历史发展成果的人类学精神，并以这一精神观察把握人和人类的生存世界，这就形成了马克思哲学的"人类精神"。因而，"人类精神的真实视野"，只能理解为真实的人类学视野。所谓人类学视野，就是从全人类的生存发展进步的价值立场来观察理

---

① 《马克思恩格斯全集》第 1 卷，人民出版社 1995 年版，第 215 页。

解人类世界——连同他赖以生存的自然界的哲学视野。从人类学视野出发理解和把握"现实的人和现实的人类",即人和人类世界,是马克思形成他的人类学方法论的起点。这种人类学视野不是孤立的,而是与其人类学价值立场联结在一起的。

(二) 马克思对人类学价值立场的构建

从 1835 年到 1843 年,是马克思在哲学思想上不断成长发展的几年。如果要问,马克思这些年哲学思考的对象和主题是什么? 是康德的认识论吗? 是黑格尔的理念论吗? 是青年黑格尔派的自我意识吗? 是费尔巴哈的类本质吗? 是法国的物质和运动哲学吗? 这些是由来,但不是归结。这些既有的抽象的哲学都没有进入他的关注和思考,为什么呢? 这些哲学都不是对人和人类世界的直接关怀,都不是以人类为对象、为主体的,都与他中学毕业以来的为人类幸福而奋斗的人类学志向无关。所以,《博士论文》之后,马克思没有直接写过单纯的哲学文章,只是在这里那里涉及哲学问题时,顺便表达一下他内在的哲学理念。

从中学时代,马克思就吸收了西方文艺复兴以来人类历史发展的进步精神,即宗教与神学的地位日趋下降而人和人类精神日趋上升。这种精神在马克思身上的体现,就是确立了一种关怀全人类命运的伟大的人类学胸怀。大学时代的马克思进入了追求真理的学术领域,但他大学毕业的博士论文,不过是"借古讽今",用他的话说是"出于政治的目的",到古代的原子论中探索人的自由创造精神的自然哲学基础。这看似抽象,却是为了人,是为对人的自由创造精神寻找自然本体论基础。此后,马克思一直以这种以自由为核心的人类学价值立场观察、理解人和人类世界,在一切可能的地方都强调人的地位,人的价值,人的自由。这表明,马克思青年时代的精神理念,不是资产阶级民主主义的思想理念(如他反对私有制,反对资本对人的剥削),而是站在全人类的自由和幸福这种人类学价值高度上的哲学理念。此后马克思多方面地表明了他的这种人类学的价值理念、价值立场,诸如:

1. 提出人的根本就是人本身,确立了以人为本的人类学价值立场。

马克思在 1843 年的《黑格尔法哲学批判导言》中强调:"人是人的最

高本质","人的根本就是人本身"。他强调一切进步的革命，都应当是达到
"人的高度的革命"①。这是马克思人类学价值观的人本立足点，由此确立的
"以人为本"的价值立场，是马克思对人和人类世界的问题进行思考的最高
价值根据。

2. 马克思要求从社会自由这一前提出发，创造人类合理生存的一切
条件。

马克思在《黑格尔法哲学批判导言》中谈到无产阶级革命时指出：

> 这个阶级在实现社会自由时，已不再以在人之外的但仍然由人类社
> 会造成的一定条件为前提，而是从社会自由这一前提出发，创造人类存
> 在的一切条件。②

这"一切条件"，当然包括从物质条件、制度条件到精神条件、生活条
件，自由创造和发展的条件等，但这些都不能不以"社会自由"为必要前
提。由此可以看出，马克思把人的社会自由置于何等重要的地位。同时，它
表明马克思进一步把他的人类学价值要求，集中在人的社会自由方面，称它
是人的存在即人的生存的前提，这就确立了人类学哲学的价值追求目标：通
过社会自由满足人类的合理生存。可以看出，这是适用于现代一切社会的价
值要求。

3. 马克思要求推翻一切使人成为受屈辱、被奴役、被遗弃和被蔑视的
东西的一切关系，追求人的合理生存。

马克思的哲学批判是在费尔巴哈对宗教的批判之后进一步对不合理的人
类社会的批判，所以他强调：

> 对宗教的批判最后归结为人是人的最高本质这样一个学说，从而也
> 归结为这样的绝对命令：必须推翻使人成为被侮辱、被奴役、被遗弃和

---

① 《马克思恩格斯全集》第 3 卷，人民出版社 2002 年版，第 207 页。
② 《马克思恩格斯全集》第 3 卷，人民出版社 2002 年版，第 212 页。

被蔑视的东西的一切关系。①

这是马克思人类学价值观的集中表达，旨在实现人的合理生存。其中，"受屈辱、被奴役"，表明现实世界没有人类学的平等和自由；"被遗弃和被蔑视"，表明现实世界没有人类学的公平和正义。这里，马克思以"必须推翻"的否定态度，指控了导致人类世界不平等、不自由、不公平、非正义的使人不能合理生存的现存关系，并通过批判这种不合理世界，从人类学价值高度上间接提出了保障人的合理生存的平等、自由、公平、正义这种现代人类社会生活的普遍价值原则。对于马克思来说，自由，这是人作为"有意识、有意志"的存在物并以此支配自己生存的必然要求，是一切创造的必要前提；平等，是人作为人而存在的、由"自然法"所赋予人的"人人生而平等"的自然表现（如恩格斯所说，他和马克思都支持法学世界观。但他们是从人类学高度理解自然法的"人人生而平等"的价值要求的）。因而，自由与平等首先是人作为人而生存的人类学价值要求。同样，公平和正义，是人的自由、平等的社会价值要求，也是人作为社会存在物在其社会生存方式中的最高价值要求，因而同样是人作为社会存在物而生存的人类学价值原则，它要求以社会的制度和法律的形式规范出来。这些使人成为人的价值原则，就是马克思确立的人类学价值原则，是人类合理生存并走向自由解放的社会价值前提。马克思在这里以批判旧制度、旧关系的形式表达了人类合理生存的普遍价值要求，体现了马克思高度的人本理性精神或者说人类学价值精神，从而也使他的哲学构建成为人类学的价值哲学构建。

马克思要求把人的世界和人的关系还给人自己，实现人的人类学尊严。马克思在谈到政治解放、人类解放问题时强调：

> 任何解放都是使人的世界和人的关系回归于人自身。②

何谓"人的世界和人的关系"？这就是人类学意义的自由、平等、公

---

① 《马克思恩格斯选集》第1卷，人民出版社2012年版，第10页。
② 《马克思恩格斯全集》第3卷，人民出版社2002年版，第189页。

平、正义的社会价值准则和保障这一切不受任何人、任何集团侵害的制度性关系。一切解放都是为了"人的实现",即实现人的"自由自觉的"生存、创造和发展。马克思把这种人类学价值原则,作为其解放哲学的最高价值追求。在马克思看来,人的最高追求就是自由解放,这是马克思人类学价值观的最高体现。马克思由此创立了他的自由解放哲学和其最高价值要求。

马克思的核心价值精神:人类学的自由、真理、正义、平等精神①。在人类学价值立场上,马克思开创了他的追求自由、真理、正义的人类学价值精神。马克思把"哲学研究"理解为"自由理性的行为",他的《博士论文》就是其自由理性的体现。所以,自由是马克思哲学理性的第一层本质。如果说,在1841年,"自由"还只是以人的"自我意识""自我决定"的精神自由体现出来的话,那么,到1842年,这种"自由"已与现实世界、与时代问题相结合,成了一种针对专制政治制度的对社会公共自由精神的追求。人的精神自由升华为社会自由,这样,自由就与"真理"和"正义"联系起来。当马克思要求"真正的哲学"以"世界公民"的姿态出现在世界上时,这个"世界公民"就是站在真理和正义立场上的公民。它既是自由精神的化身,更是马克思本人的人格理性精神的化身。马克思的整个理论研究,都是对于人类学的真理和正义的追求;马克思的整个理论批判,都是立于正义立场上的批判。而马克思的整个理论,都不外乎是追求自由、真理、正义这种人类学价值精神的理论体现!因而,自由、真理和正义是马克思哲学理性精神的本质,也是马克思的人格理性精神的集中体现,是马克思真正的哲学精神。

马克思的这种人类学的自由、真理、正义精神,是人类学价值立场的具体体现,是马克思在1844年之前形成的最积极、最重大的哲学精神。它表明,马克思的强烈的人格理性精神,就是对于自由、真理、正义这一人类学价值精神的追求。正是这一追求使他为人类学哲学奠定了人类学价值原则。因为人类学哲学正是要通过自由、真理与正义这些人类学的价值武器,为全人类都关心的人的合理生存、健全发展与自由解放的哲学而奋斗。因而,这

---

　　① 由于这一精神已在其他专著和文章中做了研究,这里只是提及,没有论证,人类学、人类学哲学等概念也是这样。

种人类价值精神，就是人类学哲学的内在精神，而人类学哲学就是这种追求自由、真理、正义的哲学。

还可以举出一些。但这几项人类学价值论断，已表明了马克思的哲学立场不外乎是人类学价值立场，他要求把这种价值关怀落实在具体的人的生存活动中，落实在他后来所说的"有生命的个人的存在"中。所以，马克思这时所说的"人"，从一开始就与其他哲学家不同，不是指抽象的人，而是指包含一切个体在内的全人类。它表明，马克思的人类学价值观，是立足于人的个体生命存在的关怀全人类的价值原则。他后来强调无产阶级革命通过暂时的专政过渡到无产阶级社会，以及对于共产主义社会的追求，不过是他所认定的以上人类学价值原则在世界历史发展环节中的历史性要求。

在后来的发展中，马克思的这些人类学价值思想不仅没有中断，还得到进一步的深化和丰富，成了他关于人的健全发展的目标理念。马克思后来在《共产党宣言》中所说的以"每个人的自由发展是一切人的自由发展的条件"① 而形成的"自由人的联合体"，在《资本论》中所说的"人的全面而自由的发展"，都不过是这些人类学价值原则的进一步体现，他把这理解为全部世界历史运动的价值目标。可以概括地说，马克思在 1843 年提出的"政治解放""人的解放""无产阶级解放"和"全人类解放"，都是从世界历史、从他的人类学的价值立场、价值原则上提出来的，而不是从所谓人本主义、人道主义、民主主义立场提出来的。它表明，马克思哲学是因人而起、为人而作、为人类的合理生存与自由解放开辟道路的新哲学。可以说，能不能看到马克思的这种世界历史立场、能不能看到马克思对人类学价值立场和人类学视野的哲学构建，是理解马克思对人类学哲学的开创的关键。

总之，马克思把人的自由创造、自由解放作为人类学的最高价值进行追求。这种追求以"真正的哲学"，"当代世界的哲学"，作为"世界公民"的哲学要求的形式体现出来。

在这里，马克思的人类学价值论立场正式超越了传统哲学的形而上学本体论、认识论追求，从思辨哲学的时空中解放出来，要求开辟关于人和人类世界的新的哲学方向。这是一种全新的现代性的世界哲学方向。

---

① 《马克思恩格斯选集》第 1 卷，人民出版社 2012 年版，第 422 页。

（三）马克思从世界历史高度把握人类世界的具体问题

马克思人类学方法论的第三个要点，就是从世界历史高度观察把握人类世界的具体问题。即从人的人类学的生成发展史即人类史、人类走向自由解放的发展史来理解世界的现实问题。世界历史不仅是各民族走向共同方向的发展史，也是全人类的人类学价值目标的实现史。

从这种世界历史高度、人类学价值高度观察把握人和人类世界的具体问题，就形成了马克思把握人类世界的制高点。在此基础上，马克思还形成了（正如孙正聿先生指出过的）把握人类问题的立脚点——社会化的人类；出发点——现实的从事实际活动的人；归宿点——自由人的联合体。也正是站在这种制高点上，他对"唯物史观"的基本原理的创立，要从"有生命的个人的存在"和他的物质需要开始；他对人的历史活动的把握，要从人的需要的满足与"新的需要的产生"开始。不仅如此，马克思还用它来分析阶级及其历史作用：他对资产阶级的历史功勋和无产阶级历史使命的看法，他对生产力的发展和世界历史发展规律的看法等，都是从这种世界历史高度考察问题的体现。重要的是，从这个制高点观察把握人类世界，全人类的生存发展及其在每一个时代的迫切问题就会了然于胸。并且，正是这种方法论的运用，使马克思的社会历史理论比当时任何人的观点都要深刻。

（四）马克思人类学方法论的形成

马克思从他的人类学视野、人类学价值立场和世界历史高度观察分析人和人类世界的问题及其发展改变方向，就形成了他的人类学方法论。以这一方法为原则观察、认识和分析问题、对待和处理问题，即把它转化为分析问题的原则和价值尺度，就形成了马克思的完整的人类学方法论。这是他"为人类幸福而工作"的人类学愿望的具体体现。这种方法论的创立对马克思哲学的创造、对马克思一生的思想理论活动至关重要。

有了人类学方法，马克思就展开了对新哲学的构建。从 1842 年起到《1844 年经济学哲学手稿》，这一新哲学的基本面貌就初步形成了。

（五）马克思强调的辩证方法、历史方法的人类学性

马克思的哲学方法，人们熟知的主要是基于辩证法的辩证分析方法，基于历史观的历史分析方法和基于阶级存在的阶级分析方法，此外还有基于系统论的系统分析方法（这一层还不为人们熟知）、基于人的社会存在和关系存在的社会分析方法和关系分析方法等。这些从表面上看与人类学方法是不相同的。但是，从这些方法的运用看，它们并没有超出人类学的大范围，因而也是一种广义的人类学方法。例如，马克思所说的"辩证法的方法"，就是对人类世界的问题在"肯定的理解"中包含有"否定的理解"，实际指的是理解人类世界的辩证方法，即这一方法的客观基础，不是物质世界，而是社会历史本身的辩证本性。它们没有超出人类世界的范畴。例如，马克思在《政治经济学批判导言》中，研究了经济范畴的从抽象上升到具体的辩证理论构建，以及恩格斯进一步指出的逻辑的与历史的一致等，对辩证法和辩证方法做了多方面的讨论。更主要的是运用经济范畴的从抽象上升到具体的辩证理论构建方法，构建了他的《资本论》的辩证范畴运动体系，用来揭示人类经济活动的辩证法本性。在这里，马克思不仅运用了黑格尔的"正、反、合"的辩证进展的范畴运动体系①，还结合实际创造了范畴的系统相关和发展的形态变化体系，如"商品、货币、资本"就是基于劳动二重性的财富的三个发展形态。马克思所运用的这一深奥而又科学的辩证法方法对于他的《资本论》的理论构建，至今令人不可企及。这里要注意的是，马克思所讲的这些辩证方法等，其运用都没有超出人和人类世界这种大范畴，因而属于人类学范畴，是人类学的辩证方法。事实上，马克思的辩证法不是物质辩证法，而是关于人和人类世界的人类学辩证法（另外讨论），由此形成的方法当然只能是人类学的辩证方法（有谁能在马克思的文本中找出关于物质世界的辩证法呢？）。同样，历史分析方法、阶级分析方法等，也都没有超出人和人类世界，因而同样是一种人类学的方法，至少说是统一于其人类学

---

①　如对剩余价值的分析就是从"绝对剩余价值的生产""相对剩余价值的生产"到"绝对相对剩余价值的生产"，并以此形成《资本论》的理论主干。详见笔者的《辩证思维方式论》，高等教育出版社1990年版。

方法论之中的但又是可以独立运用的方法。所以，这些方法与人类学方法不仅不互相排斥，而且是互相作用的，如在遇到辩证问题时坚持辩证分析、在遇到历史问题和阶级问题时坚持历史分析和阶级分析等。但人类学的视野、价值立场和分析方法，世界历史的分析方法，在马克思那里是一种针对人和人类世界的普遍性问题的普遍分析方法。它可以把辩证方法、历史方法等包含于自身。

概括地说，马克思的人类学立场、人类学唯物论、人类学世界观和人类学方法论的综合，就形成马克思的人类学哲学的方法论。而通过人类学哲学方法的综合运用，马克思构建了他的人类学哲学。

最后要补充的是：提出马克思的人类学方法论、人类学哲学方法论有什么意义呢？这要从马克思的基本理论构建谈起。我们在其他文章和书中已多次论述，马克思的全部理论构建，可以概括为这样两部分：其一，可以概括为以物质生产本体论为根基、以生产力历史观与政治经济学为主体的并以经济学逻辑为科学基础的科学社会主义理论，这可以概括为马克思的经济学哲学构建。其二，以人的个体生命存在本体论为根基、以人类学历史观与政治人类学为主体的并以人类学逻辑为基础的人本社会主义理论，这可以概括为马克思的人类学哲学构建。前者就是传统上所理解的哲学、政治经济学和科学社会主义即整个马克思主义理论，后者是我们新发现的马克思的主要理论构建。如果说，传统的经济学哲学构建，有它一整套的经济学哲学方法论的话，那么，马克思的人类学哲学也有它一整套的方法论，这就是本文所讨论的人类学哲学方法论。前者属于针对当时的现实社会迫切问题即劳动与资本的对立的理论构建，主要关心的是无产阶级解放问题，因而马克思主要诉诸经济学；后者属于针对当时的世界历史基本问题的理论构建，即政治解放之后的人类解放问题，主要关心的是全人类的合理生存与自由解放问题，因而马克思主要诉诸人类学。从今天看来，后者由于建立在世界历史发展问题的基础上，因而它更适应当代的世界历史发展。马克思主义在今天的历史任务，就是要把人类学哲学的理论体系在21世纪构建起来，这就是人类学哲学方法论在今天的重要性。

（原载《思想战线》2016年第3期）

B

人类学哲学与当代中国、当代世界

从世界历史发展看人类学时代的
来临与人类学哲学的出场

苗启明　吴　茜

摘要： 人类在地质史中的出现，由于以智慧与外物相互作用而创立了不同于演化与进化的优化发展方式。优化发展方式迫使人类世界不断进步，由氏族部落时代、封建国家时代向工业文明的世界历史时代发展，而今又开始向人类学时代迈进。人类学时代就是人类按其良好本性而自我实现的时代，其特征，是人与自然、人与人的基本生存关系由盲目必然性的统治向自觉的合理化方向发展。人类学时代的自觉发展需要哲学理性的指导，这就是人类学哲学的提出。人类学哲学就是主导人们在人与自然、人与人的基本生存关系中合理发展的哲学，它发源于马克思，它的基本价值要求是通过生存关系的合理化而追求每个人与一切人的合理生存、健康发展与不断走向自由解放。它的最高价值追求是自由、真理、正义成为时代的最高理性精神，来支配世界历史向人类学方向发展。但它的实现以世界的和平与普遍的人类学交往为前提。

关键词： 演化、进化、优化；人类学时代；人的生存关系；人类学哲学；人类学价值原则；人类学价值精神

我们处在怎样的时代？世界历史潮流在怎样发展？当代的时代精神是什么？在我们进行当代哲学的思考时，这些问题是不能不考虑的。

一　人类学时代的来临

（一）历史从世界历史时代向人类学时代发展

在地质史上最短的全新世的一万多年里，是人类通过文化和文明的创造而从动物史转向人类史的时期。这种人类史的生成发展表明地球进入了人类时代。而自工业革命开始的"人类世"，则是人类时代发展成熟的体现，是人类由生态系统的一部分转而主宰地球生态系统的开始。人类时代应当从人类的产生即精细地制造工具时算起，因为人类制造的（即非自然的）工具的出现，如细石器的出现，是人的智慧与自然物相互作用而产生的地球自然史上的新事物，它开辟了一种新的不同于生物进化的新的发展方式：优化发展方式。进化是生物体与环境相互作用的产物，它是单纯的自然过程，并且主要通过基因突变在代际间体现出来。而优化则是人在生存实践中智慧与客观事物相互作用的产物，它可以在并且主要是在当下的工具改进中出现的。它使人能够超越自然进化的纯物质的慢节奏和自然必然性，而跨入由人的智慧推动和控制的优化时代。优化是自然与心智、物质与精神相互结合而产生的宇宙中的最高级、最快捷的发展方式。人类本身的现代发展或许不能说没有进化的踪影，但主要是优化这种心—物协同的发展方式的产物。它不再像进化那样以动植物的身体变异为标志的物种变异方式体现出来，而是以身体以外的工具和文化以及人的行为的发展变革方式体现出来。可以说，支配无机自然界即宇宙世界的发展方式是演化，其支配力量是引力与斥力，其时间尺度是亿年；支配有机自然界即生物世界的发展方式是进化，其支配力量是生物体与环境的相互作用，时间尺度是万年；支配人类世界的发展方式则是优化①，其支配力量是工具与智力，时间尺度是年。地球的人类时代就是人类开辟这种优化发展方式的时代。优化以自然为基础，以工具为前提，但却以人的需要和智慧这种心力为动力，而以工具技巧和文化的形式体现出来，形成为人的社会进步。

---

① 苗启明：《优化：宇宙中的高级发展方式——对演化、进化、优化的哲学思考》，《南京社会科学》1990 年创刊号。

　　理解人类的这种优化发展方式，对理解人类学时代的来临是非常重要的。优化发展方式的内在驱动力迫使人类时代不断进步。人类时代在脱离开原始群之后，一是氏族和部落时代的形成，即最初的原始文明。二是封建国家时代，它像明珠那样在中世纪点缀在世界各地。其相互联系也只是局部的，个别的。只有到了以工业为基础的资本主义时代，随着地理大发现和商品大炮在世界各地的鸣锣开道，全世界才联系起来，地方历史的汇聚成就了世界历史时代。只有到了这时，人类时代才真正成了世界性的现实。所以，我们的讨论要从世界历史时代开始。

　　"世界历史"与编年性、史实性的世界史不同，它是由黑格尔发展起来的哲学概念，实际指的是人在历史中的发展和人的自由的实现。它的现实世界的起点，应当从蒸汽机这种超自然力量的发明算起。依据马克思的改造，它一是指建立在资本主义生产基础上的商品交往，它突破了国家之间的孤立的存在，把整个世界联系起来。二是人在这种世界性的物质交往中所发展起来的世界性的能力、个性、自由创造精神等。三是人们之间、人类之间的互相承认的最简单的人类学关系的形成，一种世界性的文化交流的出现。因此，世界历史是对封建国家时代以及更早的原始时代的超越，是随着近代工业和资本主义的发展而出现的全世界各民族、各个国家之间日渐紧密的联系，是政治的现代化和现代化成就的世界化。

　　在此基础上，即按照这种发展逻辑的发展，一是与世界的这种物质、技术、精神的普遍交往相联系的人的关系和能力的发展，这就是人们的基本生存关系由对"人的依赖关系"的突破，向以物的依赖性为基础的"人的独立性"的发展，以及在这种发展基础上走向未来的"自由个性"的实现，即人的全面能力体系的出现。这也就是随着世界历史的发展，人的自由的不断实现。这样的世界历史，就是人的发展完善史。二是与这种世界历史性的人的发展相联系的，是人的伦理精神的发展。在氏族部落时代，最高伦理精神是部落生存精神，个人可以为了部落或氏族的繁衍生息而作为牺牲品贡献自己的身体。在封建国家乃至资本主义国家的时代，国家主义是最高的价值精神。而随着世界历史性的交往，国际主义、世界主义精神也开始升起。所谓世界历史时代，所谓人的全面发展，就是人摆脱种种民族的地域的狭隘眼界，而日渐为世界历史的眼光所替代，人在伦理精神上也日渐为国际主义、世界主义所替代，人成为"世界历史性的个人"。但这在目前还只是少数人所能达到的境界，就人类的大多数来说还不可能达到这一高度。因而，我们认为，仅仅依赖世界性的经济交往而实现的世界历史发展，就其主流而言，还不能突破国家的大限。因为这种世界历史是建立在物质交往即物质利益的基础上的，而国家则是它的最高物质利益的保障。因而，它不能突破国家主义的局限而上升到世界主义的高度上来。其突出表现是：当今的跨国公司，依然以它的祖国为依托。这些表明，世界历史的发展还是有局限的，或者至少在现代来说它还是有局限的。并且，这种建立在物质交往之上的世界历史，无论怎样发展也不能超越它的物质利益的局限，不能超越人们的物欲、权欲、制胜欲、统治欲的局限。所以，它不仅随着财富的发展把世界变成了空前的两极分化的世界，而且在它发展的顶点爆发了两次世界大战和原子武器的出现，以及今天的人类世界呈现为紧张的动物般的对立。这是由于，在今天，从世界历史发展的现实情况来看，这种发展还是很不完善的。由于传统的力量，由于人的生存发展的主要依托还是他的国家和政府，因而，绝大多数的人还远远不能达到"世界历史性的个人"这样的水平，只有少数具有伟大胸怀的像马克思、爱因斯坦这样的人才能达到。

因此，所谓由世界历史的发展通向自由，指望它实现人的全面的人类学关系，看来只是一种美好的愿望。它不仅拯救不了人类，任其发展还有可能走向反面，导致人类在全新世、人类世界所创造的文明的终结。因而，它还有待于向新的历史阶段发展转变。我们认为，当代的时代精神，就是由世界历史时代向人类学时代发展转变因而人类学精神日渐发扬的时代。只有向人类学时代迈进，才能延续人类世，才能进一步让地球的人类时代延续下去。这一转变是有希望的，因为人不仅仅是控制外物的欲望的存在物，他还是知道"控制自己的控制"的理性的存在物，这种理性只有当传统发展方式让人们陷入生存困境的时候，才会升腾起来，成为支配人类行为的主流。一旦历史达到了这一步，人类学时代就会到来。在目前的世界历史时代，还只是少数人才能达到人类学的伦理精神的境界，在进入人类学时代后，就会成为人类大多数的思想境界。

（二）人类学时代的曙光正在到来

那么，何为人类学时代？提出人类学时代有什么根据？这里所谓人类学或人类学时代是个哲学价值范畴，它指的是人类按其良好本性的自我实现过程。其实，人类学时代作为人类发展的目标，它早就存在于人们的理想中，西方的对自由王国的千年梦想，东方的大道之行也天下为公（大同世界），马克思的人类学共产主义，就是它的梦想的体现。人类学时代的最根本的特征，就是人类赖以生存的人与自然、人与人的基本生存关系，由盲目的必然性的统治转化为由人类理性的自觉而合理的支配。人与人的生存关系主要有人们赖以生成的血缘族系关系、赖以生存的生产关系和赖以共存的类群关系，这些是支配人和人的社会生活的基本生存关系。人类学时代就是这些关系，包括人与自然界的关系都向合理的人类学方向发展，从而为人类的合理生存奠定基础的时代。这一问题我们后面再讨论。另外，就整个世界而言的人们的社会生活和思想意识的人类学化，它已若隐若现地浮现在今天的历史中，请看：

其一，人类进入依赖智能技术和智力圈而生存于自然界的人类学时代。在地质学家看来，工业技术是"人类世"的开始。人类在今天除了深海和太空还有待深入开发之外，智力性的技术已经深入各个方面，以至于可以说，人类是作为一种智能技术存在体生存于自然界。不仅如此，人类技术已经进入对自身智力的调控时代，并创造出了一个调控它自身的环绕地球的信息圈，智力圈，使本来存在于人类头脑中的智力，借助于技术而成为客观化（电脑）、系统化（网络）和世界化（形成地球的智力圈）的新的地球存在，它成了人类在人类世改变自然界的智力手段。正是这一智力圈层使人类技术进入了人类学时代，因为人类的本质特征之一是智力对行为的调控。同时，人类的智力技术也深深改变了人本身的处境，任何一个偏僻地方的任何一个人都可以通过信息网络和全世界联系起来，与他们的情感和要求，痛苦和希望，对真理的追求和对正义的坚持等，在精神上联系起来，世界同时变成了精神存在体。所谓"地球村"，同时是一个精神联系村。而精神固然有欲望，但它也更有理性，一种权衡人类关系和轻重安危的生存理性在不断成长。而进步就发生在理性对于欲望的调节和改变之中。这也就是说，正是这种智能技术的发展，使人类可以通过技术而超越民族和国家的局限，以及通过精神文化和思想追求而联结为休戚与共的整体，这是使人类作为一个生存共同体、智力共同体而进入人类学时代的标志之一。

其二，生态危机促进了人的生态觉醒，生态觉醒又促进了人的人类学精神的觉醒。全人类在生态问题上的共同感受和共同要求，促进了人与自然界作为同一个生态整体的人类学时代的提前到来。环境伦理、生态伦理成了突破民族伦理、国家伦理、主义伦理、宗教伦理而走向人类伦理、世界伦理的脚步，有力地开辟着人类学时代。

其三，知识经济使人类进入依赖知识而生存发展的人类学时代。人类今天一切赖以生存发展的重要经济活动，都成了以知识为基础的活动，无论是第一产业、第二产业还是第三产业（服务业）、第四产业（文化），以及第五产业（智能产业、互联网产业），都以知识而不是以资本或政治为前提（它们已降为物质基础和管理方式）。而任何真正的知识都像技术那样是人类性的，以知识为本的经济不能不使人类的经济活动和生存方式进入优化的全人类通则的人类学时代。

其四，全球化运动是人类走向人类学时代的实际运动。经济全球化使人类日益在经济生产方式、科学技术手段、思想文化规范等方面进入全人类一体化的方向，由此产生的全球性问题、全球性思维、全球一体化、全球治理、全球政治、全球政府或爱因斯坦所追求的"世界政府"，以及马克思所说的人作为世界历史性的存在、世界公民等，都迫使民族主义、国家主义上升到世界主义、人类主义即全人类一体主义，因而它实际上是全人类进入人类学时代的历史优化运动的主体部分。

其五，全人类问题及其人类学解决方式促进人类走向人类学时代。由于科学技术的发展，全人类已经形成为一种休戚与共的生存共同体，精神共同体。一系列研究全人类问题的科学、思想、伦理、文化、哲学的学术思想的出现，人类学价值、人类伦理以及人类共存理性精神的张扬，全人类对于地球生态的关切和公共精神、协商精神、共赢精神的出现，表明全人类作为一个精神整体、作为命运共同体走向了人类学时代。

其六，各种实证的人类学分支学科的深入发展也促进了人类学精神的张扬。在马克思时代，实证的人类学刚刚出现。20世纪初，人类学也主要是传统的文化人类学、体质人类学、宗教人类学、哲学人类学等。而世纪之交和21世纪以来，由于广泛地直面人类问题的需要，人类学的分支学科深入发展，也有一些传统上与人类学无关的学问，也上升到人类学高度看问题。如生态人类学、环境人类学、医学人类学、社会人类学、都市人类学、体育人类学、教育人类学、美学人类学、文学人类学、艺术人类学、政治人类学、法律人类学、发展人类学、旅游人类学等，都表明了人们在思想和思维方式上向人类学方向的深入，有的学者已经提出了当代思想史的人类学转向问题，以人类学反思当代文明的发展问题。

其七，哲学早就开始了向广义的人类学方向的开拓。从哲学上来看，人类学思想产生得更早。且不说康德的"实用人类学"已经是一种哲学的人类学方向，即就有联系的发展言，叔本华就已开始了哲学的人类学转向，即根据人的形象来解释世界。而整个青年黑格尔学派，也在对黑格尔自我意识的研究基础上，向人类学方向发展，出现了像费尔巴哈、鲍威尔、施蒂纳等一批研究人类学问题的有人类学价值倾向的哲学家。这种对人的研究和对哲学的人类学方向的深入开拓，在马克思那里达到了一个新的高度。其他一些哲学家也在向这个方向发展。可以说，现代哲学出现了一种奔向人类学的主流。海德格尔就曾指出过这一点。而雅斯贝尔斯的世界哲学，其所探索的问题也属于人类学哲学的范畴。从实践上看，以促进自然与人类之间以及人类社会内部相互之间的协调为目标的"国际人类学民族学联合会"第十六届世界大会（2009年7月在昆明召开），到会有4000多位代表，足见人类学问题研究之盛。

其八，政治上的和平、发展、合作、共赢，推动政治走向人类学时代。人们公认，当代世界在利益的对立、竞争、冲突之中出现了和平、发展、环境、合作的呼声和行动，而任何世界性的和平、发展、环境、合作都是人类学问题。各国需要团结起来解决气候变暖而防止地球生态崩溃、防止核灾难、"核冬天"的共同要求，人类共同生存、健康生存的要求，不能不促使人类学精神的张扬。联合国是这一精神和这一努力的集中体现。在这种世界趋势的背后，不能没有人类学价值精神的支撑和进一步的发扬。联合国在世界事务中日益重要的地位，以及爱因斯坦"世界政府"的再次提出，无不表明了人类学精神的增长，等等。

综上所述，可以认为，当代世界的历史发展，促使人类开始进入人类学时代。当代世界经济的全球化发展，人们生存方式的世界化发展，迫使人类已从民族生存、国家竞争生存发展到人类一体生存、世界协同生存、人与自然共同生存的时代。当代世界科技的发展，已把人们从民族整体、国家整体升华成了人类整体、世界整体；当代世界历史发展出现的问题和任务，已从民族的问题和任务、国家的问题和任务上升成为人类的问题和任务；人的发展也从民族公民、国家公民的职责发展到世界公民、人类公民的职责。与此相关，人的伦理观念也从家族伦理、氏族部落伦理、发展到民族伦理、国家伦理，这当然是伟大的人格理性的提升。而当代又要求从民族伦理、国家伦理发展到世界伦理、人类伦理、自然伦理（生态伦理），从而让20世纪还当红的民族主义、国家主义也成为明日黄花，世界主义、人类主义、自然主义有可能成为时代旗帜，这是世界历史发展的更加伟大的人格理性的提升和世界历史性进步。一切历史上的伟大人物和重要哲学家，都抱着一种世界主义、人类主义理想。卢梭、黑格尔、费尔巴哈、马克思、雅斯贝尔斯、爱因斯坦、罗素等都是世界主义、人类主义哲学家，他们都希望人类走出狭隘观念的局限，让国家成为相对的存在（马克思甚至强调"国家的消亡"），从而为全世界每个人与一切人的自由解放而奋斗。联合国的日渐重要性以及成立世界政府的意向，表明了这一层。

二　人类学时代的哲学：人类学哲学

（一）人类学哲学的提出

伟大的时代需要伟大的哲学。如果说，还在世界历史蓬勃发展的时代，就已经出现了推动它走向世界一体化时代的雅斯贝尔斯的"世界哲学"的话，那么，在人类学时代行将到来的今天，首先也就需要一种立足于人类、为了人类而推动人类走向人类学时代的哲学，这种哲学应当名之为人类学哲学。它建立在人的人类学原则（不是动物学的、不是生物学的）、人类作为人类的人类学原则的基础上。一般认为，人类学是关于人类的科学，是关于人类的一般本性和它的社会文化生活的科学。如果这是正确的，那么，人类学哲学则是在这种科学的基础上，进一步从人与自然、人与人的根本关系研究人类如何能够合理生存、健康发展并不断走向自由解放的哲学。为此它要研究人与自然的和人与人的不合理关系以及人类世界的不合理、非法性问题的存在、根源以及如何改变，它也因此成为一种深入研究当代人类问题及其合理化改变的哲学。是根据人类世界的当代问题而推动人类向未来理想世界发展的哲学。

要理解人类学哲学的合理性，我们不能不谈到马克思。一般认为，马克思是一位阶级斗争专家，马克思主义就是阶级斗争学说，而这已经不是这个时代的主题了，因而马克思主义已经过时等。这种认识的错误在于没有全面理解马克思。其实，这只是一种片面的狭义的理解。马克思还有更为广阔的广义的一面，这就是人类学的一面。即在阶级性的马克思之外，还有个人类学的马克思。从哲学上看，马克思是最早从人类学走上了人类学哲学的哲学家。在克尔凯郭尔提出"人的存在"的同时，德国的青年黑格尔派的主要代表人物如费尔巴哈、鲍威尔、施蒂纳等一批青年哲学家，已开始了对人类问题的专门研究，他们一开始构建的都是唯心主义的、非历史、非社会的不科学的关于人的哲学学说。马克思对这些错误的人类学的哲学思想做了深入的批判，在此基础上构建了他的唯物主义的即建立在社会性和历史性基础上的科学的人类学哲学——他所说的"真正的哲学"。我们今天能够提出人类学哲学，主要是根据马克思的思想提出来的，马克思对"真正的哲学"的创造，就是对人类学哲学的开创。

人类学时代是一种有强烈价值取向的时代，人类学哲学也是一种有强烈价值倾向的哲学。或者更正确地说，它就是一种关涉全人类命运的人类学价值哲学。而这一哲学的基本精神，与世界历史的发展方向是一致的，与当今联合国的基本精神、与人们力图成立的世界政府的基本精神是一致的，因为它们追求的最高价值，都是人类学价值。要理解这种最高形态的人类学价值，我们不妨从有名的"人类梦"说起。

（二）人类学哲学与人类学梦想的实现

人类是有许多问题、许多限制的存在物，因为任何人都不能不在人与自然界的和人与人的关系之中生存。而关系既开拓着人的自由度，也限制着人的自由度。就人与自然的关系而言，这在今天就是走向生态生存的方向。

就人与人的关系而言，一是血缘族系关系，它决定着人的种系生存和种系存在，它在今天就是向民族的、国家的平等与友好方向发展。二是生产关系，这是人们取得物质生存资料的基本关系，它决定着人们在物质方面的社会地位和利益所得，它在今天就是向社会所有制（公有制、共有制、股份制等）和消除两极分化的均衡经济学方向发展。三是人的类群关系，这是支配着人的社会结构、社会生活的基本关系，其方向是向自由人的联合体方向发展。这四大关系，是支配人的生存的基本关系，历史的优化发展，就是这四大生存关系向人类学价值方向的发展，从而越来越为人类共同生存奠定合理性基础。由于类群关系的发展直接决定着人的自由的实现程度，因而，它最受哲学家关注。这里，我们主要从这最后一种关系，考察人的自由发展这种人类学梦想。

康德和卢梭都是想对人类的这种类群关系找到一种理想状态的人。卢梭在他的《社会契约论》第一卷第 6 章中谈到，社会契约所要解决的根本问题是：

> 要寻找出一种结合的形式，使它能以全部共同的力量来卫护和保障每个结合者的人身和财富，并且由于这一结合而使每一个与全体相联合的个人又只不过是在服从自己本人，并且仍然像以往一样地自由。

这是一个难题，也是一个梦想，人作为社会存在物，是不可能不以群体结合的形式存在和运行的。但是，要么是群体压抑了参与者个体，要么有个体的自由而少了群体的整体追求，其结果还是每一个个体受损。所以，卢梭的梦想，就是希望找到一种"个—群"两利的社会结合形式，既有利于"全部共同的力量"的提升，而共同力量的提升又有利于保障个体的自由，使个体服从群体也就是服从自己本人的自由意志。卢梭的《社会契约论》，就在于想找到这样一种个人与集体都能自由发展的社会结合形式，这当然只能是一种理想的社会境界，也是一种对人的人类学关系的梦想。

卢梭的这一梦想也吸引了马克思。马克思不止一次提到这种人的群体结合梦想。1848 年，他终于以更为精粹的语言表达了这一梦想：

代替那存在着阶级和阶级对立的资产阶级旧社会的，将是这样一个联合体，在那里，每个人的自由发展是一切人的自由发展的条件。①

马克思这一提法的科学性在于，这样一种自由人的联合体的梦想，是建立在人们赖以生存发展的生产关系的合理化即不再有阶级对立的前提之上的，这在今天的资本主义社会当然难以实现，因为它还存在着资本这一非人性因素的统治，存在着人们在经济上的两极分化。而在既有的社会主义社会（除了革命时期）也没有实现过，它离这一方向也还很远。重要的是，马克思在这里提出了一个伟大的人类学价值原则，即在生产关系合理化基础上的"每个人与一切人"的自由发展的价值原则。"每个人"，表明这一原则是建立在个体人的基础上的，因而不可能以集体压倒个人；"一切人"，它可以指称有限的集体，也可以指称全人类。由于马克思的哲学大都是针对全人类说话的，因而，马克思的这一梦想，是关于每个人以及全人类都能自由发展的梦想。这是马克思提出的伟大的人类学价值原则，是当代世界的资本主义、社会主义或其他任何社会都应当趋向的价值方向。

这样一个梦想，也就是人类学哲学的梦想，是人类学时代和人类学哲学应当实现的梦想。

（三）人类学价值原则的提出

但是，自由的实现是有前提的。从人类学的高度来说，从以全体民众为主体的人类来说，他的整个目的绝不仅仅是为了自由，它作为生命有机体，首先是要生存，是合理的健康的生存；而它作为社会人，是在生存的基础上发展，是合理的健康的发展，因为人是有追求的存在物，没有发展的生命延续不是人的理想。而这种发展的方向，才是不断在现有条件下而实现的自由解放。没有生存，没有发展，是谈不上任何自由的。所以，马克思强调的不是自由而是"自由发展"，这当然是以合理生存为前提的。另外，上述人与自然、人与人的四大关系的合理化人性化发展，是人的合理生存与健康发展的关系前提。如果以上考虑是对的，那么，我们就得到了一个人类作为人类

---

① 《马克思恩格斯选集》第1卷，人民出版社1995年版，第294页。

的人人都会同意的价值原则：在基本生存关系合理化基础上，实现每个人与一切人的合理生存、健康发展与不断走向自由解放。这样一种价值原则，就是人类学时代的最基本也是最普遍的价值原则；就它在人类学时代力图实现来说，它是价值原则；就它还没有实现而要通过奋斗才能实现来说，它依然是一种梦想，并且是由卢梭、马克思等所开辟出来的人类学梦想的具体化。特别是马克思，在他创立人类学哲学时，就一再以不同形式指向这一梦想。例如，他强调：要"从社会自由这一前提出发，创造人类存在的一切条件"①。这种"人类存在的一切条件"，当然包括自然条件、物质条件、制度条件、精神条件等人类生存发展的价值基础。他还强调"任何解放都是使人的世界和人的关系回归于人自身"②。何谓"人的世界和人的关系"？如果我们不愿意思辨，这就是可以让人人都能合理生存与健康发展的"世界和关系"，即让每个人和一切人都能自由发展的世界和关系，等等。根据马克思的这些价值要求，结合当代世界的现实历史问题，可以认为，当代的人类学哲学的最基本的价值原则，就是通过追求生存关系的合理化而追求每个人与一切人的合理生存、健康发展与不断走向自由解放。人类学哲学，就是追求这种价值原则不断实现的哲学，这无论对于资本主义还是对于社会主义以及其他什么主义来说，都是应当的，合理的。认识不到这一层，或不愿意这样做，那就只能自绝于人类学时代这种人类文明发展大道之外，成为一种落后的孤立的存在，那当然是不可能长久的。

（四）人类学价值理想的实现：以世界永久和平与全人类的人类学交往为前提

所谓人类学时代，就是人的人类学特性得以丰富发展的时代。人的人类学特性，首先是人与人之间的互相承认、互相尊重的人性，它既是"让自己生存也让别人生存"的西方人性，又是"己所不欲、勿施于人"的东方人性，总之，人类应当超越那种把自己的生存架在别人的痛苦之上的动物学原则，而实现天下之内皆兄弟的人类学原则。这样的人类学原则是不需要战争

---

① 《马克思恩格斯全集》第3卷，人民出版社2002年版，第212页。
② 《马克思恩格斯全集》第3卷，人民出版社2002年版，第189页。

的，是与战争相对立的，正像一个国家内部不需要通过战争来解决问题那样。或许有人会说，人类已经太拥挤，因而必然会相互排斥。或者会说，生态危机和资源匮乏使人类不能不为自己的生存而相争相斗等。但是应当看到，所有这一切，都是可通过科学技术的发展，思想意识形态的发展而加以解决的。世界科学技术和思想进步史表明了这一层。地球今天的70亿人时代的战争并不比在7亿、10亿、20亿人时代的战争更多，而且普遍比那时生活得更好就是明证。人类的一切问题都是可以通过科学技术和思想道德的发展提高加以解决的。人类学时代尤其是这样。但是，这里不得不指出：这个发展实现有一个前提，即人类不再武力相向，不再把主要物力财力精力智力用来作你死我活的斗争。人对人互相承认，互相尊重，让自己合理生存也让别人合理生存，让自己健康发展也让别人健康发展，这不仅适用于人与人之间，也适用于民族与民族之间，国家与国家之间，适用于全人类之间，这也就是人的种系关系向和平友好方向发展。而这一切，首当其冲的就是要泯除国与国之间的互不信任的敌对状态，扫除能够毁灭人类的核武器的存在，实现世界永久和平，实现没有重型武器相互对准的国际和平关系等。而要实现这一切，不是靠任何一个国家，不是靠任何国家集团，而只有依靠全世界共同维护的以人类学价值原则武装起来的世界政府的创立。只有世界政府的居间调控，才有可能打开走向人类学时代的大门，为实现人类学价值原则廓清道路。在此基础上，要大力发展族与族、国与国、人与人的世界性的交往关系，这种交往不再仅仅是打开"世界历史时代"的商品交往，而更主要的是人的交往，如文化交往、科技交往、学术交往、思想交往、教育交往、青年交往、旅游考察交往、生活体验交往等人性的、人情的互相认同的交往。通过这些互相交往，应当达至这样的新型的人类学关系的形成："人—境关系"生态化、生产关系合作化、经济关系均衡化；家族关系人际化，族内关系族际化、国内关系国际化；类群关系自由化，世界关系人性化，等等。通过种种关系的人类学化，达到人与人的道不同而相尊重，人不同而相理解，教不同而相信赖，并把这些人际关系推广为族与族、国与国、文化与文化、宗教与宗教、主义与主义、集团与集团之间的关系，实现孔子的伟大的人与人的人类学原则：己所不欲，勿施于人；以及它在今天的推广：人与自然界之间的人所不欲，勿施于境！所谓"大道之行也天下为公"，不仅是东方的人类学梦想，在今天也应当是全人类的人类学梦想。那种毁灭他人的战争意志和置人于死地的武器追求，在一个真正的世界政府的干预下自然也就无处藏身。

三　让自由、真理、正义以及世界和平成为人类学时代的旗帜

人的人类学特性不是简单的，它是丰富的，它从人的互相承认、互相尊重的本性发展到人的人格理念，其直接要求就是人类学价值原则的实现，而其最高理性或者说哲学理性，就是对人类世界的自由、真理、正义精神以及世界和平的价值理想的追求。"自由"是就人类——它的每个人与一切人——的自身的价值存在、人性存在而言，没有自由便没有人性的独立，人就不可能成为一种具有创造性的高尚的存在者。"真理"表面上是就人的认识与对象的契合关系而言，而实质上——就它作为社会真理而言，它是人与人之间超越自身利益的狭隘眼界而对客观准则的坚持。只有能够坚持这样的真理原则的人，才能进一步在人与人的关系中坚持正义。"正义"是对每个人和一切人都是最高价值原则的人类学价值精神，它是任何共同体、任何社会的合理生存与健康发展的必要条件。所以，自古以来正义就以各种具体的社会形态、社会要求表现出来。没有真理和正义，就没有合理的社会，而没有合理性支撑的社会，就是一个走向腐败、动荡和有待改变的社会。但是，自由、真理、正义的存在和通行，有一个前提：这就是和平，没有敌意、没有战争的和平。在敌意和战争状态下，一切都会扭曲，一切都会改变。任何自由都不可能有碍于战争的要求，任何真理和正义的性质也都会因战争而改变性质或不得不被搁置。而任何战争——这里主要是指原发动的侵略性的战争，不仅是对相关人们的生命和自由的剥夺，不仅没有真理和正义可言，而且以牺牲自由、真理和正义为代价。所以，从来造成灾难的都是战争，从来的战争都是对人的人类学价值要求——合理生存、健康发展与自由解放的剥夺。原发的、侵略性的战争就是罪恶。至于被动应战，自我保卫，那是为自由而战，为真理和正义而战！所以，在人类学时代，首要的就是克服战争的原发萌动而实现世界的永久和平。在和平的基础上，才能真正实现人的最高

的人类学理想——自由、真理、正义精神。

　　因此，人类今天的最大问题，人类走向人类学时代的最大问题，人类学哲学的最大问题，在当代，就是如何实现和平、确保和平的问题。人类今天的发展状态是复杂的，它有 200 多个国家，2000 多个政党，20000 多种宗教，这些都是把人类分割开来的刀子，挑起人们争端的鞭子，任何既掌握权力又有疯狂野心的人，都可以挑起不义战争，而今天人们制造的核武器，又是可把人类毁灭 50 次的宇宙深处的力量。所以，不消灭这些核武器，没有一个能够统驭人类的各种权力机构的强大的世界政府，要想和平只能是枕上空想。在今天，要使地球的"人类时代"和"人类世"得以延续并向良性发展，要实施人类学价值理想和推进每个人与一切人的合理生存、健康发展与不断走向自由解放，那就首先要实现永久和平，在此基础上，才能高举自由、真理、正义的大旗，开辟伟大的地球文明的人类学时代。从人类时代到人类学时代，是人类文明的发展成熟。否则，一切都可能成为空话，人类也就摆脱不了由自己的动物本性所酿造的灾难。而人类学哲学，就是开辟人类学时代的哲学。在这个意义上，它也就是一种世界哲学，而这种世界哲学又是可以而且应当通过每个民族和国家的特殊性而返回成为民族的、国家的、各有其特殊性的哲学，以及返回为每个人与一切人的个人哲学，因为它本来就是关于每个人与一切人的自由发展的哲学。

（原载《思想战线》2015 年第 3 期。吴茜，厦门大学

公共管理学院副教授、政治学博士）

构建人类命运共同体
开辟世界历史的人类学时代

苗启明

摘要： 构建人类命运共同体，是世界社会主义运动在中国的人类学发展的必然要求。马克思人类学哲学，不仅为人类命运共同体的提出奠定了理论基础，更为人类命运共同体的构建，奠定了一系列原理、原则和推动人的人类学发展的价值立场。"构建人类命运共同体"的提出，是站在世界历史高度上把握人类发展问题的深刻体现。

关键词： 人类命运共同体 马克思人类学哲学

人类命运共同体的构建，是 21 世纪人类走向人类学时代的关键一步。从人类学高度消解人类世界四大异化力量的支配，从人类学高度坚持马克思的人类学思维范式，是今天推进世界历史的人类学发展的必要条件。而构建人类命运共同体的提出，把这一切结合成了一个历史发展的组织整体的发展。

一 马克思主义在中国的人类学发展历程
与"构建人类命运共同体"的提出

1. 马克思主义发展的三个阶段与人类命运共同体的提出

马克思主义自产生之后，显然经历了三大发展阶段。一是由马克思恩格斯主导的在西欧的以阶级解放为特征的发展，其精神理念是"全世界无产者联合起来！"二是由列宁主导的在东欧即俄国的发展，以及由毛泽东主导的在东方中国的发展，其精神理念是"帝国主义是无产阶级革命的前夜"，即在阶级解放斗争基础上进一步向民族解放斗争方向发展。三是由中国改革开放以来尤其是党的十八大以来中国特色社会主义的发展以及当代世界历史的全球化发展，它是在阶级解放斗争和民族解放斗争取得相对胜利后，向全人类的人类学解放方向发展斗争的新时代。其最高精神理念，就是"铸剑为犁，构建人类命运共同体"的提出。这三大发展阶段的社会历史问题不同，文化根基不同，要解决的问题也不尽相同，因而价值追求方向也有所不同。第一阶段主要是阶级性和阶级解放方向的发展，所以马克思搁置了他的人类学哲学方向的研究，把人类解放思想融入无产阶级解放之中，并作为同一件事来推进。第二阶段主要是在阶级性基础上向民族性、民族解放和民族独立方向发展，其结果是各个民族国家的独立。第三阶段应当视为是在以上两大发展基础上向人类性和人类学价值方向的发展。通常所说的马克思主义中国化过程，就是传统的以阶级解放、民族解放为根基的经济学马克思主义，在东方中国文化和中国问题中的人类学发展过程。这种人类学发展通过中国共产党人的发展，发生了质的飞跃，这就是面向世界、面向未来、面向全人类的"铸剑为犁，构建人类命运共同体"的提出。

　　如果说，世界历史发展的第五周波，是走向人类学时代的话，那么，中国领导人"构建人类命运共同体"的提出，则既是世界历史走向人类学时代的政治实践步伐，又是团结世界各国各民族走向人类学时代的精神旗帜。或者说，要走向人类学时代，在当代的世界历史条件下，正是要通过人类命运共同体的构建和步伐而走向实现。

　　习近平主席在各种国际场合，都提出了构建人类命运共同体的问题。特别是在联合国成立七十周年纪念大会上，向全世界各国提出"铸剑为犁，构建人类命运共同体"的世界历史性任务。这既代表了世界历史的人类学发展需要，也是世界社会主义运动的人类学发展需要，更是马克思主义东方化、中国化、世界化发展的最高成就。它不是突然产生的，它是建立在一系列的马克思主义中国化、人类学化发展成就的基础之上的。

　　2. 马克思主义在中国的人类学发展

　　马克思主义中国化，也就是中国马克思主义者运用马克思主义的精神和理论解决中国实际问题而发展中国、发展马克思主义的过程。从李大钊、毛泽东在俄国革命那里接受马克思列宁主义时起，就要求把它转化成为适应中国实际的、解决东方中国问题的理论。这一中国化过程的主要特征，是把建立在资本主义工业国家的两个阶级尖锐对立条件下的革命理论，转化为适应于农业国家的和多阶级合作共存的革命理论，这是一种什么样的发展？在发现了建立在人类学基础上的马克思的人类学哲学和人类学马克思主义之后，我们就会明白，这是一种从阶级性向人类性方向的实践发展。所以，马克思主义中国化的本质特征，就是马克思主义在中国的人类学方向发展不断增强的过程。毛泽东的土地革命和农村包围城市的战略，主要就是由以工业为基础的革命向以农业为基础的革命的转化过程，后者一般是以多阶级合作为前提的。在此基础上，联合国民党进行民主革命和构建抗日民族统一战线，以及提出新民主主义理论即团结包括民族资产阶级在内的各阶级建设新中国；新中国成功建立后通过公私合营、农村合作化等和平欢乐的方式进行社会主义所有制改造，这些是在以毛泽东为代表的中国共产党人的领导下的中国化、人类学化发展的四个里程碑。重要的是，毛泽东对马克思主义在中国的人类学发展是全面而深刻的。正是这些人类学发展，推动了中国革命的胜利。毛泽东把人类学化从国内推向国际，第一个打破中美二十多年的对立而走向东西方缓和，为世界历史突破两极对抗而走向全球化的人类学发展破冰、开道，在实践上开启了马克思主义的世界性的人类学发展道路。这是马克思主义在中国的人类学发展的第五个里程碑。这不是偶然的，马克思主义中本来就有人类学的内在意蕴，自进入东方文化开始，在毛泽东主导下就一直以人类学的发展方向取胜，这与马克思为全人类解放的人类学思想不谋而合。正是这些人类学因素的发扬，开辟了马克思主义在中国的人类学方向的发展。

1978 年中国的改革开放大政，是从思想理论上开始的马克思主义中国化、人类学化发展的新阶段，整个改革开放过程就是马克思主义从狭义的阶级性向广义的人类性发展的过程。它自觉告别脱离实际的阶级斗争和贫穷革命，开始经济建设，走向了力图把人们从经济贫困中解放出来这种人类学的康庄大道，是对马克思的人类解放思想的发展，因为人的解放不能不从经济解放这一硬性方面着手，这是人类学发展的伟大探索，是走向新阶段的第六个里程碑。紧接着的社会主义市场经济的提出和推行，以及在这一经济基础上开辟的中国特色社会主义道路，使中国这只社会主义大船驶向世界文明发展大道，因而可谓人类学发展的第七个里程碑。此后，通过"三个代表"力求走向世界文明发展前沿，进入 21 世纪后，又通过"以人为本""公平正义"这种人类学价值的自觉推行，并力图实现人类学意义的"和谐社会"与"和谐世界"的构建，应当说是马克思主义中国化、人类学化发展的第八个里程碑。这一连串的中国化人类学化的发展，都是根据当时国内国际的世界历史发展形势，而做出的能够推进社会主义事业向人类学方向发展的杰出决策。这一连串的马克思主义中国化人类学化，是中国共产党人在对马克思主义的娴熟运用中根据中国人民的人类学方向的实际需要而形成的人类学发展。它表明，马克思主义与中国现实问题相结合，与世界历史形势的未来走向的结合，才开辟了马克思主义的人类学发展的新方向。

　　党的十八大以后，中国正式走上了世界历史的人类学发展道路。"社会主义核心价值观"，在本质上就是有利于每个人与一切人合理生存与健康发展的人类学价值观。"以人民为中心"的发展理念，是人类学价值追求的国内体现。"四个全面战略布局"，是从解决中国的实际问题（如全面从严治党和全面深化改革）而推动中国走向人类学时代（如全面依法治国、全面建设小康社会）的战略布局。"创新、协调、绿色、开放、共享"的五位一体发展理念，是推动中国走向世界历史的人类学时代的发展理念。仅就"绿色"发展而言，就坚定地开辟了中国的生态文明发展大方向。

　　上述四大国内政策是连成一体的，可以视为马克思主义中国化、人类学化发展的第九个里程碑。而在国与国之间推动"亲、诚、惠、容"的边际关系，在国家层面推行"和平、发展、合作、共赢"的发展方向，特别是反复向全世界提出"构建人类命运共同体"和构建"人与自然的生命共同体"，则是马克思主义中国化、世界化的人类学发展的第十个里程碑。这些在本质上不能理解为通常意义的单纯的"马克思主义中国化"，而是杰出的中国马克思主义者，在中国国情和世界历史的人类学发展基础上，对人类学方向的主动实践开辟，从而也推动了人类学马克思主义在中国的显现并走向世界。特别是"人类命运共同体"的提出，作为马克思主义人类学化的最高成就，它之所以能被联合国接受并被世界先进人士普遍赞扬和看好，就在于它的人类学价值本质，它道出了世界历史发展在当代的心声，也是人类学马克思主义得以凸显出来的关键和再度世界化的体现。中国文明的人类学特质，使中国共产党人（像马克思一样）在阶级性特质背后的人类学特质，使马克思主义在东方中国的发展中，从毛泽东时代起，人类学因素就越来越强，它最终推动中国社会主义向马克思主义中的人类学方向即人类学马克思主义方向的发展。

习近平总书记对马克思主义在中国的人类学发展，有一系列的伟大成就，国内的可以概括为以上述四大理论为基础的中国特色社会主义理论的创立，而从国际层面看，在本质上是对于马克思的人类学化、世界化的发展，其中特别需要突出的，是直通马克思人类学哲学并提出杰出开拓的两个命题，这就是构建"人与自然的生命共同体"和"构建人类命运共同体"的提出，这是两个伟大的人类学理念。

那么，从人类学哲学视野看，应当如何推进人类命运共同体的构建呢？

二 以马克思人类学哲学的基本原理推动 人类命运共同体的构建

构建人类命运共同体，不仅是世界社会主义运动在中国的人类学发展的必然要求，它也是马克思人类学哲学的价值追求在当代世界的国家林立条件下的必然体现。马克思把人类世界的人类学发展，寄托在国家消亡的共产主义时代。但是，从目前看国家消亡还看不到可行图景，但是，由于科学技术的高度发展，由于生产力与社会总财富的高度增长，由于人类面临的新的重大生存问题，在当前国家林立的条件下，全人类如何协同生存就成了最为重大的世界历史问题。这就把构建人类命运共同体的问题提上了日程。

马克思人类学哲学，作为建立在人的人类学特性之上的追求全人类合理生存与健康发展的哲学，不仅为人类命运共同体的提出奠定了理论基础，更为人类命运共同体的构建，奠定了一系列原理、原则和推动人的人类学发展的价值立场。根据前面的讨论，主要有：

（一）以马克思人类学价值原则和人类学发展准则推进人类命运共同体的构建

前文指出马克思的人类学哲学精神，是人类学的自由、真理、正义、平等精神。构建人类命运共同体，作为全人类走向人类学时代的共同步伐，是不能没有其共同的精神理念支持的，这种精神理念支持，只能是马克思的人类学意义的自由、真理、正义、平等精神，它是世界历史的人类学发展在马克思这里凝结出来的基本哲学精神。因而可以作为构建人类命运共同体的哲学精神。

马克思人类学哲学的价值追求，是每个人与一切人的合理生存、健康发展与走向自由解放的价值原则。马克思的每个人与一切人，在世界历史的意义上，它也就是全人类的每个人与一切人。构建人类命运共同体，也就是在全人类的每个人与一切人的意义上共同生存，合理生存，这才是命运共同体。只有在合理生存的意义上，才能健康发展并不断随着社会历史发展而走向自由解放。所以，这应当是构建人类命运共同体的直接价值追求。

历史总是要发展的，这种发展既体现为历史的人类学发展，又体现为人的人类学发展，只有人的人类学发展，才能走向自由解放的人类学共产主义。马克思人类学哲学，也为这种人类发展提出了价值原则，这就是让人的自然性和人本性都能得到"自由而全面的发展"。这里指出了人类命运共同体构建的人类学发展方向。只有这一方向，才能让人类命运共同体成为人类自由幸福的乐园，才是与马克思的人类学共产主义方向相一致的方向。

马克思的这些人类学价值思想超越了他那个时代的世界历史发展需要，因而他既没有加以有意识地强调，也为后继者们所忽略。但是，历史走到21世纪的今天，在构建人类命运共同体的时代，不能不把马克思的哲学价值原则提到首位。它应当成为全人类构建人类命运共同体和走向人类学时代的基本价值精神。因而是人类在21世纪进入人类时代的哲学指南。

另外，我们讨论了马克思的人类学—经济学—生态学三维互根的思考准则，这应当被视为21世纪全人类走向人类学时代、对待经济学发展的新的人类学价值准则。因而也应当是全人类在构建人类命运共同体的过程中所坚持的发展立场。这就要求对待一切发展问题，都不能再只从经济主义出发，也不能只从本民族、本国家的唯我主义出发，而必须从经济学—人类学—生态学的三维协同的价值准则出发。否则，没有正确的人类学发展立场，就不可能走向人类学命运共同体的构建。

（二）克服四大异化力量的统治、消解走向人类学命运共同体的世界历史阻力

我们不是在空地上构建人类命运共同体的，而是在人类世界的四大异化依然严重存在的条件下来构建命运共同体的。因而，构建人类命运共同体，就是一场与人类历史的基本的异化力量的斗争，特别是与封建主义的权力逻辑、资本主义的资本逻辑以及帝国主义的霸权逻辑的斗争，依然是要依靠全人类的正义力量对这些人类世界的非正义力量的斗争，这是一种人类学的斗争，不通过这一斗争来克服这三大异化力量对世界的统治，两极分化就不能克服，人类命运共同体的构建就依然会困难重重。人类命运共同体的形成之日，也就是这四大异化力量的消解而不能再统治世界之时。

（三）以人类学思维范式思考解决人类面临的一切问题

人类学思维范式作为推动世界历史的人类学发展的马克思主义思维范式，也就是构建人类命运共同体的世界性的全球化的思维范式。构建人类命运共同体是全人类的最为复杂的问题，它要处理各种民族的、国家的即人与人、族与族、国与国的权益关系问题。在这里，没有人类学思维范式，就不会有共同的话语。那么，怎样坚持以人类学思维范式对待人类的问题呢？一般来讲，根据马克思的人类学哲学思想，要从三维结构方面全面形成人类学的思维范式。首先，各个国家要能坚持共同推进人类命运共同体的构建，一般都要国家领导人以及领导政党和作为社会主体的主要人群，要有人类学情怀、人类学理念、人类学视野和人类学立场，这是开发人类学时代构建人类命运共同体的四大主观的人类学原则，以此作为进行思考的思想主体维的根基，主体就会自觉地从人类学来思考。进而，在思想理念上，要全面把握马克思的人类学哲学和其人类学价值追求，形成坚实的观念维根基，这为形成人类学思维范式判定了思想观念基础。更进一步，从人类学价值原则出发，解决人类世界的现实问题，坚持把进行思考的立足点建立在"社会化的人类"之上；把思考的出发点建立在"从事实际活动的个人"或"有生命的

个人的存在"的基础上；把思维思考的归宿点，建立在人类走向自由解放的"自由人的联合体"的基础上，并从人类学的制高点，把这些方面统一起来，把握和处理人类的生存发展问题，这是坚持人类学思维范式的对象维的人类学特性。只有进行思考的社会历史主体在其主体维、观念维和对象维这种三维结构的基础上进行思考，完整的真正的人类学思维范式才能产生。以怎样的思维范式思考取舍和处理人类的种种问题，是能不能正确推进人类命运共同体的关键。因而，构建人类命运共同体，要求以人类学思维范式思考解决人类面临的一切问题。

（四）从国家的和谐共生体的构建，走向人类命运共同体的构建

人类世界的生存共同体，从历史来看都是一个由小到大的发展构建的问题。在当代，人类命运共同体的形成，显然建立在各个国家的和谐共生体的形成的基础之上。一个内部利益尖锐冲突的国家，其自身就是一种马克思所说的"虚假共同体"，是不会关心人类命运共同体的构建的。中国深刻认识到这一层，把全人类和谐共存的思想，首先贯穿在国内，这就是对中国的和谐共生体的构建。党的十八大提出的"社会主义核心价值观"，就是一种构建和谐共生体的人类学价值观；"以人民为中心的发展"思想，为中国这样的大国的和谐共生开辟了道路，等等。就世界来说，只有各国都自觉以人类学价值原则自觉进行和谐共生体的建设，然后拓展到地区的和谐共生体的建设，才能有助于人类命运共同体的构建和形成。所以构建人类命运共同体，潜含着对各个国家构建其和谐共生体的要求。

三　从阶级—民族—国家的自安本位上升到世界—生态—人类的天下相安本位

对"生命共同体"和"人类命运共同体"的哲学基础方面，我们这里暂不讨论，以便集中于它的人类学意义方面。人类命运共同体的构建，在本质上就是要求全人类从传统的阶级—民族—国家本身的自安本位，上升到世界—生态—人类的天下相安本位或者说人天相安本位，这是一种世界历史性的觉悟和相应的世界历史性要求。

人类自生存发展进入文明时代以来，就是以氏族、民族、国家这种生存共同体的形式出现的。国家像家庭一样，是人类生存发展的基本共同体。家庭，是共同体的细胞，国家，是共同体的整体存在形式。国家的产生当然与阶级的对内统治、与民族的生存发展都有重大关系，但国家的产生总是一定的人们在一定的地域中以人类学关系稳定地结合起来的产物。所以，国家是由一定地域稳定地编织起来的人们的生存共同体。

国家这种生存共同体的稳定地域性，也是其民众在稳定地域中稳定地生存发展的要求和体现。这就给国家带来地域自保性以及生存扩张性，因为国家的生存利益建立在它的地域基础之中。同时，也给其共同体中所有个体公民，带来相近和相同的生存利益。所以，国家一旦受到外来侵犯，其民众也就会以死相保。因为国家是一定民族、一定阶级、一定人众的生存利益的体现。除了动物性膨胀的向外扩张侵略之外，自保、自强、自安，是一定阶级、民族、国家这种生存共同体的生存本性。由此产生了一系列的有利于维护共同体的思想价值原则。反抗外侵的爱国主义，民族英雄，从来都是国家共同体的最高价值崇尚。因为他们关乎国家共同体及其全民的生存发展，他们的故事也就是国家共同体的生存发展史。

但是，一方面，马克思关注的是"人类史"，另一方面，世界历史的发展终于走到了这一步，即世界科技和经济的全球化发展，使任何民族和国家的生存利益，都超出了他们固有的地域边界之外，而在空间上以超国家的形式联合起来。比如，你的生产物质资源，要由别的国家供给，你的产品组成模式，要运用别国的发明，否则你就生产不出世界性的东西，就没有市场。一个产品是许多国家、许多人的共同心血的产物。你不与人合作，你就不能实现生存发展。在这种世界性的"生产、分工、交往"的情况下，传统的"自保、自强、自安"已不能实现自己的生存发展。于是，当代世界各国都面临着这样一种形势：各个国家作为生存共同体，必须由传统的阶级—民族—国家的本身自安本位，上升到世界—生态—人类的天下相安本位。世界和平，地域联合（如欧盟），以及由于生态保护和世界问题的共同利益性，全世界面临着联合起来的要求，这是世界历史的伟大发展，它为人类命运共同体的构建创造了世界历史发展条件，全人类团结起来共同铸造人类在地球这个人—境生态大系统中的安然生存，就成了历史进一步发展的必然性要求。构建人类命运共同体的提出，就成了最关心人类命运的、顺应世界历史发展要求的伟大声音。

四　人类学哲学最高使命：通过人类命运共同体开辟世界历史的人类学发展时代

世界历史的人类学发展，在每一个百年时代都有它的世纪性任务。14世纪到18世纪，是人类从封建等级制度中解放出来，走向资本主义和工业文明的新世纪；也是人类从愚昧无知、宗教统治中解放出来，走向理性和科学的启蒙新世纪；19、20世纪，是人类从冷酷的动物式的资本统治中解放出来，走向普惠的社会主义的新世纪（包括资本主义中的社会主义因素的成长）；21世纪，如前所明，则是突破国家的自安界线而走向全人类和谐共存的新世纪。22世纪，有可能是走向马克思所期望的"普遍的人的解放"的新世纪。所以，马克思主义在当代世界的历史使命，就是全人类如何实现永久和平、走向协同生存、走向国家的和谐共生体与人类的命运共存体的新世纪。这一步走好了，21世纪末和22世纪，才有可能向全人类的良好愿望即"普遍的人的解放"方向发展。

中国的改革开放，不仅仅是中国的现象，也是中国区别于传统社会主义的"特色"，也是世界社会主义运动随着（中国和世界范围的）阶级性问题的消退，而向人类性方向发展的产物。这一方向通过中国的改革开放一直发展起来。终于，到了21世纪初，中国就提出了具有人类学意义的两大政治思想。

其一，是由胡锦涛在2003年开始提出的以"以人为本"的科学发展思想，以及以人民性、人类性为基础的"公平正义""和谐社会"与"和谐世界"的思想，这实际上是要求中国以及世界各国把人类世界建设成为和谐共生体。由于传统马克思主义没有从人类学基础考虑问题（人学的空场），不能为这一新方向找到直接的马克思主义理论基础，因而不能为这一要求提供理论支持，结果只能"失踪"。这一极有价值的由中国政治实践提出的初步的人类学发展方向，其世界历史意义和人类学哲学的意义，至今还没有被发掘出来。

其二，是由习近平在 2013 年之后反复向世界提出的"构建人类命运共同体"的思想，它显然是构建"和谐世界"思想的深入发展，并从方法上战略上提高到了对人类生存发展命运的关怀，这就不仅仅是一种政治方向，而且深入到马克思的以对人类生存发展命运的关怀为基础的人类学哲学的深度中来了。人类学哲学的最高社会使命，在当代就是促进人类命运共同体的形成。而只有通过人类命运共同体的构建及其走向成功，世界历史的人类学发展时代才会真正到来。马克思一生所争取的全人类解放，马克思的人类学共产主义，实质上都是对全人类和谐生存的人类共生体的追求。历史进入21 世纪，由于全人类的生存安全受到严重威胁，人类只有团结起来共同面对威胁，才能持续生存。所以，全人类的生存命运问题，是 20 世纪世界历史发展所造成、所形成的新的世界历史基本问题，谁能提出和解决这些问题？资本主义吗？他们是导致这些问题的主要成因，因而不可能提出。只有一向关心人类生存命运的马克思主义，只有社会主义，能够站在世界历史高度，关怀和提出这一问题。习近平同志作为深刻的马克思主义者，既代表了世界历史发展要求，也代表了马克思主义的人类学价值要求，一再向世界提出构建人类命运共同体的主张。这应当视为马克思的人类学哲学精神在当代的新发展，也是马克思人类学哲学在当代的世界历史任务，成了人类文明向人类学方向发展的关键步骤。因为，作为人类学哲学和广义马克思主义的终极目标的"全人类解放"，不是可以在某一天一步登天，而是一个历史的发展过程。在当代，在人类开始走向人类学时代的今天，它的第一步实现形式，从国家共同体内部来说，只能是构建和谐共生体，即通过和谐社会的构建而实现和谐生存的问题；从国家共同体外部即全人类、全世界来说，就是结束列国纷争以及大国霸权主义的不利于全人类共同生存的局面，而构建全人类的命运共同体的问题。只有这一步建设好了，才是世界历史的真正的人类学发展，才会有下一步的人的全面解放的可能。因为，国家的和谐共生体的实现，必然是内部的均衡经济学与平等政治学的实现，即两极分化的消除，也必然是人与自然界以及人与人的生态和谐问题的相对解决，实现合理生存，否则不可能达致和谐。而人类命运共同体的构建和实现，既建立在每个国家的和谐共生体的基础上，也必然是国与国之间的敌对战争状态的消解，即人类永久和平的实现，生态危机的控制，人与人、国与国的普遍的平等交往，全人类的生存理性、共存理性精神的张扬，即这一切成为人类世界的普遍的理性的价值原则，命运共同体才能建成。并且，它是人类社会已经出现的和平、发展、合作、共赢的进一步的全面发展。因而，这一主张的提出，是世界历史在当代的主要发展任务，也是马克思的人类学哲学以及人类学马克思主义在当代的主要任务。

这种人类学发展方向由中国共产党的领导人提出，不是偶然的，它是由中国文化孕育的、中国共产党人生性秉持的马克思人类学哲学精神的自觉涌现，是马克思人类学哲学精神在当代中国的实践发展。因而，这不仅仅是马克思人类学哲学的当代任务问题，也是走向未来的人类解放的必经环节。人们往往把人类解放视为不可能实现的理想，其实，每个国家和全人类的和谐共生体的实现与人类命运共同体的实现，就是迈向马克思的人类解放的坚实步伐与近乎达成。所以，虽然理论界还没有认识到马克思的人类学哲学和人类学马克思主义的存在与当代伟大意义，但深刻的伟大的实践马克思主义者，却在当代的世界历史实践中迸发出了这一马克思主义的本真哲学精神，它不能不倒逼哲学理论界超越对马克思主义的传统理解，而跨向人类学哲学与人类学马克思主义的方向上来。

中国一向是一个以"天下和平"为理想的文明发展大国，中国虽然在经济上、科技上都还没有走在世界前面，但中国作为世界社会主义运动的主体，中国对于资本逻辑与霸权逻辑的审思与克服，在思想理念和文化底蕴上都有可能引领世界的人类学发展，特别是"铸剑为犁，构建人类命运共同体"的提出，已经成了为联合国所接受的引领世界历史发展的世纪发展之声。它必将在以下方面开辟世界历史的人类学时代：

其一，构建人类命运共同体的提出，是世界历史发展的必然，是科技发展的必然，是生产力和经济发展从国家内向国家外发展的必然，是世界从国家的分割状态中解放出来的必然，是人类自身解放的历史发展的必然，因而它的实现能推动世界历史的人类学时代的到来。

其二，构建人类命运共同体的提出，是世界社会主义运动发展的必然，是它从阶级性向人类性发展的必然，是马克思人类解放思想的历史发展的必然，即把人从国家的限制中解放出来而走向人类性发展的必然，是在今天的世界性生产力基础上向全人类共同创造、共同享受的历史时代发展的必然；

因而它的实现能推动世界历史的人类学时代的到来。

其三，构建人类命运共同体的提出，不是在世界更发达的地方产生，而是有深厚历史积淀的中华文明的天下情怀在当代世界历史发展条件下的必然显现，天下情怀是人类学情怀的古代用语，它在今天也就是全人类同生共存的人类学情怀，因而也是古老的中华文明在今天复兴的体现。因而，它的实现能推动世界历史的人类学时代的到来。

其四，构建人类命运共同体的提出，也是中国特色社会主义文明走向世界文明、参与和引领世界文明的人类学发展的必然要求，是社会主义向全人类价值方向发展的必然要求。因而它的实现既能推动中华文明的当代发展，也能推动人类学时代的到来。

其五，构建人类命运共同体的提出，是在 21 世纪的时代精神、时代任务条件下对马克思人类学哲学精神的深入开拓，因而它的实现不仅能推动马克思主义在当代的发展，也能推动世界历史的人类学时代的到来。

其六，构建人类命运共同体的提出，是世界历史本身发展的必然要求，是人类由"家国情怀"向人类情怀发展的必然体现，是在当代世界历史形势下人的人类学发展的必然要求。因而它的实现能推动世界历史的人类学时代的到来。

总之，"构建人类命运共同体"的提出，是站在世界历史高度上把握人类发展问题的深刻体现。没有这种情怀和这种高度，就不可能提出这种时代性、人类性和世界历史发展方向性的问题。所以，人类命运共同体的提出，是人类学马克思主义在当代的最高发展。它代表了人类学哲学在当代的最高历史使命，是人类学哲学推动全人类的人类学发展的本质性要求，通过这一构建，世界历史的人类学时代就会到来。

（原载张兆民主编《马克思主义人类学哲学研究》，

云南人民出版社 2020 年版）

论新时代马克思主义研究的新境界

苗启明　杨　晶

摘要：马克思的人类学哲学，不是实证人类学，不是哲学人类学或关于人类学的哲学，而是指马克思从人类作为人类的人类学特性和其他主观上的人类学立场出发理解世界、形成人类学世界观并对人类合理的生存发展与走向自由解放问题的哲学思考。只有从广义的人类学马克思主义这一视野出发，才能开辟马克思主义研究新境界的理论起点和理论视野。

关键词：广义人类学　人类解放　广义马克思主义

马克思的名言是：哲学是时代精神的精华。至少马克思主义哲学是这样。然而何止马克思主义哲学，整个马克思主义也是这样。马克思主义就是为解决"一个时代的迫切问题"而诞生的。因而，对于"新时代马克思主义研究如何开创新境界"这一问题，我们也首先需要认识我们的时代特征和时代问题。不认识时代特征，不解决时代问题，就不是现实的马克思主义。

一　新时代马克思主义研究的新要求

回顾马克思以来的世界历史发展，可以说，在 19 世纪马克思恩格斯的时代，是世界阶级斗争激烈的时代，针对这一时代特征，马克思提出："全世界无产者联合起来！"它不仅推动了整个工人运动的发展，也既为科学社会主义在未来的胜利奠定了理论基础，又促使资本主义社会中社会主义因素的必然性成长。接着是 20 世纪列宁和毛泽东的时代，这是由阶级解放斗争进一步发展到民族解放斗争的时代，针对这一时代特征，列宁提出："帝国主义是无产阶级革命的前夜"，号召殖民地、半殖民地的无产阶级起来革命，争取阶级解放和民族解放（毛泽东领导的中国革命是这一思想的杰出的实践和发展）。这一思想得到世界进步力量的支持，在底层的民族解放运动和联合国非殖民化政策的影响下，20 世纪中期各被压迫民族纷纷独立，由"二战"时期的只有 60 多个国家发展到当代的近 200 个国家，该独立的都独立了。今天，再没有哪个国家公然愿意直接充当种族主义、殖民主义、帝国主义这种动物行径和过街老鼠（虽然它今天以霸权主义面目出现，但也将被历史洪流所淘汰）。在阶级基本解放、民族基本解放的前提下，21 世纪的世界历史基本问题，就上升成为全人类如何从自己的不良本性中解放出来而走向和平共存、形成人类命运共同体的新问题。其时代特质，是在解决阶级解放问题、民族解放问题的基础上，进一步解决全人类如何从丛林法则这种野蛮本性中解放出来走向和谐共存与健康发展的人间大道，这就首先需要全人类即世界各国都能够捐弃前嫌，携手共同面对人类生存发展的新问题。这种从对立走向携手共进，从动物性的丛林法则走向人类性的携手法则，本身就是人类的符合共同生存需要的发展，它在本质上是世界历史的人类学发展。人类学发展在当代的最高体现，就是中国国家领导人提出的"铸剑为犁"①，"打造人类命运共同体"② 的伟大人类学任务。

　　为什么在 21 世纪能够提出构建人类命运共同体这一伟大的人类学发展方向呢？这是由整个人类世界的如下人类学发展所奠定的：其一是，人类的生存方式即经济活动开始向深度的科技化、知识化、自动化、智能化方向发展，其结果是财富的增长、劳动的相对解放和劳资关系的改善，以及随着民族国家的独立，阶级斗争、民族斗争已经不再是世界历史的主要问题，全人类进入了可以合作共存的新时代。其二是，人与自然的生态生存关系，由盲目掠夺、恣意破坏开始向保护和建设、向争取人与自然的生态平衡方向发展。其三是，人与人以及国与国的关系，开始由你死我活、征服掠夺的关系向普遍的"和平、发展、合作、共赢"方向发展。其四是，人类在精神文化联系上出现了互联

---

①　《习近平谈治国理政》第 2 卷，外文出版社 2017 年版，第 526 页。

②　《习近平谈治国理政》第 2 卷，外文出版社 2017 年版，第 521 页。

网这种可以让全人类相互理解、取长补短、共同发展的精神网络，可以把全人类在精神上联合成为一体，形成一种关乎人类生存发展的地球大智慧。其五是，人类从经济全球化开始向各方面的全球化发展，全球开始形成为一种生存发展整体，全球治理提上日程并在加速发展。其六是，向来作为东方和平力量体现的中华文明开始崛起，开始发生世界性的和平共存影响。其七是，中国改革开放的实际发展历程，也是向"和谐社会与和谐世界"的人类学方向发展，向"全体人民共享改革成果"的人类学方向发展，是走向民族和国家的"富强、民主、文明、和谐"的方向发展，这些是中国国内的人类学发展。而这一发展要走向成功，也需要世界各国都向人类学方向发展。无论从中国还是从世界的历史发展来看，这些都为全人类朝向人类学方向协同发展创造了历史条件。所以，中国领导人及时向世界提出构建人类命运共同体的伟大构想，正是展现了把世界上的各种人类学发展力量协同起来的伟大的人类学斗争精神。如果说，19世纪是阶级解放时代、20世纪是民族解放时代的话，那么，21世纪将是全人类从自己的动物本性和丛林法则中解放出来而走向人类的良好本性关系的人类学发展时代。认识当代人类的这种人类学发展特征和人类学精神的张扬，是把握新时代的关键所在。

在这样一个中国历史和世界历史都向人类学方向发展的时代，对马克思主义研究就提出了新要求，那么马克思主义理论如何能够成为一种针对新时代的问题而推动世界历史的人类学发展的精神力量呢？如何能为构建人类命运共同体提供世界性的哲学理论根据呢？

在我们深入讨论这一问题时，有必要对本文所使用的"人类学"一词，做必要的界定。即是说，人类学一词在这里不是指具体的实证的人类学这门学科，也不是指抽象的哲学人类学，而是一个宏观性、哲学性、价值性范畴，用以对马克思哲学思想的理论特征的指称，它建立在西方近代哲学的广义人类学思潮的基础上。因为马克思正是站在人类作为人类这种社会存在物的广义人类学高度，观察把握其生存发展运动的。马克思在这一高度上所形成的哲学思想，我们称其为"人类学哲学"的构建；在这一高度上对人类生存发展命运的关怀，我们称其为对"生存人类学"的开辟；而在这一基础上对共产主义的界定，我们称其为"人类学共产主义"。同样地，本文前后所使用的"人类学发展"一词，一是指世界历史向有利于全人类解放的方向发展，二是指人本身的人类学品质的发展，即人的有利于他人、他族、他国即人与人的和谐共存方向的人类学品质和人类学关系的发展。而"人类学时代"，也就是人类从动物式的关系中解放出来而走向人类学关系的发展时代。事实上，这种哲学性的人类学一词，已经发展到用以理解人的对象世界的高度，成为一种从人的人类学特性看世界的世界观。海德格尔对此深有体会。他指出："'人类学'这个名称并不是指关于人的自然科学研究。它也不是指在基督教神学中被确定下来的关于受造的、堕落的和被拯救的人的学说。它标志着那种对人的哲学解释，这种哲学解释从人出发并且以人为趋归来说明和评估存在者整体"即世界。于是，伴随"世界成为图像和人成为主体……世界观和世界观学说也就越无保留地变成一种关于人的学说，变成人类学"①。这种人类学就是一种哲学性的人类学，他在马克思这里得到高度发展，我们称其为"人类学哲学"，它也可以说是一种人类学世界观。所以，本文大量使用的人类学一词，与当前勃兴的作为具体学科的人类学没有直接关系。正是从这种新的哲学性价值性的人类学范畴出发，才能成为开辟马克思主义研究新境界的理论起点和理论视野。

二　新时代马克思主义研究的新视野

时代发展和时代需要是哲学和理论发展的契机，也是人们重新认识固有伟大理论并寻求其能够支持新时代发展的思想理念的契机。所以，我们不赞同东西方那种懒惰的马克思主义过时论，而应当站在新的时代精神、时代需要这一哲学理论赖以生发的根基之上，重读经典，重新理解马克思的思想，从中寻求理论支持。结果，我们发现了马克思的"双重历史使命和双重理论构建"这一重要理论事实。我们应当看到，马克思从一开始就是站在人类学立场思考问题的。还在中学时代，马克思就有一种伟大的人类学志向，这就是要"为人类的幸福而工作"，以后接触到苦难的社会现实，就转化成了对人类命运的深切关怀精神。正是在这一人类学精神主导下，马克思一是发现

---

①　[德] 海德格尔：《世界图像的时代》，载《林中路》，孙周兴译，上海译文出版社1997年版，第89—90页。

了随着法国政治解放之后而提出的人类解放问题，这是历史发展的基本问题；二是发现了"劳动与资本的对立"而提出的无产阶级的生存解放问题，这是现实社会的迫切问题。马克思的伟大就在于，他从关怀人类生存发展命运出发，同时把两大问题的解决作为自己的双重历史使命。在 1843 年撰写的《论犹太人问题》和《〈黑格尔法哲学批判〉导言》中同时提出了这两大问题，而《1844 年经济学哲学手稿》，就着手既要从经济学深度探索无产阶级的生存解放问题，又要从人类学高度探索全人类的自由解放问题。可以说，《手稿》是马克思把双重历史使命付诸同一种理论活动的开始。但是，人类解放的根基是人类性问题，它需要从人类学高度上来解决；无产阶级解放的根基是阶级性问题，它需要从经济学的深度中加以解决。这就出现了马克思的双重理论论域：站在人的人类性即人类学立场上，通过人类学研究人的解放问题；站在阶级性立场上通过经济学研究无产阶级的生存解放问题。后者作为马克思的主要理论构建是为人们所熟知的，在此基础上形成了作为马克思的"三大批判"（哲学批判、政治经济学批判和空想社会主义批判）而构成了人们通常所指认的马克思主义的三个组成部分（哲学、政治经济学和科学社会主义），这属于以阶级性和经济学为根基的马克思主义。而前者作为马克思在青年时代的主要研究，也形成了一套理论框架，与上述理论相比，可以相应地区分为人类学哲学、生存人类学和人类学共产主义这三个组成部分（详后），这属于以人类性和人类学为根基的人类学马克思主义。问题在于，马克思从一开始就关注的这一人类解放问题，在当时阶级斗争尖锐的情况下无法单独实施，不解决无产阶级的生存解放问题，就无法解决人类解放问题。所以，马克思很快把他的注意力集中到现实社会的迫切问题即无产阶级的解放斗争上来，而把他前期对人类命运的关怀和对于人类解放问题的理论追求，寄托到无产阶级的解放斗争之中，希望无产阶级走上世界历史前台，完成自身解放和全人类解放的双重历史使命。但是，一则马克思前期的研究主要还存在于他的手稿和笔记之中，不为时人和后人所知，二则人们把已经理解的以阶级性和经济学为根基的马克思主义视为马克思主义的全部和经典，从而把此后发现的人类学方面的重要内容，视为不成熟的理论，像西方那样贬之为人性论和人道主义的东西而将其排斥在正统理论之外，这就阻碍了人们对马克思早期的基于人类学的哲学思想的研究。这种片面理解马克思的结果，是导致人们在新时代马克思主义的研究中不能不陷入"失语、失声、失踪"的重要原因。

理解了马克思的这种双重历史使命和双重理论构建，我们就会发现，马克思前期的理论非但不是不成熟的，反而是马克思最为基本的核心哲学思想，马克思后来对经济学特别是对《资本论》的研究，就是建立在他前期所形成的人类学哲学和生存人类学的思想理念之上的。承认这一层是我们全面而深入地理解马克思主义的关键。那一向被埋没的马克思青年时代基于广义人类学的哲学理论研究，由于它针对的是人类世界在进入政治解放之后而进一步提出的人类解放问题，它就特别适用于当代世界历史的人类学发展（当代世界只有极少数国家还没有实现政治解放）。

说到这里就会发现，正是新时代的人类学发展，促使我们发现了马克思的双重历史使命和双重理论构建，而正是通过双重理论构建，我们发现了一个广义的人类学马克思主义的存在，从而打开了适应新时代要求的马克思主义理论研究的新视野。这就为从这一新视野上重新研究马克思主义奠定了合法性基础。可以说，只有从这种新的哲学性、价值性的人类学范畴出发，才能形成开辟马克思主义研究新境界的理论起点和理论视野。

三　新时代马克思主义研究的新取向

前面指出的马克思的双重历史使命和双重理论构建表明，他的这两大理论构建分别适用于不同的世界历史发展时代。基于阶级性和经济学的理论构建，适应于世界历史发展中阶级斗争、民族斗争激烈的时代，它指导着马克思、恩格斯、列宁、毛泽东等马克思主义经典作家，使他们领导的革命斗争取得了伟大胜利。由于世界历史发展的不平衡性，它在今天的一些地方仍然具有不可替代的作用。但就世界历史主流向人类学时代发展来说，当前更需要的是马克思的基于人类性和广义人类学的理论构建，因为它与新时代的哲学精神和基本理念极为契合。这就指明了新时代马克思主义研究的新取向。这种取向是全面的、丰富的，对当代世界的人类学发展来说是具有针对性的。它集中体现在以下三方面。

其一，马克思的人类学哲学，作为依据人的人类学特性对人类生存发展运动的研究，自有它的理论体系。在马克思那里我们发现，马克思一是从自然界和人类学高度，构建了"人的生存根基论"，即人在自然界的生成以及人类自立生存的一些人类学特性；在此基础上，马克思研究了"人的人类学活动"。我们所熟知的实践论、历史观、辩证法、生产论、规律论、解放论等，在马克思那里都是作为人的人类学活动来统一把握的，因此，可以从人类学高度出发，把它们分别称之为人类学实践论、人类学历史观、人类学辩证法、人类学规律论、人类学解放论等。不但如此，马克思还构建了"人的人类学发展论"，即人从人的依赖关系向人的独立性、向人的自由个性方向的发展。上述三论（人的生存根基论、人的人类学活动论、人的人类学发展论）因而形成了马克思人类学哲学的基本理论体系。毫无疑问，它为在人类学时代人们应当认识的人和人类世界的人类学的运动发展特性奠定了哲学理论基础。而更为重要的是，马克思人类学哲学的哲学价值精神，根据马克思的论述，是争取全人类的自由解放精神，包括人类学意义的自由、真理、正义、平等精神。全人类在新时代的人类学发展以及人类命运共同体的构建，如果没有这种人类学意义的自由、真理、正义、平等精神的哲学价值指引，就不可能有共同的正确的思想和话语，就会各执一端争持不下。所以，大力弘扬马克思的人类学哲学和人类学价值精神，能为全人类走向人类学时代和构建人类命运共同体奠定哲学理论和哲学精神基础。说到这里已经表明，马克思的人类学哲学，不是实证人类学，不是哲学人类学或关于人类学的哲学，而是指马克思从人类作为人类的人类学特性和其他主观上的人类学立场出发理解世界、形成人类学世界观并对人类合理的生存发展与走向自由解放问题的哲学思考，是在广义人类学基础上进一步深入人类世界的社会矛盾问题而构建的关于人和人类世界的新哲学。关心不关心人类世界的问题及其人类学的价值解决方向，是马克思人类学哲学与西方哲学人类学以及人类学、哲学的分水岭。

其二，马克思的哲学性、价值性的人类学范畴，在针对人类问题的研究中，进一步体现为对人类世界的生存发展问题的关怀，这种关怀和理论构建，就形成了马克思的生存人类学的理论框架。这一框架在 1844 年的《手稿》中产生，而特别体现在《资本论》中。《资本论》作为"政治经济学批判"，他批判资本主义的生产目的是为资本增殖服务的资本经济学，这表明马克思期望构建一种相反的满足人们基本物质生存需要的"人本经济学"，这是第一。第二，马克思重点批判的是由工人的剩余劳动时间所生产的剩余价值都被资本家无偿占有的不合理性，表明他期望构建一种能够让工人阶级也能实现公平分配的"均衡经济学"。而在均衡经济学基础上，人们才能形成马克思所期望的"正义政治学"的理论构建。同时，马克思的这些经济学理论，是建立在他的生态学思想基础上的，《资本论》中对于资本主义生产破坏人与自然界的"物质变换"的发现和批判，表明马克思期望一种人与自然界的和人与人的"和谐生态学"的构建。不用特别强调，人人都会看出，这些理论对于今天社会主义的发展以及人类世界的人类学发展来说是多么重要，多么必要。一个时代的历史发展，总是需要一种能够体现这个时代的时代精神的科学理论和哲学理论的指导，如果没有，这个时代就难以自觉地、健全地发展。所以，研究以这四种理论为内在框架的马克思的生存人类学，是指导人类世界从现代走向未来的人类学时代以及开辟人类学文明的理论根基，当然也是构建人类命运共同体的内在理论需要。环顾当代世界的各种哲学，包括世界哲学在世纪之交的"人类学转折"，只有广义马克思主义能够成为这种担当规范人类世界的人类学发展方向的理论。另外，从价值追求看，马克思生存人类学的基本价值追求，是"每个人与一切人"的合理生存、健康发展与不断走向自由解放——这从《共产党宣言》中的名言——"在那里，每个的自由发展是一切人自由发展的条件"就可以分析出来（因为要"自由发展"首先就要合理生存健康发展），这是马克思伟大的生存人类学的价值追求。这样一种价值追求，应当就是全人类走向人类学时代、走向人类命运共同体的最高价值追求。

但是，这一层直到今天只被个别人认识到。如果马克思主义在今天的研究不再向这一方向发展，它就不可能指导这个伟大时代的发展，那就既有愧于这个伟大变革的时代，也有愧于马克思主义本身。

其三，马克思把他的人类解放思想，寄托于共产主义的实现之上。一方面，马克思明确意识到，"共产主义"主要是从经济学上来说的，即经济学共产主义（这是我们所熟知的）。另一方面，马克思更强调的，是通过人的人类学发展而走向共产主义，这是一种人类学共产主义思想。马克思表明，人的人类学发展，是人的自然性和人的本性都能得到"自由而全面的发展"。马克思以费尔巴哈的术语"自然主义和人本主义"的互相实现，来表达他的这一思想：

> 这种共产主义，作为完成了的自然主义＝人道主义，而作为完成了
> 的人道主义＝自然主义。①

这显然是从人的人类学发展高度上来理解的人类学共产主义。马克思关于共产主义的理论，基本上都是从人的人类学发展高度立言的，在马克思看来，只有人的人类学品性的高度发展，人类学共产主义即人类解放才能实现。而当今世界历史的人类学发展，人类命运共同体的构建，都要建立在人的人类学能力（能创造世界所喜爱的东西）、人的人类学德性（关怀他人以及全人类的德性）、人的人类学关系（有利于他人和全人类协同生存的关系）和人的人类学精神（有利于全人类生存发展的精神）的健全发展的基础之上。难以想象的是，那种动物性不改的、总是从自我出发以邻为壑、与他人他国为敌的社会和国家，能真正构建人类命运共同体。人类世界的人类学发展，人类命运共同体的构建，人的人类学发展，属于人类精神本身的解放，在本质上不过是走向人类解放的一个必然环节。所以，如果说，在过去的阶级斗争激烈时代研究人类解放还为时过早的话，那么，在构建人类命运共同体的今天，就不能不考虑它向人类学价值即人类解放方向的发展问题了，而历史的人类学价值方向的发展，也就是对人类解放问题的理论新开拓。因而，对于新时代马克思主义研究的新取向而言，如果我们不研究人类如何通过人的人类学发展以及向人类学共产主义的演进的话，那我们就同样有愧于新时代对马克思主义的期望。

四　新时代马克思主义研究：通过三大
　　突破开辟新境界

前面的论述表明，要在新时代开辟马克思主义研究的新境界，必须在思

---

① 马克思：《1844年经济学哲学手稿》，中共中央马克思恩格斯列宁斯大林著作编译局编译，人民出版社2000年版，第81页。

想上实现重大突破、在理念上实现重点突出。这种突破和突出主要体现在三个方面：

首先，要突破对马克思主义的单纯经济学理解，即突破经典的经济学马克思主义，而突出对马克思主义的人类学理解，开辟人类学马克思主义研究的新天地。从前面的讨论可以看出，人类学马克思主义有丰富的适用于当代世界历史发展的内容，而过去在经济学马克思主义一统天下的情况下，马克思的这些丰富的伟大的思想都被埋没，我们所知道、所弘扬的马克思主义，只是一种片面理解的马克思主义。所以，当代的新任务首先就是要全面理解马克思主义、深入理解马克思主义，发掘人类学马克思主义并让它走向当代世界，使马克思人类学哲学成为规范当代世界历史发展，从而构建人类命运共同体并走向未来的人类学文明的理论基石。只有通过这一突破和突出，才能找准马克思主义在新时代发展的新境界。

进而，要突破对马克思本人的单纯阶级性理解，突出对马克思的人类性和人类学的理解，开辟全面理解马克思的新天地。马克思不仅仅是为无产阶级解放而奋斗的伟人，他更是为全人类解放而奋斗的伟人。他不仅有强烈的阶级性，更有伟大的人类性。无产阶级解放，只是马克思人类解放事业中的关键一环。拉法格在《回忆马克思》中说，马克思在工作之余常常说的一句话是：为人类而工作，这当然包括他对《资本论》的辛苦写作和对世界社会主义运动的深切指导。正由于马克思的立脚点是全人类，是人类学立场，他才能从人类学高度看待无产阶级，要求无产阶级要为解放全人类服务。所以，我们必须从人类性和人类学高度理解马克思，在当代已到了弘扬马克思的更伟大的人类性和人类学的一面的时候了。这也就是要从为无产阶级解放而奋斗的马克思，转向为普遍的全人类解放而奋斗的马克思。正是由于马克思首先属于全人类，属于世界历史，他才能光照人类，光照今天，光照未来。所以，通过这一突破和突出，才能让马克思成为 21 世纪世界历史的人类学发展的导师，成为人类走向未来的全人类和谐共存的人类学文明时代的导师。

更进一步，要突破把人类解放放逐到遥远的有朝一日的社会变革上去的观念，突出人类解放是在人的人类学发展的历史过程中逐步实现的新思想，从而把马克思的人类解放思想提上日程。当代世界历史的良性发展，也就是人类在争取解放中不断实现的人类自我解放过程。而这一发展在 21 世纪的今天则到了一个关键阶段：人类可以从历史上的列国纷争这种凶残的动物本性和动物行径中解放出来，实现人类作为人类的良好本性的人类学发展，通过人类在精神上的自我解放和自我发展，而走向人的人类学发展、走向人类命运共同体构建的新时代。历史发展表明，无产阶级解放与全人类解放，不是在同一个时代实现的双重解放。无产阶级解放的积极主动道路，在一定条件下可以通过革命在短时间完成；它的消极被动道路，则需要通过经济发展和科技突破而与全体人民一道获得相对的经济解放和政治解放。比如 8 小时工作制、每周 5 天工作制、普选制、工人参股制，等等，这些制度在马克思所处的维多利亚工业时代是无法想象的，而这些制度在今天已经全面推广，这是无产阶级随着经济发展与社会进步而获得的相对解放。而人类解放事业则漫长得多，它需要人类在社会上、精神上、人格上的长期发展和全面进步，如马克思所说的人要成为"普遍交往"中的个人，"世界历史性的个人"。马克思把它寄托在作为人的人类学本性高度发展的共产主义社会，表明这是一个相当长的历史发展过程。他指出：

> 只有当现实的个人同时也是抽象的公民，并且作为个人，在自己的经验生活、自己的个人劳动、自己的个人关系中间，成为类存在物的时候，只有当人认识到自己的"原有力量"并把这种力量组织成为社会力量因而不再把社会力量当做政治力量跟自己分开的时候，只有到了那个时候，人类解放才能完成。①

这里所指出的也就是人的人类学本性的高度发展，这种发展需达到这样一种程度：个人的生存发展同时也有利于他人和共同体的生存发展，即人的人类学德性和人类学关系都得到高度发展。而这种人类学发展，不是孤立的，它建立在世界历史的长期的人类学发展之中。只有到了全球化发展时代，人类历史才能直接向人类学方向发展。可以说，人类解放是通过世界历史的人类学发展而不断实现、不断发展的过程。它在今天已发展到了一个新

---

① 《马克思恩格斯全集》第 1 卷，人民出版社 1956 年版，第 443 页。

的阶级，这就是有可能开始构建人类命运共同体的伟大阶段。所以，21世纪的世界历史也就是推进人类解放事业的大好时代。近代人类解放的主要阻力，如资本逻辑、霸权逻辑和两极分化的统治，都有可能在世界历史的人类学发展中成为可以化解的动物学阴影。所以，21世纪是可以伴随人类世界的人类学发展特别是人类命运共同体的构建而自觉推动人类解放的新世纪，而马克思人类学哲学则是新时代构建人类命运共同体的重要哲学根基。只有通过这一突破和突出，才能把推动世界历史的人类学发展和构建人类命运共同体，同时作为马克思人类解放的大事业来推进，这种自觉的推进就会使马克思人类学哲学成为新时代发展的精魂。

通过以上三大突破和突出，我们就可以把在马克思那里已经奠基的新的三项重大理论——人类学哲学、生存人类学（包括人本经济学、均衡经济学、平等政治学与和谐生态学）以及人类学共产主义，作为新时代马克思主义研究的新主题、新境界。这显然是马克思主义研究的一种革命性转进，即人类学转进，这是随着世界哲学的"人类学转折"而出现的马克思主义哲学的人类学转进，它将成为世界哲学的人类学转折的最高形态。而这一转进就标志着能够指导和规范世界历史的人类学发展的人类学马克思主义的诞生。伴随这种革命性的人类学转进的，也必然既是理论上的革命性创新；也是实践中的革命性开新：通过这些理论的构建和发展，结合世界历史、结合人类命运共同体的构建，把马克思人类解放事业推向新的高度。这不仅是马克思主义研究的新境界，也是马克思主义在实践中发展的新境界，是马克思主义在21世纪的革命性发展——它集中体现在构建人类命运共同体这一推进人类解放的伟大人类学事业中。

顺便一提的是：由于人类性包含着阶级性，人类学包含着人类的经济学，"普遍的人的解放"包含着无产阶级解放，所以，经济学马克思主义，不能不包含于人类学马克思主义之中。因而，就其包含关系而言，前者可以概括为狭义马克思主义，后者可以概括为广义马克思主义。因而，这一革命性的发展转向，不过是从狭义马克思主义向更为深广的广义马克思主义的发展深化和开拓创新而已。这既是转向，也是马克思主义的革命性的发展、提升和扩大。过去，由于我们根本没有意识到马克思还有这一伟大的广义人类学内容，因而难以随着时代发展而发展马克思主义，而今天的历史性任务就是找到了坚持和发展马克思主义的新天地。

如果我们能够实现马克思主义理论的这一革命性的发展开新，那么，对于传统的经济学马克思主义来说，不是受到压抑，反而会有新的发展：由于有了人类学背景，也必然会得到更深入、更准确的理解——如当前的《资本论》讨论热，如果不能从人类学逻辑的背景中考虑其经济学逻辑，不能发现马克思的劳动、资本、剩余价值等经济学范畴的人类学根基，那就不可能真正理解《资本论》；如果不能发现马克思在《资本论》中对于人本经济学的构建和均衡经济学方向的揭示，不能发现建立在均衡经济学之上的正义政治与和谐生态学要求，那就会既不理解《资本论》的经济学哲学思想，也不理解其人类学哲学思想，因而就会不知作为《资本论》副标题的"政治经济学批判"，其根基何在。同时，从广义人类学高度重新理解马克思，也可以使人们反思过去在共产主义运动实践中出现的种种问题以及苏东地区剧变的深层原因。

总之，只有从对经济学马克思主义的固守转向对人类学马克思主义的开创，才有希望让马克思主义成为推动 21 世纪的世界历史发展和人类解放运动的人类学马克思主义，让马克思人类学哲学成为指导和规范人类走向人类学时代的新哲学。

（原载《学术探索》2019 年第 10 期。杨晶，云南省
社会科学院哲学研究所副研究员、副所长）

论马克思对人类学哲学世界观的构建

苗启明

摘要：把马克思的哲学开创理解为对人类学哲学的开创，其主要理由是：马克思哲学是西方哲学的人类学转向的高端部分；马克思拒斥了一切哲学，改造了费尔巴哈的人本学哲学，构建了关于人和人类世界的新哲学；马克思创立了从人类学视野中把握人和人类世界的人类学立场和方法论；马克思开创了从人的感性活动理解世界的人本世界观；马克思构建了人类学哲学的一系列原则。所有这些都表明，把马克思开创的哲学理解为"人类学哲学"是合理的。问题在于，人们一直没从西方哲学的人类学转向中来理解马克思的这一哲学开创。

关键词：哲学的人类学转向；马克思的新哲学；人本世界观

人类学哲学当代马克思主义研究的一个最新的重要发展方向，是人类学哲学方向。问题是，马克思是如何开辟这一方向的呢？不厘清这一点，就无法构建这一哲学，就会把实践哲学、人学、发展哲学等也理解为这一哲学。

一 马克思对既有哲学的批判拒斥态度

任何一个哲学家都处在形形色色的哲学理论包围之中。他总是不能不根据自己的哲学意向去分析，去批判，去选择，去创造。所以，决定性的不仅在于他所处的哲学时代，更在于他自己的哲学意向和对既有哲学的态度。马克思对他所处时代的哲学，基本上采取批判拒斥的态度。主要表现在：

其一，马克思拒斥哲学史上的一切形而上学哲学。如关于存在的存在、一切存在、物质世界、整个世界、抽象的自然界以及实体、本体、实在等这些形而上学哲学的经典对象。因为研究这些东西只能走形而上学哲学、本体论哲学的老路。对此，马克思不屑一顾。并且提出，在现代科学面前，这种哲学已失去了独立的生存环境①，已不可能生存，他宣告了这种形而上学哲学的消亡。

其二，马克思拒斥康德、黑格尔的，以人对世界的认识为本位的认识论哲学和以精神意识世界为本位的理念哲学，如精神、意识、理念、绝对精神、认识、知性、理性、真理等。马克思指出，人的精神意识没有独立性，精神意识是人的头脑的产物，而人的头脑又是人社会生活的产物，这就是超出一切唯心主义而创立唯物主义的哲学态度。马克思也不关心人的头脑如何认识存在而达于真理这一近代哲学的核心问题，他称之为"经院哲学"。这表明，马克思不研究主体如何认识对象、如何反映对象的认识论问题。

其三，马克思拒斥关于物质与意识"谁是第一性、谁决定谁"这种浅近的本体论问题，超越了这种主客对立、二元对立的旧哲学。这就走出了近代二元论哲学的阴影。马克思不但不选择这种传统哲学，还抱着"终结""消灭"的态度。这表明，马克思已超越了西方千年的哲学传统，否定了一切哲学。而马克思自己，一方面是"没有哲学我就不能工作"，另一方面是在自觉不自觉地创造着他的新哲学。

其四，马克思也拒斥他的时代新产生的哲学。在马克思时代，出现了哲学的人类学转向。一是哲学人性学的出现。如较早的叔本华，以人的生命、人的意志解释世界。较后的弗洛伊德，从性本能来解释人类文化世界。青年黑格尔派则以自我意识解释世界，就其合理性上说，只能是对人的自我意识的歪曲反映，再向前跨越一步就走向了人，所以，在鲍威尔那里就有了对"人的发现"。二是哲学人类学思潮的出现，这是一种从哲学层次上把握人类的一般本性和他的文化创造的人类学研究，在马克思之后的舍勒那里才形成了它的初步形态。三是哲学人本学或者说人类学哲学的出现。它把人作为哲学关怀的主题，费尔巴哈从人的类存在来解释人类和它赖以生存的自然

① 马克思：《1844 年经济学哲学手稿》，人民出版社 1979 年版，第 18 页。

界，由此开辟出了人本主义方向。那么，对当时的这种新兴哲学的人类学方向，马克思是什么态度呢？

第一，马克思不走哲学人性学方向：哲学人性学强调人的某种抽象本性，孤立讨论人的一般特性，如生命、意志、本能等，并把它形而上学化、绝对化，用以解释世界，这不能不带有旧哲学牵强附会的阴影，它只能导致对人一般本性的空议论，不能解决人类社会的现实问题。所以为马克思所不取。

第二，马克思不选择哲学人类学方向：哲学人类学在社会性之外研究人类的一般本性以及人类的精神创造等，也走上了抽象哲学的道路。马克思也关注人类的普遍性问题，但不把它作为哲学探索的目的，因为这同样不能解决人类的具体社会问题，同样为马克思所不取。

第三，马克思不赞同哲学人本学方向：哲学人本学是研究感性的人连同他的感性自然界的哲学，因而不能不在人的社会性之外抽象地理解人，研究人。马克思虽然一度想运用这种哲学开辟道路，但他很快认识到这种关于人的自然本性（类本质）或人的孤立个体的哲学，是一种片面性的、非理性的、不能进入人类社会的哲学，所以，马克思同样不选取这种哲学人本学，并通过对它的批判上升到更高层次。但是，对这一方向，马克思是区别对待的。他一是没有批判过其哲学思考的对象——人类及其赖以生存的自然界——不对，这就等于承认了其思考对象的合理性；二是分析批判其对对象的抽象的、片面的理解方式不对；三是取其精华，即既批判而又把费尔巴哈的"类本质"与施蒂纳的"个体性"统一起来，走向了"真实的人"；四是站在这种总的人类学思潮之上，开始了自己的哲学思考和哲学构建。

二　马克思全新的哲学理念和哲学构想

（一）马克思哲学理念的现实性和人类性

那么，马克思选择了怎样的哲学方向，要创立什么样的哲学呢？马克思青年时代的基本哲学意向，可以用他在"《德法年鉴》大纲方案"中的一句话来概括，即：力求"引导人们……致力于造福人类和自由的崇高活动"①

---

① 《马克思恩格斯全集》第40卷，人民出版社1982年版，第370页。

来概括。这就是要把"造福人类和追求自由这一崇高活动",确立为他所追求的人类学价值方向,这不仅是他博士论文的成因,也是他分析批判一切哲学的内在准则,并且决定了他所要创立的新哲学的人类学特质。本于这一哲学理念,他要求当时的哲学从"形而上"的理念世界,返回到现实的人和人类世界,从对宗教神学世界的批判转向对现实的人类世界的批判,他认定:"历史的任务就是确立此岸世界的真理"①,"此岸世界"就是与神的彼岸世界相对立的人和人类世界。探索现实的人类和其现实的世界,探索人和人类世界的生存发展的真理,就是马克思所确立的新的哲学理念。从人的现实世界出发的哲学,只能是关于人和人类世界的哲学,即人类学哲学。

(二) 马克思表明了其力图构建的这种新哲学的本质特征

其一,哲学要从时代的迫切问题开始。马克思的名言是:"问题却是公开的、无所顾忌的、支配一切个人的时代之声。问题是时代的格言,是表现时代自己内心状态的最实际的呼声。"②"问题"就是作为"世界公民"的哲学最重要的旗帜。把握时代问题,解决时代问题,应当是哲学推动时代进步的基本任务。并且,问题的提出方式和回答方式,也往往就是新哲学的"出场"方式,走向世界并发生作用的方式。

其二,哲学要像"世界公民"那样关心世界的问题。1842 年他在《第179 号"科伦日报"社论》中,初步提出了他对新的"真正的哲学"的构想。他要求真正的哲学要"和自己时代的现实世界接触并相互作用",成为自己的"时代精神的精华",成为"当代世界的哲学"。这种哲学要"用双脚站在地上",并"以世界公民的姿态出现在世界上"③。即它应当是关心人类社会和人类命运的新哲学,是能肩负世界历史责任的、积极为真理、为正义而斗争的哲学。它是造福人类和追求自由的号角,是为社会进步、"为历史服务的哲学",即为人类生存世界的发展进步服务的哲学。

其三,哲学应当是关于"自觉的人的形态"的哲学。马克思在 1843 年

---

① 《马克思恩格斯选集》第 1 卷,人民出版社 2012 年版,第 2 页。
② 《马克思恩格斯全集》第 1 卷,人民出版社 1995 年版,第 203 页。
③ 《马克思恩格斯全集》第 1 卷,人民出版社 1995 年版,第 220 页。

9 月致卢格的信中，谈到了他的伟大哲学改造计划，确立了哲学的人类学方向："我们的全部任务只能是赋予……哲学问题以适合于自觉的人的形态，像费尔巴哈在批判宗教时所做的那样"①。这种研究自觉的人的形态的哲学，应当是人类学哲学。

其四，哲学应当研究"现实的人及其各种关系"。马克思在批判布鲁诺·鲍威尔时指出了他关于人的哲学的局限：

> 一方面，他无视现实的人……另一方面，他无视现实的自然界和现实存在的社会关系，……对现实的人及其各种关系则一无所知。②

由此可知，现实的人、现实的自然界和人的现实存在的社会关系，即现实的人及其各种关系，应当是新哲学的对象。马克思在对黑格尔绝对理念的改造中，也强调了它所包含的"现实的人和现实的人类"的合理性。

其五，要以"社会化的人类"为立脚点研究人类世界和人所面对的自然界。这是马克思在《提纲》中明确表述的他的"新唯物主义"的哲学对象。这些难道还没有表明马克思所要构建的"自觉的人的形态"的新哲学的特征吗？这个已经呼之欲出的新哲学，不是人类学哲学又是什么呢？无论当时还是现在，又有哪一种哲学包含得了呢？可惜，马克思没有来得及按照他的这一哲学构想形成他的著作，他从《1844 年经济学哲学手稿》起，把主要学术精力集中于更能解决"时代的迫切问题"的经济学方面去了。但是，他在决意批判费尔巴哈时，进一步表露出了这一哲学观察世界的人类学立场及其形成的人本世界观，为这一哲学的形成奠定了最重要的世界观基础。

三 马克思开创了人类学哲学的人本世界观

马克思不仅提出了要以"人类精神的真正的视野"观察世界，而且构

---

① 《马克思恩格斯全集》第 1 卷，人民出版社 1956 年版，第 418 页。
② 马克思、恩格斯：《德意志意识形态》（节选本），人民出版社 2003 年版，第 81 页。

建了这一哲学的世界观。一种哲学能不能形成，关键在于它能否建立自己的世界观。说马克思创立了人类学哲学，主要在于马克思开创了这一哲学的人本世界观。这集中体现在《关于费尔巴哈的提纲》的第一条中：

> 从前的一切唯物主义——包括费尔巴哈的唯物主义——的主要缺点是：对对象、现实、感性，只是从客体的或者直观的形式去理解，而不是把它们当作人的感性活动，当作实践去理解，不是从主体方面去理解。[①]

这句话的核心，就是要求新的科学的唯物主义哲学，应当从"人的感性活动"，即"从主观方面去理解"人所面对的"事物、现实、感性"即一切对象世界，这就提出了从人出发理解世界的人本世界观的方向。这里，马克思提出了两种对立的观察理解世界的方法及其不同的世界观：旧唯物主义仅仅"直观地"把"对象、现实、感性"作为"客体"来理解，所谓直观，即直接按对象呈现在人们面前的、与人对立的客观自在的样子来理解，这就不能摆脱典型的主客对立的二元方法论。这不仅失去了人类性，也把对象当成了与人类活动无关的东西来理解。这样一来，就像旧哲学那样，一则不能不去研究那仅仅作为客体的"客观世界"，这就会陷入对一切存在的根本本性的本体论追求，从而陷入旧的形而上学陷阱；二则会在主体和客体之间划下一条鸿沟，这就不能不陷入主体与客体、精神与物质、思维与存在的二元对立之中，陷入旧的唯物主义与唯心主义的二元对立之中；三则会陷入"主体如何认识客体"这样的近代主体性哲学的思辨认识论陷阱。从而，也就不能超越旧的客体形而上学和其主体认识论哲学。所以，马克思的这一批判非常重要，它指出了近代哲学的根本缺陷，从而也指出了超越近代哲学、跨向现代新哲学的关键。这就是对于"对象、现实、感性"即人所面对的一切具体存在世界，不能再简单地"直观"、简单地从单纯"客体的"视野即非人的视野来理解。那么，如何理解人所面对的世界呢？马克思提出了反直观、非客体的即把客体与主体结合成为一体的实践——"人的感性活动"来理解世界。在这里，马克思一连提出了三个具有同一性的概念来界定：

---

① 《马克思恩格斯选集》第 1 卷，人民出版社 1995 年版，第 58 页。

"人的感性活动、实践、主观方面"。其核心就是"实践的人"，因为实践只能是指"人的"实践，主观方面也只能是指"人的"主观方面。脱离开人，即失其准确意义。这种作为人的实践、人的主观方面的"人的感性活动"，既是人的"主观的活动"，又是"客观的活动"，即在人的感性活动中客体与主体是渗透一体的，是既作为自然客体又作为主体的主动的活动，因而是人作为人的人类学意义的活动。这就是说，马克思的新唯物主义哲学，要求这样来理解世界：

其一，要把"对象、现实，感性"即人所面对的世界，"当作人的感性活动"来理解。所谓"人的感性活动"有三层意义：第一在于它是感性的"人的"活动，是人的一切生存与生活活动。在这个意义上，人的活动依存于人，它突出的是"人的"，是进行着一切活动的人，这是它的人类学意义之一。第二在于它是人的"感性"活动，是事物在人的活动中进入人的感觉、感受、感情乃至肉体紧张等，因而是不能不打上人的烙印的活动，是人的活动的被意识、被注意、被强调的感性方面，是活动在人的精神意识界面的事实存在，是对人的感性占有。"人的"也好，"感性"也好，突出的都是人类性。这是它的人类学意义之二。第三在于马克思要求把一切事物当作人的感性"活动"来理解，表明人的活动不是与事物无关的，它既是人在事物中的活动，又是事物（通过人）在人中的活动，人与事物在活动中的结合是人理解事物的性质和价值意义的根据。因此，一切事物，只有在人的感性的生存与生活的"活动"中，才向人显现出它的性质和特征，意义和价值。这也就是说，人的"活动"是人理解事物性质的人性前提，这是它的人类学意义之三。把以上三点结合起来，就是对"对象、现实、感性"的人类学理解，这是马克思要求从"人的感性活动"来理解世界的要义所在。

其二，对"对象、现实、感性"，要从人的"主观方面去理解"。如果说，以"人的感性活动"理解世界的人类学意义还隐含其后的话，那么，在这里，马克思则直接指出理解世界即建立世界观的关键，在于从人的"主观方面"去理解"对象、现实、感性"。那么，何为"主观方面"呢？显然，"主观方面"不是指思想意识形态，不然的话就会陷入唯心主义的泥污；而是指作为社会历史主体的人，是指以一定的意向和欲望、思想和观念、目的和要求、手段和方法而活动着的人，即人类学意义的人，他有他的一系列人类学特性（他是自然存在物、社会存在物、精神存在物），正是人的这种人类学存在，人类学活动，人类学特性，不仅可以显现事物的人类学的意义和价值，而且可以创造事物对人的人类学意义和价值，创造出一个真实的或虚拟的、对人微笑着的人化世界来。马克思的话表明：对"对象、现实、感性"，如果不从这种主观的人化的视域来理解，它们就不能被深入地把握住。所以，"从主观方面去理解"，就是从人的人类学特性方面去理解"对象、现实、感性"——人所面对的一切存在。这是马克思人类学视野的具体实现。这种根据对人的理解来解释世界的世界观，是一种典型的人本世界观。

其三，把"对象、现实、感性"当作"人的实践"来理解。在这里，通常理解为：人们根据实践形成对事物的思考和认识，形成了实践思维方式和实践认识论，在这种情况下形成的对世界的看法，也相应地形成了实践世界观。也就是说，人的世界观和思维方式是由人的实践开辟出来的，实践是人理解一切事物的底线。所以，正如马克思所说的，"关于思维——离开实践的思维——的现实性或非现实性的争论，是一个纯粹经院哲学的问题"①等。这是实践唯物主义或单纯以实践观点来理解世界的经典理论。但是，如果我们进一步从发生根源上考虑，任何实践都不能不是"人的"实践，任何根据实践的认识和思考都不能是根据人的认识和思考，这就又回到了第一点，回到了"人的感性活动"这种人类学立场上来了。从这种深层考虑，他所形成的思维和认识，也只能是人类学的思维方式和人类学的认识论，他所形成的世界观也不能不是人本世界观，因为实践只能是人的实践。

其四，要从人与世界的实践关系来理解"对象、现实、感性"，即一切客观世界。马克思从来不孤立地、直观地理解世界，也从来不孤立地、直观地理解人，他总是从人与自然界、人与世界的不可分割关系和联系出发来理解世界理解人，因而，从"实践"来理解，就不能不包含人与世界的实践关系。把对象当成"人的感性活动"，也就是要把对象纳入与人的实践关系

---

① 《马克思恩格斯选集》第 1 卷，人民出版社 1995 年版，第 55 页。

中。在马克思看来，只有在人与世界的实践关系中来理解自然界理解世界，"自然界对人来说"才能是"作为人的存在"而存在着的，才能是"人类学的自然界"，是"人化的自然界"。而人也才能是自然界的人。所以，一旦把"对象、现实、感性"置于人对世界的实践关系中来理解，就会形成以人为本的人本世界观。事实上，正是实践，即人的感性活动，构建了人与世界的人类学的实践关系，让人与自然界、主观方面与客观方面互渗成了一体。因此，无论对人来说还是对自然界来说，"世界"都不能不打上人的、人类学的烙印。于是，从人对世界的实践关系来理解"对象、现实、感性"，人本世界观的形成也就不能不成为天经地义的事了。概括以上四个方面，可以说，只有从这种既包含人的主观方面，又包含客观方面的人的感性活动来理解世界，才能突破对世界孤立的、直观的、非人的理解，而上升到从人与世界的人类学关系方面来理解世界，从而既使人本世界观的形成成为可能，又为这一世界观打上了实践特色。而只有从人的、人类学的方面来理解世界，才能超越从直观的、纯客体的、非人的角度观察世界的传统的直观唯物主义的局限，建立以人类的生存实践活动为本位的人本世界观。这是马克思人类学视野的最终结果。而人本世界观的形成，是人类学哲学得以挺立的前提。这个问题，海德格尔讲得很清楚。他在谈到现代哲学转化为人类学时指出：

"在今天有一种思想是人人都熟悉的，那就是'人类学'的思想，这种思想要求：世界要根据人的形象来解释，形而上学要由'人类学'来取代。"① 又说，"人类学……标志着那种对人的哲学解释，这种哲学解释从人出发并且以人为归趋来说明和评估存在者整体"即世界。于是，伴随"世界成为图像和人成为主体……世界观和世界观学说也就越无保留地变成一种关于人的学说，变成人类学"。②

这就是说，如果关于人的解释仅仅是关于人的解释，那就只是人类学。如果根据这种对人的解释来理解世界，形成了相应的人本世界观，那就形成了人类学哲学。因为哲学就是关于世界观的学说，就是一种对世界

---

① ［德］海德格尔：《尼采》下卷，孙周兴译，商务印书馆2002年版，第762页。
② 《海德格尔选集》下卷，孙周兴选编，上海三联书店1996年版，第902页。

的看法和观点的体系。马克思把人理解为进行感性活动的即实践的人，把世界理解为人类学的世界，使人成为理解世界的主体，世界成为人所理解的图像，这就从人到世界建立了一种统一的新哲学，这就是人类学哲学。在这里不妨说远一点：人类学哲学不仅从人出发理解世界，它还可以把人作为认识—实践的第一主体，通过人类对世界的哲学认识深化史，来把握人类对世界哲学理解的逻辑发展，于是，一个从现象、本质到存在，从物质、运动到实在、从矛盾、过程到现实的哲学范畴的辩证深化的逻辑体系，就可以根据人类的哲学认识史揭示出来。从而，不仅可以实现对黑格尔的唯物主义改造，实现马克思与此相关的撰写"辩证法"的愿望，也可以实现列宁的辩证法、逻辑与认识论三统一的"大写字母的逻辑"的愿望。人们钟爱的、传统的、第一哲学的合理内容，就可以以人的认识的形式在人类学哲学中重新展现出来，成为人类学世界观的组成部分。但不是在本来的本体论的意义上，而是在以人类学哲学为第一哲学的实践认识论的意义上。但是，通常，人们对马克思的这段话并没有认真分析，更没有从人类学高度进行分析，仅仅直观地把它归结为实践观点了事。认为这就是要求从实践的观点观察把握世界，是一种实践世界观；认为马克思哲学是以实践为本位、为根基的实践唯物主义哲学，而没有分析马克思的"主观方面"究系何意，没有从实践的生成，没有把实践理解为人对世界的感性作用方式和由此建立的人对世界的关系来理解实践，因而不能理解实践的人类学本质，没有形成"人类学实践观"①，实践范畴中的人类学意义也就一直不能被发现，被凸显。这也就当然不可能发现马克思的人类学视野和由此形成的以人的感性活动为根基的人本世界观了。从而，在这里体现出来的人类学哲学当然也就无从说起。事实上，那种本体论性的关于整个自然界、关于物质世界的自然观、宇宙观、世界观，在牛顿和达尔文之后，在马克思时代，早就为自然科学的自然观、宇宙观、世界观所取代，已经成了科学的问题，而不再是哲学的问题了。那种在科学的物质概念之上再把 18 世纪法国哲学的物质概念重建起来，不过是画蛇添足。正像他告别关于整个世界的思辨哲学而转向构建针对人和人类世界的具体哲学那

---

① 丁立群：《实践观念、实践哲学与人类学实践论》，《求是学刊》2000 年第 2 期。

样，他所创立的哲学世界观，是建立在人类学基础上的人本世界观，即通过人的人类学眼界而观察理解世界的世界观。忽视这一层，在今天力图建立一个物质的哲学世界观，这只能是缺乏科学素养和哲学素养的想法，就好像要在自然科学的建筑森林里再去搭建一个哲学窝棚一样可笑。

（原载《思想战线》2014 年第 5 期）

如何从人类文明发展维度研究
中国特色社会主义道路

苗启明

摘要： 本文认为，对中国特色社会主义道路的文明审视，应当从"特色道路"产生的世界文明发展背景维度、马克思主义在中国的创造性发展维度、文明比较中的中国国情维度、人类文明发展的高级阶段维度、中国特色社会主义道路的现代文明内部结构维度、未来文明的发展方向维度和中国特色社会主义道路的意识形态构建维度与马克思主义的发展建设维度这七个维度进行分析，充分认识作为人类文明发展高级阶段的中国特色社会主义道路何以可能与如何构建的问题。强调要从其已然的文明成就与应然的文明发展方向，把握中国特色社会主义道路如何成长为中国特色社会主义文明。

关键词： 中国特色社会主义理论；中国特色社会主义道路；人类文明发展维度；已然的文明成就与应然的文明发展方向

如果要问，改革开放以来，中国共产党领导中国人民最成功的开拓是什么？毫无疑问，这就是中国特色社会主义道路的开辟。这一道路，不仅有它的指导思想即邓小平理论；也有它的经济体制，即社会主义市场经济体制这一历史性的创造；更有它的行之有效的政治制度，即中国共产党领导的多党合作的政治协商制度。即它是一种在近30年来创造发展起来的有其思想理论、经济体制和政治制度的行之有效的社会主义制度。但是，我们不能孤立地就事论事地看问题，它在短短30年使近代一贫如洗的中国，似乎一夜之间重新崛起，遂令全世界的人们刮目相看。这是人类历史千年之交的大事，应当提高到人类文明发展史的高度来看，才能发现它的时代进步性和历史合理性，并自觉走向新的人类文明未来的应然方向。

一

中国不是一般的国家，是占人类四分之一的大国，是创造了东方文明并具有 5000 年连续发展文明史的大国。它虽然由于厚重的文化包袱而在近代疏于科学技术的发展而落后于世界，却依靠中国特色社会主义道路在短短 30 年奇迹般地重新崛起，并且通过改革开放和创新实践，使在苏东地区遭"灭顶之灾"的社会主义制度，以中国特有的面貌在当代世界重新发扬光大，开辟了既不同于西方资本主义文明，又不同于传统苏东社会主义文明的新的人类文明发展道路，对这样一个具有世界历史意义的伟大创造进行深入的研究总结和理论开拓，无疑具有世界文明自觉自省、自觉发展开拓的意义，这是关乎如何建设和完善作为人类文明当代发展高峰的中国特色社会主义道路的大问题，因而，对这一问题深入研究，具有重大的理论和现实意义。

自邓小平提出建设中国特色社会主义以来，这一主题一直受到党和国家的高度关注，受到中外理论界、哲学界以及广大干部群众的关注。从中国特色社会主义理论到中国特色社会主义经济政治开拓，从马克思主义的理论创新到文化意识形态，都有极为丰富的经验。在国家立项的课题中，诸如中国特色社会主义史，中国特色社会主义与中华民族的复兴，中国特色社会主义的经济制度，中国特色社会主义与中国和平崛起道路等，对中国特色社会主义的特征和伟大作用都有较深入的研究。一般公认，邓小平理论是当代东方的马克思主义新思想，为中国特色社会主义道路提供了理论基础；创造性的社会主义市场经济，为中国特色社会主义道路构建了经济发展体制；中国共产党领导的多党合作的政治协商制度，为中国特色社会主义道路奠定了社会主义民主政治的体制基础；改革开放和与时俱进，为其提供了不断发展的不竭动力等。所有这些理论认识，都把这一问题提到了相当高的水准。

正是在这些理论开拓和实践经验的基础上，胡锦涛在党的十七大报告中提出了"如何建设中国特色社会主义道路"的问题①，这是在传统苏东社会主义道路受挫、中国面向世界文明改革开放而开辟了社会主义发展新时代的背景下提出来的；是中国共产党领导全国人民解放思想、实事求是、改革开放、与时俱进的重大创造；是世界历史和人类文明发展在这个特定历史时代在中国的产物，是根据当代世情和中国国情而产生的最进步的文明制度；是社会主义文明在东方中国这个特殊的文明大国的新的发展形态。胡锦涛在在庆祝中国共产党成立90周年大会上的讲话中指出：中国特色社会主义道路，"开启了中华民族不断发展壮大、走向伟大复兴的历史进军，使具有5000多年文明历史的中国面貌焕然一新，中华民族伟大复兴展现出前所未有的光明前景"②。李长春在"纪念中国共产党成立90周年理论研讨会"上的讲话中，从人类文明发展史的高度指出：中国特色社会主义道路，是中国共产党领导中国人民走出的历史创新之路，是人类文明史上的伟大创举，是中国对世界文明的历史性贡献。③ 这些思想为我们深入研究中国特色社会主义道路指明了方向。只有把这一问题与世界文明发展史联系起来，才能充分显现它的世界历史意义和对人类文明史的开拓意义。然而，如何从人类文明发展视域，认识中国特色社会主义道路对世界文明发展的贡献以及未来开拓的意义，中国特色社会主义道路如何能够成为构建新的时代精神、引领人类文明发展方向的问题，还需要深入研究。

二

如果说，整个马克思主义哲学的历史使命，就在于研究"人类解放何以可能"，并为构建全人类解放的文明制度而努力的话，那么，如何从人类文明发展史的高度，看待中国特色社会主义道路，就可以归结为这样一个核心问题：作为人类文明当代发展高峰的中国特色社会主义道路何以可能与如何

① 胡锦涛：《高举中国特色社会主义伟大旗帜 为夺取全面建设小康社会新胜利而奋斗——在中国共产党第十七次全国代表大会上的报告》，人民出版社2007年版。
② 胡锦涛：《在庆祝中国共产党成立90周年大会上的讲话》，人民出版社2011年版，第5页。
③ 李长春：《在纪念中国共产党成立90周年理论研讨会上的讲话》，光明网，http://www.gmw.cn，2011年7月6日。

构建？或者进而言之：以中国特色社会主义道路开创人类文明新时代、新形态何以可能以及如何开创？这应当是我们深入研究的中心任务。如何通过中国特色社会主义道路构建中国特色社会主义文明，开创新的时代精神并引领人类文明的未来发展，应当是我们当前理论研究的主题。对如何解决这个问题，我们认为，可以从以下文明发展的多维视角，对中国特色社会主义道路加以文明审视：

其一，"特色道路"产生的世界文明发展背景维度：中国特色社会主义道路产生的世界文明发展的具体历史背景，一是传统的"苏东"社会主义体制受挫，社会主义和马克思主义的发展亟待开辟新道路，新形态。二是苏联解体东欧剧变之前，世界历史已经走出帝国主义与无产阶级革命、帝国主义与殖民地的斗争这种尖锐对立的时代，而这之后，人类文明已由文明对抗发展为文明合作，和平、发展、环境、协商、合作成了新的时代主题；这种文明发展情势对于在这个时代诞生的中国特色社会主义道路的发展提出了要求。三是社会主义文明的任何新形态、新道路必须与这一世界文明发展方向和时代精神相适应，才能在当代世界健康发展并影响当代人类文明的健康发展。它要求中国特色社会主义道路应当根据中国国情和当代世情，进行自觉自为的新的文明构建。这是中国特色社会主义道路产生的世界文明发展背景，它是一个起点，也是一个高台。

其二，马克思主义在中国的创造性发展维度：改革开放之前中国实行高度集中的计划经济体制，在经济上物质生产上形成了巨大危机，所以还在苏联解体东欧剧变的前十年，在上述新的世界文明发展形势下，中国就出现了改革这种不利于经济发展与政治和谐的传统社会主义体制的新道路，这就是从党的十一届三中全会开始的改革开放新时期。邓小平强调，改革就是一场革命，即革除传统社会主义阻碍发展的、不符合当代文明要求的东西，开放就是把世界文明的当代发展的新东西吸纳进来，形成新的思想理论和发展道路，这就是中国特色社会主义道路的开始。例如，"解放思想，实事求是"，把人们从对马克思主义的错误理解的教条主义束缚中解放出来，不仅根据实际需要发展了马克思主义理论，也使全中国人民的思想和能量解放出来，迸发为极大的持久的经济建设热情；"改革开放与时俱进"，把马克思主义植入当代世界文明的背景下加以发展，一下子使中国人民的思想境界跨入到当代世界文明的高台上来，使中国特色社会主义道路走上了当代文明发展之路。正是这些思想理论的创新，打开了实践的道路，突破了公有制和计划经济体制一统天下的局面。特别是社会主义市场经济的创造，把社会主义与市场经济两大优秀文明因素结合成了促进中国高速发展的同一个东西。与此相适应，政治体制也出现了改革和创新，例如取消落后的终身制，无限任期制，吸纳作为人类文明当代发展成果的选举制，有限任期制，从而使中国共产党一下子成了不断自我更新的、因而能够代表各种新的社会发展要求的生龙活虎的战斗集体（8000多万人的战斗集体！）等。这些适应当代文明要求的从思想理论到经济政治的体制改革，使中国社会主义道路既没有背离马克思主义的为绝大多数人的自由、平等和解放而努力的方向，又吸收了当代市场经济和私有制的积极因素，让马克思主义对于当代人类文明发展既具有适应性，又具有规范调控力量和开拓力，使中国特色社会主义道路具有了当代文明特征和新的时代精神，具有了当代文明的生命力，成了有深厚马克思主义理论基础的、与当代世界文明齐头并进的新式文明，这应当是我们深入思考的方面。

其三，文明比较中的中国国情维度：中国作为创造了灿烂的东方文化、开拓了作为世界两大文明体系之一的东方文明的大国，由于精神自傲、政治保守、闭关锁国，忽视了科学技术的发展，因而在近代日趋落后，终至于成了贫困落后任由强国宰割的对象。新中国虽然成立，但由苏联舶来的传统体制发展缓慢，问题层出，它不符合中国人民快速改善生活、快速崛起的要求。中国虽然传统文化深厚，但不能解决现实问题。与世界先进文明相比，面临的是国家大、民族众、人口多、资源少、环境差、科技简、工业弱、贫困深、不平衡、矛盾多，因而急于通过发展来摆脱困境的局面。它与西方现代文明300年的发展而形成的高度发达的工业科技文明形成了鲜明对照。但是，中国特色社会主义道路产生于西方资本主义文明的强弩之末，也产生于苏东社会主义文明政息人散之后。通过不同文明的比较，会发现东西方文明的不同发展历程、不同特质和不同问题，这会给中国特色社会主义道路开辟新的文明发展空间以极大的启示。在与西方文明的比较中突出强调中国特色社会主义道路不同于西方文明和苏东社会主义文明之处，以及它的东方文明特色（如天人和谐、仁义礼信、修齐治平、太平盛世等），特别是当代中国国情特色，为构建中国特色社会主义文明制度奠定了事实基础和文化基础。如何创造一种建立在中国的文化国情和事实国情之上的、既不同于西方文明也不同于传统苏东社会主义文明而又兼具两大文明的进步品质的新型文明，是中国特色社会主义道路的基本任务。

其四，人类文明发展的高级阶段维度：中国特色社会主义道路，是在人类文明发展的高级运行阶段上的新的开拓，即它是在（封建文明之后的）现代性的资本主义文明之上和社会主义文明的前期开拓的前提下，根据中国国情而选择的独特文明发展道路。所以，它不是凭空产生的，中国特色社会主义道路作为对东方的参赞天地、以人为本的文明道路的继承，应当不同于西方；西方文明的科学技术精神在人类文明发展中的重大作用，这些对中国特色社会主义文明的发展也有重要启迪与参考作用。但是，这种资本推动的文明不但带来巨大社会代价（如阶级的对立和斗争，国际的对立和战争），还带来了生态代价，使文明走向灾难和难以为继。在西方文明 300 年发展基础上产生的以解决这两大问题为目标的更高的社会主义文明，无疑是人类文明的重大发展。如果说西方文明的核心，在于在人类的文明发展中创造了权力公有制度而代替了社会权力的帝王私有制的话，那么，社会主义文明就在于创造了代替资产（生产资料）私有制的资产公有制，从而在根子上革除了资本家剥削工人的所有制基础。这当然都是历史性的进步，是人类文明的重大发展。但由于内外问题而导致社会主义第一个文明形态归于失败，这为社会主义文明构建第二个文明形态打开了局面，因此，中国特色社会主义文明应运而生。它如何在前车之鉴上构建比两大文明体系更高的新型社会主义文明，就成了一个世界历史性课题。因此，中国特色社会主义道路应当探讨现代性的资本主义文明和新开拓的社会主义文明的成就、缺陷与不足，既要创造性地吸收这两大文明的积极成果，又要根据当代中国特殊的国情和特殊的问题，构建综合性高于西方文明、苏东传统社会主义文明和中国传统文明的中国特色社会主义文明制度。这就要求我们既要对中国特色社会主义道路在短时间内使中国再次跃上世界文明前列这种成就加以审视、梳理和总结，又要对应然的文明发展提出建设性的发展意见，从而超越既往文明的缺陷与不足、构建综合性高于这两种文明的更高的文明形态。中国特色社会主义道路作为在现代世界文明发展基础上的新创造，理应能够开辟人类文明发展的

第三条道路，第三种形态。党的十八大提出的社会主义核心价值观，即国家层面的富强、民主、文明、和谐；社会层面的自由、平等、公正、法治；个人层面的爱国、敬业、诚信、友善，为这种高级阶段的新型文明指明了整体发展方向。

其五，中国特色社会主义道路的现代文明内部结构维度：如果说，"之四"是一种外在的比较研究的话，那么，这里就是进一步从文明发展的内在结构的维度，对中国特色社会主义道路的已然构建和应然方向加以分析，从现代文明的五维结构说探讨中国特色社会主义道路作为现代文明的内在结构的应然状态。这是对上一视域的深化，也是对"中国特色"的深入。这方面传统上有二维结构说（物质文明与精神文明）、三维结构说（物质、制度、精神三大文明）①，新近我们已根据当代人类面临的问题和文明的复杂发展又提出了五维结构说②：中国特色社会主义文明，应当是以下五种文明的分层结构：（1）生态—技术文明，这是构建不同于传统工业文明的生态文明的起点；（2）在生态—技术文明基础上构建物质—财富文明，这是合理创造物质财富、合理分配社会财富的文明；（3）在物质—财富文明基础上构建制度—权力文明，这是建立在新型社会共和制度和人民当家做主基础上的、使每个人与一切人都能得到合理发展的文明制度；（4）建立在制度—权力文明基础上的精神—规范文明，这是以马克思主义理论为指导的以人的思想觉悟为基础的正确处理人与自然的和人与人的生态关系的新型道德文明；（5）建立在以上文明环节基础上的人的合理生活与健康发展的生活—行为文明，即以满足基本生活需要为主的生态性的生活方式文明，它特别反对在西方出现的高消费、超耗费从而给自然资源带来巨大压力而破坏生态的生活方式。从这种文明的内在结构视域，分析西方文明在这些方面的成就和不足，更深入地展示中国特色社会主义文明在这些方向上的已然的文明成就和应然的发展方向。

其六，未来文明的发展方向维度：人类文明史表明，西方资本主义文明的经济增长本身是一种文明陷阱，它带来了巨大的社会代价和生态破坏代

---

① 苗启明：《论社会主义文明的三维结构》，《河北学刊》1985 年第 6 期。
② 苗启明：《双质五层结构：社会文明的完整形态》，《学术月刊》2006 年第 1 期。

价，使文明本身不可持续、没有未来。中国特色社会主义道路面临着要从"现在时"过渡到它的"未来时"，即如何在一个较长时期内，开辟人与人的和谐发展方向和人与自然界的和谐发展方向，研究如何把人从人类社会的不平等（如两极分化）和人与自然界关系的不平等（如掠夺自然）中解放出来，为人类文明未来的生态文明方向的发展做出开拓性贡献。这也就是如何从马克思主义的人类解放方向对中国特色社会主义道路的发展方向加以规范。这里要特别研究中国如何反对传统工业文明在生产领域对自然界的肆意掠夺，在分配领域的两极分化、在生活领域对社会财富的肆意耗费，以实现马克思主义的人与人、人与自然界的"合理的物质变换"，构建人类文明的更高形态——生态文明。中国特色社会主义道路如何根据经济发展给社会带来全面进步，如何开辟一条生态代价、社会代价最小化的道路，是摆在其面前的第一层文明发展任务。中国特色社会主义文明如何通过公平正义开辟人与人的和谐发展、如何通过生态建设开辟人与自然界的和谐发展之路，这是摆在其面前的第二层文明发展任务。中国特色社会主义文明应当如何开辟人的自由而全面的发展，如何走向和实现马克思主义的"每个人"与"一切人"都能走向自由解放的道路，这是摆在其面前的第三层的也是最深层的文明发展任务。通过这三层开拓，着意解决中国特色社会主义道路如何构建新的时代精神、引领人类文明发展方向的问题。总之，中国特色社会主义道路的未来文明发展方向，应当是在高度发达的"人的自由而全面的发展"与不断增强的自由解放的基础上，走个人与整体的和谐发展、社会在经济政治方面的和谐发展、人与环境、人与自然界关系的和谐发展这种全面共进的生态文明方向。马克思的人与人的以及人与自然界的"合理的物质变换"思想，应当是这一发展的指针。这是对"其四、其五"的归结和向未来文明的历史性深入，是中国特色社会主义文明形态的历史展现。这后三个方面，应当能够解决社会主义文明如何引领世界文明发展方向的问题。

其七，中国特色社会主义道路的意识形态构建与马克思主义的发展建设维度：任何文明都有它的引导性的精神—规范文明，即意识形态。中国特色社会主义道路要发展成为代表人类文明新希望的中国特色社会主义文明，其意识形态构建就应当摆在重要位置。中国特色社会主义道路的意识形态构建，应当是马克思主义在新时代的发展深化以及它对人类文明的未来发展的规范指导作用。中国必须根据实践发展、文明发展的需要，通过发展马克思主义而在当代高举马克思主义旗帜，才能既对马克思主义的当代发展做出更大贡献，又对人类文明的未来社会主义发展方向做出更大的世界性贡献。这也是对马克思主义中国化、时代化、大众化乃至新的走向世界的深入思考。它应当既有东方文明和中国特色，又有社会主义特色，更是在新的世界文明发展水平上对于马克思主义的继承和发展，并根据中国的社会主义实践道路把马克思主义发展成为 21 世纪人类文明发展的指针，构建代表世界文明进步方向的 21 世纪的东方马克思主义。这样，中国就能举起世界文明进步大旗，就会进一步对人类文明发展的社会主义方向做出重大贡献。这不是画蛇添足，而是中国特色社会主义道路更上一层楼的深入举措，等等。

通过以上七个维度的审视，就可以把中国特色社会主义道路放置在世界历史性的、人类学意义的、人类文明发展大道之上进行深入研究，从其成功开拓到遇到的问题与解决方法，从其已然的文明成就到其应然的文明发展方向，通过全方位的研究，回答作为人类当代文明发展高峰的中国特色社会主义道路和中国特色社会主义文明何以可能，以及中国特色社会主义道路如何构建新的文明精神、引领人类文明发展方向的问题。这就会对问题有个比较深入的理解把握。

三

对文明问题进行分析不仅仅是个政治学、伦理学、社会学问题，思想文化问题，更是个哲学问题，方法论问题。如何从哲学高度把握问题的实质和总纲，如何从历史发展的必然性与具体性的维度切入问题，通过对"何以可能"与"如何构建"的深入把握，把中国特色社会主义道路的已然的文明成就和应然的文明发展方向审慎结合起来，是一个哲学方法论难题。如果我们能够既肯定中国特色社会主义道路是具有人类进步性的文明开拓，又指向其未来世界文明高峰的发展，创立既不同于西方资本主义现代文明，又不同于原苏东地区的社会主义文明而又能包含其合理成分，走出一条建立在发展了的马克思主义理论和东方文化基础上的第三条现代文明发展道路，就能够回答何以可能与如何构建的问题。所谓"何以可能"，是从发展的历史必然性、实践（解决问题）的现实可能性、走向文明开拓的应然性方面的理论探索；所谓"如何构建"，是从发展的历史可能性、实践的现实应当性、走向的文明规范性，在已然成就基础上着重探讨其应然的发展方向。这是辩证唯物主义方法与历史唯物主义方法在现实问题中的创造性的具体运用。对一切问题进行辩证分析、历史分析、具体分析，以及从人类学高度对不同文明的比较分析与比较方法，这些都是我们应当运用的基本方法。问题在于对现实问题的深入掌握，对于典型事例的采纳分析，这一层通过广泛调查应当可以解决。

同时，从这种综合性高度对问题进行分析把握，还需要上升到广义人类学高度、世界历史发展高度和人类文明演进维度把握问题，其所需要的东西文明发展知识比较广泛深入。但是，只要能够抓住中国特色社会主义道路的已然文明成就，我们就能充分展现其生命力；只要能把握其应然的文明发展方向，我们就能实现理论对现实的超越，发挥理论对现实的指导作用。以此为基本线索，就可以对"何以可能与如何构建"的问题给予比较深入的回答。

（原载《云南社会科学》2015 年第 4 期）

C

对马克思人类学哲学的初步评介

从"范式转换"看马克思人类学哲学在哲学发展上的开新

张兆民

摘要：范式转换是马克思主义哲学研究创新的主要方式之一。本文分析了传统马克思主义哲学研究中从本体论思维范式到认识论思维范式、再到人类学思维范式的发展过程及演进机制，在彰显范式转换的内在逻辑中提出了马克思主义哲学的人类学哲学转向及其马克思主义的合法性、合理性、理论实在性和历史必然性。马克思人类学哲学关注"普遍的人的解放"，是以人类解放为宗旨的包括生存人类学和人类学共产主义的三大理论框架，也是开发马克思人类学哲学的真正意义之所在；马克思始终把人类学意义的自由、真理、正义、平等作为主要价值，并以这种价值原则作为把握自然和社会的理论工具，强调人的自由和全面发展。中国马克思主义哲学研究也要顺应时代发展，运用新的哲学范式思考问题，应对时代的理论挑战。

关键词：范式转换；马克思的双重历史使命；马克思人类学哲学范式

"范式"意指包含某个学术群体成员共同遵守的一套规则体系，并往往有一个相对固定的模式来引导某类问题研究的方向，决定在这个模式下某类学术研究所要解决的问题域，并形成一种相对固定的问题研究方法，从而为同类研究"形成一种连贯的学术传统"①。所以"范式从本质上讲是一种理

---

① ［美］托马斯·库恩：《科学革命的结构》，金语伦、胡新和译，北京大学出版社2003年版，第21、24—25页。

论体系的基本模式、基本结构与基本功能，其中关键的层面是对学科研究的本体论、认识论和方法论的基本承诺"①。哲学范式的基本的特征体现为理性的终极关怀，即为探究人生的终极意义，它不仅有哲学，还有宗教和艺术。哲学的探索方式是通过知识寻求终极实在，不管能否达到，但这是哲学家一直努力的方向。哲学思维以理性为特征，不同哲学体系之间的区分主要在于理性依据的差异。按此标准来看，哲学理性（范式）的依据来自三个不同方面：一是客观世界，也称宇宙理性；二是主体自身的主观意识；三是作为整体的人类世界自身的人类理性。而任何一种思想体系，其中所蕴含的根本问题或者说所谓的元问题在其形成和发展中被取代，"这里涉及的就是'问题域的转换'"②。这种转换就是指某类问题被一种新的理论体系和新的问题替换，也意味着研究范式的不同。根据王南湜教授的划分，当代中国哲学研究范式就有本体论范式、认识论范式、人类学范式三种。③ 马克思哲学所开创的研究"范式"应该属于人类学哲学。

一　从"范式转换"看人类学哲学范式的提出

马克思哲学产生的时代，是德国哲学已经走过了其本体论和认识论的思维范式的时代，正值人类学时代的兴起。马克思开始探索以人类命运为根基的人类学哲学体系。马克思开创的这种人类学哲学研究体系，无疑是一次"问题域的转换"，因而也是一次重大的理论革新，也可被视为新的研究范式的出现。这种革新是建立在对马克思实现的一些重大发现的基础上的。

其一是发现了马克思的双重历史使命、双重论域和双重理论构建。④ 苗启明指出，马克思哲学思维方式变革的推动力源自两个时代迫切问题：一是法国革命与政治解放没有达致人类解放所引发思考的问题，这是人类

---

① 郗戈：《马克思主义哲学研究的范式转换——基于〈资本论〉研究引发的新范式》，《哲学动态》2018 年第 6 期。

② 俞吾金：《从康德到马克思——千年之交的哲学沉思》，北京师范大学出版社 2017 年版，第319—320 页。

③ 王南湜：《论哲学思维的三种范式》，《江海学刊》1999 年第 5 期。

④ 苗启明：《马克思的双重历史使命、双重理论领域和双重理论构建》，《云南社会科学》2017 年第 6 期。

历史所面对的基本问题；二是因为"劳动与资本"内在对立与矛盾导致无产阶级合理生存的问题。马克思在1843年发现了这两大问题并自觉地为这两大问题的解决而奋斗，这形成了马克思的双重历史使命，并且终生都为此奋斗。但是，这两大问题的理论根基是不同的，历史基本问题的解决，要诉诸人的人类性，并且要通过对人类的人类学研究来解决；而现实社会迫切问题的解决，要诉诸人的阶级性，并且要通过对经济学问题的批判研究来解决。前者形成了马克思关于人类解放的理论，这是马克思人类学哲学的生成基础；后者形成了关于无产阶级解放的理论，这形成了马克思的经济学哲学体系。马克思在1848年之前，力图解决的主要是第一个问题，之后力图解决的是第二个问题。这就形成了马克思的双重理论构建。人类学哲学，就是马克思建立在人类性根基上的力图通过对人的人类学特性的研究来解决人类如何走向自由解放问题的哲学理论。但是，长期以来这个问题的独立性被掩盖在第二个问题之中而未被关注。这种对马克思的双重历史使命和双重理论构建的发现，为人类学哲学范式的提出奠定了马克思主义合法性基础。

　　其二是发现了马克思参与了德国哲学的人类学转向并完成了这一转向。还在黑格尔哲学正当红之时，叔本华就起而反对黑格尔绝对理念哲学体系，提出以人的生命和意志来理解世界，认为天地万物包括康德的"物自体"，其本质都不过是意志而已。这种通过对人的理解来间接解释世界的哲学思潮，用海德格尔的话来说，就是通过"人的形象"来理解世界，从而哲学就"变成了人类学"。费尔巴哈接着以感性存在的人和他的自然界，来反对黑格尔的绝对理念世界和宗教神学世界，建立了他的哲学人本学，这应当是德国哲学人类学转向在客观上的深入发展。恰逢其时，马克思初涉哲学时，还是费尔巴哈思想的坚定拥护者，称赞他奠定了一种新的唯物主义和现实科学基础，因为其在思想上正确把握了人的主体间社会性关系。但在《关于费尔巴哈的提纲》中却批判费尔巴哈不理解现实人的根本特性（如对象性的感性实践活动等），并构建了马克思自己的人类学哲学思想。马克思通过对原本用于分析资产阶级社会的"社会"概念，引入"社会主义"并加以改造，赋予新的思想内涵，形成这个具有划时代意义的哲学体系。他指出新的唯物主义哲学体系是以"人类社会或社会化的人类"① 作为理论建构的基础，"也就只能是以人类为立场、为根基的人类学唯物主义"②。马克思已经表明，"人及其活动的一般性、普遍性的真正根源是人与世界关系的社会性"③。而"人类社会活动不应被视为一个独立个体的属性，而应被视为一个比人类自身更广泛的潜在的普遍整体"④。他的理论重点是构建了以"社会化的人类"为立脚点的"新唯物主义"即人类学唯物主义哲学（简称为人类学哲学）。马克思强调，这种新唯物主义是从人的"主体方面去理解"对象世界，这就形成了人类学世界观。人类学唯物主义和人类学世界观的形成，是对德国哲学人类学转向的完成。⑤ 通过这一完成，它就代替了传统的本体论和认识论这种第一哲学的地位，因而人类学哲学就上升成为第一哲学。

马克思之所以能完成这一人类学转向，在于马克思从一开始走向哲学世界的 1842 年，就已经站在人类学立场上，希望构建一种关于人和人类学世界的"真正的哲学"。⑥ 他正是以这种人类学哲学，参与对德国哲学的人类学转向批判性分析和理论创新。发现马克思在德国哲学的人类学转向中对人类学哲学的理论开辟和理论构建，为新的哲学体系的创立打下坚实的思想史基础。

其三是发现并阐发了马克思在人类学视野和人类学立场上对人类这种社会存在物的生存运动特性的理解。苗启明通过系统研究认为，青年马克思的哲学思想不是不成熟的，不是费尔巴哈人本主义的翻版，因而那种认为青年马克思与成熟马克思之间存在"认识论的断裂"的看法是不能成立的。他通过对青年马克思的全面的总体性的研究，发现马克思的诸多哲学论断，哲学宣示，在总体上服从于对人类这种社会存在物的生存运动特性的理论把

---

① 《马克思恩格斯选集》第 1 卷，人民出版社 2012 年版，第 140 页。

② 苗启明：《从人类学哲学视域对马克思的新理解》，《思想战线》2018 年第 6 期。

③ Slobodchikov，V. I. Activityasan Anthropological Category："On Distinguishing the Ontological and Epistemological Status of Activity"，*Russian Studiesin Philosophy*，October 2001，Vol. 40，（2），pp. 31 – 43.

④ Shchedrovitskii，G. L. lzbrannyetrudy. Moscow，1995，pp. 241 – 421.

⑤ 苗启明：《马克思人类学哲学：开辟人类学时代的新哲学》，中国社会科学出版社 2019 年版，第 12 页。

⑥ 《马克思恩格斯全集》第 1 卷，人民出版社 1995 年版，第 220 页。

握，并具体指出了马克思这种哲学思想的内在的学术系统性：马克思从"人的人类学生成"（人的自然生成，劳动生成，社会生成等）深入"人的人类学活动"（包括实践活动，历史活动及其辩证法规律），进而深入"人的人类学发展"并指向人类学共产主义，等等。[①] 认为马克思在这里构建了一种人类学哲学的理论框架，而当代的马克思主义哲学任务就是逻辑地构建出马克思所开辟的这一人类学哲学的理论体系。马克思非但不是不成熟，而且创立了一种伟大的哲学。这一发现为人类学哲学范式的理论体系构架奠定了马克思本人的思想理论的可靠性基础。

其四是对于当代世界的时代精神的哲学把握。哲学是时代精神的精华，对于新的人类学哲学范式的发现，还得力于对于新时代的时代精神的发现。苗启明通过研究认为，世纪之交，世界历史发展开始进入全人类合作共存的人类学时代。其时代精神，就是人类学精神。全球化、互联网、全球生态治理等，已经开始把人类命运结成一体，这就是走向合作共存的人类学时代。在这个时代，特别需要的就是能从人类学高度对人类生存发展的整体规律和价值追求进行总体性把握，以规范人类世界的人类学发展。[②] 而马克思在人类解放即人类合作共存初露端倪时所开辟出来的人类学哲学，特别适应于全人类走向合作共存的人类学时代。通过这一发现，人类学哲学范式就以时代的必然性走向当代世界，为这一范式的提出奠定了 21 世纪的时代基础，而马克思也就会再次走在 21 世纪的世界历史潮头，通过人类学哲学引领人类世界的人类学发展。马克思人类学哲学范式也是其哲学思维的价值体现。马克思提出，未来社会必定会出现一个时代，哲学不仅在内在逻辑上，而且在实践上同具体的历史的社会现实性发生碰撞。那个时候，哲学不再是一种抽象体系，而是一种面对现实世界的理论，成为一种时代性理论。那时，"各种外部表现证明……哲学正在世界化，而世界正在哲学化"，人类整个也以世界公民的身份出现在世界舞台上。[③] 人学哲学就是在 21 世纪实现马克思这一哲学理想的新哲学。

---

① 苗启明：《马克思人类学哲学：开辟人类学时代的新哲学》，中国社会科学出版社 2019 年版，第 12 页。

② 苗启明：《从世界历史发展看人类学时代与人类学哲学》，《思想战线》2015 年第 3 期。

③ 《马克思恩格斯全集》第 1 卷，人民出版社 1995 年版，第 220 页。

二 从中西马克思主义哲学发展看提出
   人类学哲学的必然性

　　人类学哲学新体系的确立，也体现了哲学思想发展的逻辑必然。中国马克思主义哲学研究转向人类学哲学范式，既体现为社会实践发展的内在逻辑，也是对马克思主义哲学内在精神的返本。实际上，马克思就是从人类学哲学维度思考人类问题的，从而也实现了研究范式的变革。近代西方哲学的研究进路是从挑战宗教开始，彰显现实人的价值。费尔巴哈明确指出，"神学的秘密是人类学"[1]，他把神学的本质，还原为人，不过他那里的"人"是抽象的远离现实的人。在海德格尔看来，各种哲学思想体系从古罗马发展到现代，都是"一切种类的人道主义，都把人的最一般的本质认为是当然的前提"[2]。所以认为，马克思主义也可归类到人道主义这一传统中去。但海德格尔没有注意到，马克思强调他"不仅仅是人道主义者"，从人类学哲学来看，马克思更是一位伟大的人类主义者，所以他把人类解放问题作为自己终身的历史使命，这一精神就体现在他的人类学哲学思想之中。不过，简单地从人类学思维范式来看，并没有准确把握住马克思哲学的特征，因为存在主义、实用主义、生命意志主义、实践哲学和实践唯物主义等，都不能不说属于人类学范式。而苗启明对马克思哲学的"人类学哲学"的新理解，则避免了这种泛化，也回答了马克思的人类学范式、人类学思维范式的哲学特征何在，因而在客观上是这一思潮的深入发展。据笔者所知，苗启明是站在马克思对人类命运的关怀和世界历史发展立场上，独立地提出对马克思哲学的人类学哲学的新理解的。他最初提出的理解，是"人理哲学""人本理性哲学"，是"实践人类学哲学"，是在马克思那里的"人类学—哲学"的合一，最后在 2005 年的一次会议上，正式提出对马克思哲学的"人类学哲学"的新理解，2008 年出版了《马克思人类学哲学构建管窥》专题论文集。这是人类历史进入人类学时代在哲学上的反映，是社会发展的历史性必然，也

----

　　① L. Feuerbach, Anthropologischer Materialismus（Ⅰ）, Verlar Ullstein GmbH 1985, s. 82.
　　② 《海德格尔选集》（上），上海三联书店出版社 1996 年版，第 366 页。

是哲学理论自觉追随时代发展的体现。他认为："马克思实际上开辟了一个新的以人类和他的对象世界为对象的新哲学，开辟了从整体上把握人和人的世界的新哲学。"① 他根据青年马克思哲学思想的人类学转向，将其命名为人类学哲学，认为人类学哲学可以成为在新时代指导人们处理人与自然、人与人关系的理论体系。它在马克思那里有了初步的理论开拓，其基本价值指向是人类生存关系的合理化，而这是人类学哲学的重要的本质性内容。因而，向人类学哲学范式发展，是中国马克思主义哲学研究的内在逻辑的必然结果。

三　从中国社会进步和世界历史发展
看提出人类学哲学的重要性

　　哲学研究范式在某种程度上反映社会实践和历史发展的时代特征，我们也可以把这种现象称为研究范式的"现实引导"。21 世纪以来，中国经济社会发展进入快车道，人的主体性地位不断加强，主体性意识不断提升，主体作用不断被认可并强化，人的创造力越来越凸显。正如马克思所言，人总是以社会性主体间关系从事劳动实践的，所以，互主体性意识也在被提升。在社会活动中，每个人既是"他者"也是主体，涉及"主体间性"的认识与处理。所以，我们今天所面临的问题，除了个性、自由和利益，更为重要的是"主体间性"的认识与处理，公共利益的强调与关注，这就是关于人类从人类学出发所做的哲学思考。如果仅仅从主体间性和公共性的角度看问题，还是有许多人类面临的问题无法回答和解决。东西方哲学从关注主体性、主体间性、公共性到从人类学高度关注人类性，是一种内在的人类学精神理论的不断提升。而如果能从人类学哲学的高度来把握和推进当代世界的人类性发展，那就有了人类世界的普遍性和必然性，以及未来发展的潜力。这不仅是中国社会也是世界历史进程中普遍面临的问题，需要从哲学视角关注。对马克思哲学的人类学哲学的新理解，正适应了这种世界历史发展要求。从人类学哲学已有的学术发展来看，它将创造一种新的能够适应中国改

---

① 苗启明：《论马克思的"新唯物主义"》，《云南社会科学》2008 年第 2 期。

革开放和世界历史当代发展的新的理论体系。借助这个体系，我们可以管窥到不同历史时期关于马克思主义思想研究的理论形态和具体内容。人类学哲学从一诞生，就强调它是关于人类世界的"人类性"如何发展的哲学，其"人类性"也就是对当代哲学的"公共性""主体间性"在广义人类学高度上的提升，而这也就促进了哲学研究的范式从主体性范式向人类学范式的转变，并且以人类学哲学概括了发源于马克思的这一范式的本质特征。从世界历史发展来看，马克思主义哲学研究进入人类学时代符合历史发展的内在逻辑，也是人类思想发展的内在必然，它的最高理论成就就是人类学哲学的提出和理论体系的构建。在今天，人类学哲学必然成为人们处理人与自然、人与人关系的理论指南。它发源于马克思，其基本价值指向是人类生存关系的合理化，在中国的世界历史性发展这一大环境中得到了理论的体现。因而，人类学哲学是当代的时代精神和中国文化精神在哲学思考中的呈现。新时代中国社会快速发展，而且越来越多的人意识到人生活在一定社会关系中，而社会关系就是一定的主体间性的关系。在从主体间性到公共性问题上日益显现的情况下，进一步要求从人与人之间的人类学关系思考问题，这就需要上升到人类学高度，就需要人类学哲学的提升、规范和指导，无论就个人还是就整个国家来说都是这样。就生活在今天的我们来说，主体间性和公共性问题日益凸显，对这些问题的理解和处理要求会越来越高，研究和关注中国人类学问题，需要一种哲学的指引。而作为社会生活的抽象反思形式的哲学研究，如何关注中国社会乃至全球性的公共性——人类性问题，即处理人类共同面对的问题，是当前最为重大的哲学问题。人类学哲学的提出为思想理论界走向这一思考方向开辟了道路。而从近代以来哲学发展来看，实际上是逐渐发现人的过程，并且是由"抽象的人"到发现"现实的人"的过程，它在马克思那里，进一步体现为由特殊的个体人上升到全人类的思考过程，即从"每个人"到"一切人"的过程。而人类学哲学所研究的，正是从"有生命的个人的存在"，到"一切人"即人类世界的自由解放如何可能的问题，这就集中到如何突出人的人类学发展问题上来了。"人的人类学发展"，也是根据马克思的"人的世界历史性发展"而提出的新范畴，是人类学哲学的重要概念，它强调人类要走向未来的人类学时代，必须通过世界历史的人类学发展而实现人本身的人类学发展，亦即马克思所说的"人的全面而自由的发展",才有可能实现。苗启明强调,人类学哲学的任务之一,就是研究和推进人和人类世界的人类学发展的新哲学。中国马克思主义哲学研究转向人类学哲学有其特别重要的价值。中国马克思主义面临新的历史使命,一方面是在马克思主义哲学思想引导下,对中国现实问题做出理论回应;另一方面也要应对全球化大潮下的新的世界变革带来的新问题,作为总体性研究范式的马克思人类学哲学责无旁贷。人类学哲学范式是在总结吸收哲学史上本体论思维范式和认识论思维范式的基础上综合反思得来的,是一种全新的理论自觉的形式,所以在客观上和内在逻辑上也就成为哲学研究范式的一种新的追求。从整个世界范围来看,人类学哲学会发挥越来越大的理论作用。中国的马克思主义哲学研究也要顺应时代发展,运用新的哲学范式思考问题才能有力应对时代的理论挑战。所以,人类学哲学成为一种世界性哲学范式,它的价值指向,"成为民族的国家的各有其特殊性的哲学追求,以及返回为每个人与一切人的个人哲学追求,因为它本来就是追求每个人与一切人的合理生存与自由解放的新哲学"①。因而,开发马克思的人类学哲学,也就是开发马克思的伟大的人类主义精神,以适应当代世界的人类学发展需要。推动当代世界的人类学发展,这是当代马克思主义者的新的伟大任务。中国领导人对"构建人类命运共同体"的提出,就是对这一伟大任务的发扬。

四　马克思人类学哲学的价值立场
及其当代世界意义

　　人类学哲学以人的生命存在为关注对象,围绕"在研究被目的所决定的人类活动时所产生的问题"② 而展开的。马克思人类学哲学从具体历史的现实感性的人出发,把人放在具体历史背景中来理解。当理解人类价值时,关注的问题不在于它们是否真实存在,而是价值对人类的真正意义是什么。苗启明从多个角度对马克思人类学哲学的价值立场做了充分阐述。马克思始终把自由作为人类的主要价值,并把它作为把握自然和社会的理论工具,强调

---

① 苗启明:《从世界历史发展看人类学时代与人类学哲学》,《思想战线》2015 年第 3 期。
② 孙亮:《"两种范式"梳理与马克思主义哲学演进逻辑的合法性》,《探索》2006 年第 5 期。

人的自由和发展。年轻时期，马克思就在理论上建立起"人类精神的真正视野"，他的思想超越了资产阶级民主主义的思维框架，从全人类的视角思考自由和幸福这样的普遍性问题。后来直至终生的理论探索，都没有离开这种人类学的价值理念。马克思认为，所有思想体系思考问题的起点都应该是"人本身"，把自由和发展作为最高的价值指引。无产阶级的重要使命就是创造实现这种自由和发展的重要条件，包括物质的、制度的、精神的条件等，但这种创造是在社会自由得以实现的基础上完成的。马克思还在自由与正义等关系的视域中探讨未来理想社会。在马克思看来，自由是作为"有意识、有意志"的存在物进行一切创造性活动的前提。"平等，是人作为人而存在的、'自然法'所赋予人的'人人生而平等'的自然表现。"① 自由与平等作为人类学哲学的价值取向，也是人类解放的价值前提。马克思在对历史的批判中发现和确立人类所必然要求的这些价值原则，并立即用于自己的理论分析，形成了他的一系列的人类学哲学的价值原则，体现了他高度的以人类为本的理性精神，这也就成了人类学哲学的基本价值诉求。苗启明分析认为，马克思人类学哲学的价值立场，源于他一生追求的自由、平等的哲学精神：每个人与一切人的合理生存与最终实现自由解放的价值追求；人的自然性和人本性都能得到"全面而自由的发展"的人类学价值追求。这些伟大的人类学价值原则，不仅适应了这一世界历史发展的要求，也将能够规范人类世界在 21 世纪的人类学发展。马克思人类学哲学的人类学价值，无非是把人的自由而全面发展所应有的东西还给人。马克思之所以这样强调，在于过去一切的社会历史都是违反人性的，而资本主义生产方式更是导致人性的丧失。人类在历史过程中的曲折发展，就是要突破历史的误区，在物质生产过程中通过人性的复归而走向人的自由解放。在马克思的语境中，人的最高追求就是自由解放，也是马克思人类学哲学价值观的最终追求。所以，马克思把这种人类学哲学探索看作是人的自由理性发展的内在必然。实际上，马克思思想发展有一个演进历程，早期他还以"自我意识"为原则理解人自身与外部世界的关系，后来就以追求社会自由的理性主义来审视"自己"与外部世界的关系，进而发展到从制度理性的角度批判社会现实，把真理与

---

① 苗启明：《马克思对人类学哲学方法论的开辟》，《思想战线》2016 年第 3 期。

价值有机结合起来。马克思一生致力于人类未来理想社会的思考与探索，把自由和正义作为价值指引。这在其早期思想体系中更为明显。马克思以自由、真理为理论武器，为全人类的合理生存、自由而全面发展不断进行艰难探索。所以，马克思人类学哲学就体现为对自由、正义、平等价值的孜孜追求，体现为一种不懈的精神。同时，马克思的哲学探索不是游离于人的现实生活以外的空洞遐想，而是关注现实人的现实生活本身，根植于具体的人的历史过程和当下物质生产活动中，根植于有鲜活生命力的个人存在中。所以，一般来讲，马克思人类学哲学从来不是抽象的学说，其关注的也从来不是抽象的人，而是由个体组成的人类社会整体，是具体是总体，是蕴含着社会存在本身"特定性"的存在。对这种自由、真理和正义的追求体现在具体的历史活动过程中，体现为人的社会性与历史性的内在一致，这是"理解历史唯物主义的决定论与选择论"① 的关键之所在。"'历史性'首先意味着历史条件、社会活动与感性对象的'特定性'"②，所以马克思的新哲学体系把"每个人"的自由发展同时作为其理论的历史和逻辑的起点和归宿，而在《资本论》中把"人的全面而自由的发展"当作人类社会发展的终极目标来追求，这个目标要经过世界历史整体的全过程来实现。如果从整体上来看马克思人类学哲学的价值旨归，从"政治解放""人的解放""无产阶级解放"到"全人类解放"，其意义都是一致的，不是从人道主义、人本主义等人性角度所做的思想探索。从感性的人的活动和参与历史进程行动的人去审视人，形成了历史性视角；从社会生活的实际过程决定人的意识探索人的活动的内容；从人的全面自由发展和解放为视角探索人的价值实现；从改变现实世界的现实活动作为理论指向，实现对旧的形而上学本体论、认识论的超越，这样马克思主义哲学研究才能实现与时代的真正结合，对现实问题的切近反思，体现为一种哲学探索的新开拓，体现为新的维度，标志着一种新的人类哲学思想发展的未来方向。

　　前面已经指出，当代中国和当代世界的时代精神是人类学精神，它奠基于世界历史的人类学发展之中，而这种发展是在波折中以"周波"的形式

---

① 苗启明：《试论马克思人类学哲学实践观中价值引导》，《曲阜师范学院学报》2010 年第 9 期。
② 郗戈：《马克思主义哲学研究的范式转换》，《哲学动态》2018 年第 6 期。

曲折前进的。就是说，不论具体的历史如何曲折，历史的人类学发展趋势不可阻挡。这种发展从自发走向自觉，无论从规模上还是深度上讲，它都需要人类学哲学的价值精神指引。人类作为精神的存在物，没有高远的价值精神追求，也就不配有好的未来。而马克思的新哲学体系的价值追求、价值原则，在当代世界的各种哲学中是唯一能够规范人类世界的人类学发展的价值原则。这样一种精神已经在中国的政治发展中体现出来。由中国国家领导人习近平主席在纪念联合国成立 70 周年大会上提出的"铸剑为犁，构建人类命运共同体"的伟大的时代理念，在本质上就是马克思人类学价值精神的当代最高体现。人类学哲学在当代的最高历史使命，也就是推动全人类合作共存的"人类命运共同体"的构建。

（原载《学术探索》2019 年第 10 期。张兆民，云南省
社会科学院哲学研究所副研究员，哲学博士）

从"人道主义马克思主义"到
"人类学哲学马克思主义"

——论"马克思人类学哲学"当代话语何以可能

马　超

摘要："马克思人类学哲学"这一术语是由苗启明先生提出的一个全新理论概念，这个概念提出以后逐渐成为学界理解和诠释马克思哲学思想的一个全新理论范式。苗启明先生的"马克思人类学哲学"范式，以"人类学哲学"为基础，从现实的感性的具体的"人"的生存、生产、再生产以及自由全面发展出发去理解马克思唯物史观和资本主义批判理论。无独有偶，当代西方马克思主义思潮中同样存在一种"人道主义马克思主义"的思想范式，法国哲学家阿尔都塞以其著名的"认识论断裂说"批判了"人道主义马克思主义"的立场。但阿尔都塞将青年马克思和成熟马克思彻底区分开来的做法并不妥当。本文通过对"人道主义马克思主义"和"认识论断裂说"的分析，尝试澄清"人类学哲学马克思主义"与"人道主义马克思主义"的根本区别，并在此基础上表明"人类学哲学"作为沟通青年马克思和成熟马克思的桥梁的理论可能性。

关键词：马克思主义；人道主义；认识论断裂；人类学哲学

一　西方马克思主义语境下的
"人道主义马克思主义"

1883 年，恩格斯在《在马克思墓前的讲话》中总结了马克思毕生最为伟大的两个理论成就——唯物史观和剩余价值学说：

> 马克思发现了人类历史的发展规律，即历来为繁芜丛杂的意识形态所掩盖着的一个简单事实：人们首先必须吃、喝、住、穿，然后才能从事政治、科学、艺术、宗教等等；所以，直接的物质的生活资料的生产，从而一个民族或一个时代的一定的经济发展阶段，便构成基础，人们的国家设施、法的观点、艺术以至宗教观念，就是从这个基础上发展起来的，因而，也必须由这个基础来解释，而不是像过去那样做得相反。
>
> 不仅如此，马克思还发现了现代资本主义生产方式和它所产生的资产阶级社会的特殊的运动规律。由于剩余价值的发现，这里就豁然开朗了，而先前无论资产阶级经济学家或者社会主义批评家所做的一切研究都只是在黑暗中摸索。①

恩格斯的上述论断，是对马克思理想信念和学术思想最为权威的概括和注释，至今依然是国内外理论界理解马克思主义、诠释马克思主义以及发展马克思主义的根本遵循。如果说唯物史观表达了马克思对人类历史发展规律的宏观把握，那么剩余价值学说则表达了马克思对人类历史特定阶段，即资本主义社会的微观剖析。前者立足于建构，后者立足于批判。前者表明马克思对历史发展进程中历史与逻辑相统一的科学判断，后者表明马克思对私有制条件下尤其是资本主义制度下历史与逻辑相违背的批判立场。当然，无论唯物史观、剩余价值学说还是马克思其他一切思想理论，在马克思看来它们都具有一个共同的理论前提——"有生命的个人的存在"。就整个西方哲学发展史而言，"人"始终是哲学面对的最重要的论题。自苏格拉底提出"认识你自己"开始，"人"的维度便真正进入到了古圣先贤们的视野当中来。"我是谁""我从哪里来"，"我到哪里去"，"人之何以为人"等有关人的探讨成为哲学家们不懈追寻的终极向导。古希腊古罗马之后，经过中世纪漫长的有关人与神之关系的辨析与洗礼，人的主体地位逐渐复苏、主体意识逐渐觉醒。从文艺复兴到启蒙运动，欧洲思想史中关于人的意义和价值的讨论，构成了其最为核心的要义所在。笛

---

① 《马克思恩格斯选集》第 3 卷，人民出版社 2012 年版，第 1002—1003 页。

卡尔"我思故我在"的提出将人的主体性推向了前所未有的高度,整个世界的意义因为人的存在而鲜活起来。在康德那里,哲学作为一门独立的严肃的学科所包含的外延、内涵以及学科体系,被他以三个关于人的反思而严格界定下来。那便是"我知道什么""我能做什么"以及"我能期待什么",三个追问一一回答了人之为人的三个主题"真""善"与"美"。黑格尔将前人关于"人"的意义的思考最终统一于"绝对精神"产生、发展、演进的庞大体系之中,他以"绝对精神"在历史中的自我展开形式为线索,呈现出"人"在历史与逻辑相统一的过程中的主体性地位。黑格尔之后,马克思革命性地从人的感性的现实的生产活动出发,明确指出国家和历史的发展由市民社会决定,即由人的经济活动以及建立于特定经济基础之上的社会关系决定,而非由精神、思想、观念来决定。马克思在整个西方思想史中首次真正彰显了作为历史创造者的从事着生产活动的现实的人的意义和价值。因此,就整个哲学史而言,马克思的人类视野具有开创性的历史意义。西方马克思主义对马克思有关"人"的思想的关注,源自20世纪30年代以后马克思《1844年经济学哲学手稿》的发现以及深入研究。1923年,匈牙利哲学家、匈牙利共产党领导人卢卡奇出版了经典著作《历史和阶级意识》。在这本著作中,卢卡奇重申了马克思恩格斯在《共产党宣言》中有关历史与阶级的重要论断,强调作为实践主体的无产阶级及其阶级意识在历史运动中的不可替代的主体性作用。并且指出"物化"(实践主体的生产劳动)理论是马克思哲学最为重要的基本理论之一。此后,由于1932年马克思《1844年经济学哲学手稿》公之于世,卢卡奇有关马克思"物化"理论以及"异化"理论的"猜想"得到了文献上的证实。卢卡奇对马克思有关"人"(实践主体)的思想的解释,由于不同于"第二国际"对马克思所作的"经济决定论"范式的解释,他的观点在西方世界产生了巨大影响。把"人"的实践主体性地位放到哲学思考的首位,从"物"即人的生产实践活动出发去理解主体与客体的关系、个人与世界的关系,去理解私有制条件下的阶级关系,甚至去理解唯物史观的内在逻辑,一时间成为西方世界理解马克思哲学思想的重要逻辑路径。[①] 从

---

① 〔英〕戴维·麦克莱伦:《马克思以后的马克思主义》,李智译,中国人民大学出版社2008年版,第166页。

1932 年至第二次世界大战后，整个西方世界关于马克思"人"的思想的研讨，都基本上延续了卢卡奇的思考，以青年马克思《1844 年经济学哲学手稿》和成熟时期马克思《资本论》作为重要的理论分野，探讨马克思唯物史观思想内核中那或隐或现的内在张力。这种张力往往被表述为青年时期马克思的"人道逻辑""价值逻辑""在场逻辑"，以及成熟时期马克思的"科学逻辑""现实逻辑""客观逻辑"。其中有的学者继续秉持了"正统马克思主义"的立场，坚持唯物史观和资本主义批判理论，有的学者则对马克思进行了各式各样的所谓"修正"，逐渐偏离了马克思主义基本立场。更有甚者，开始用《1844 年经济学哲学手稿》中的"异化"理论来否定《资本论》时期那种以资本主义制度产生、发展、变迁以及消亡等相关学说的马克思政治经济学和哲学思想，从而最终制造出"两个马克思"的假象。"两个马克思"论的始作俑者是德国哲学家朗兹胡特和迈耶尔，他们在《卡尔·马克思历史唯物主义早期著作集》一书中认为《1844 年经济学哲学手稿》"在某种意义上是马克思的最重要的著作"，是"马克思思想发展的关节点"，是"真正的马克思主义的启示录"，《1844 年经济学哲学手稿》的意义就在于"颠覆了马克思成熟时期著作中所确认的把通过剥夺剥削者所实现的生产资料社会化和废除剥削看作是历史的真正目的"，而把"人本主义""人道主义""人的本质的全面实现和发展"作为历史终极目的。[①] 这些"两个马克思"论者不但把青年马克思和成熟时期马克思对立起来，甚至把所谓的"人道主义马克思主义"和所谓的"正统马克思主义"对立起来。他们否认马克思资本主义批判理论中经济学范式和历史学范式的科学性，单纯从"人道主义"的角度出发去审视马克思的整个思想体系。"人道主义马克思主义"的代表人物当属美国哲学家弗洛姆。他在《马克思关于人的概念》中指出："如果真的有一个坚持人道主义理论的青年马克思和另一个抛弃这种理论的老年马克思的话，那么，人们宁愿要青年马克思，而不愿要老年马克思，宁愿希望把社会主义同前者联系起来，而不愿跟后者联系起来。"[②] 关于成熟时期马克思唯物史观和资

[①]　《西方学者论〈1844 年经济学哲学手稿〉》，复旦大学出版社 1983 年版，第 3 页。
[②]　《西方学者论〈1844 年经济学哲学手稿〉》，复旦大学出版社 1983 年版，第 4 页。

本主义批判理论的内在逻辑，弗洛姆认为这事实上只不过是那种在《1844年经济学哲学手稿》中占据中心地位的人道主义思想，"在《资本论》的马克思的思想中又继续占有中心地位"。① 显然，西方世界所谓"人道主义马克思主义"思潮，明显割裂了马克思思想的内在逻辑统一性，将马克思关于人的关怀以及人的自由全面发展的价值理想，同他关于历史逻辑的考察以及关于资本主义批判的科学精神彻底对立起来。这些西方学者不仅抹杀青年马克思和成熟时期马克思思想之间的内在联系，甚至混淆马克思对人的实践主体性关怀同资产阶级人道主义之间的根本区别。他们以所谓"非历史的"和"超阶级的"立场，用流行的西方人道主义哲学对马克思的唯物史观和资本主义批判理论进行"修正"，这显然与马克思关于人的自由全面发展的思想背道而驰。

二　阿尔杜塞对马克思的"保卫"

针对西方世界"非科学的""非历史的"以及"超阶级的""人道主义马克思主义"的流行，法国马克思主义哲学家阿尔杜塞以自己独特的方式对马克思的唯物史观和资本主义批判理论进行"保卫"，他的方法是将青年时期马克思和成熟时期马克思以1845年前后为界限彻底"断裂"开来，将二者视为两种完全不同的理论范式，并认为只有成熟时期的马克思思想才是"真实的"和"科学的"马克思主义。这一理论被学界称为"认识论断裂说"，"断裂说"自提出之日起直至今天，依然被持续研究。对阿尔杜塞的学说进行梳理和辨析，将有利于我们更为清晰地理解马克思关于"人"的基本思想，从而更好地把握"马克思人类学哲学"的理论本质。1965年，阿尔杜塞出版了其经典著作《保卫马克思》，在该书中，阿尔杜塞第一次明确阐释了他的马克思"认识论断裂说"。阿尔杜塞认为，在马克思哲学思想的发展历程中，存在一个所谓"认识论断裂"节点，大概以1845年的《德意志意识形态》为界，断裂前的马克思是一个典型的费尔巴哈式的抽象人道主义者，同时也是一个黑格尔式的历史唯心主义者。而在1845年以后，通过经济学的学习，马克思逐渐

---

① 《西方学者论〈1844年经济学哲学手稿〉》，复旦大学出版社1983年版，第5页。

建立了以政治经济学为基础的科学的历史观，这才真正开创了全新的马克思主义世界观和方法论。阿尔杜塞指出："在马克思的著作中，确确实实有一个'认识论断裂'；据马克思自己说，这个断裂的位置就在他生前没有发表过的、用于批判他过去的哲学（意识形态信）的那本《德意志意识形态》。"① 在阿尔杜塞看来，"断裂"前的马克思处于其思想的"意识形态"阶段，从博士论文时期到1845年的《神圣家族》，马克思都在延续康德式的或者费希特式的抽象的人道主义，这种抽象人道主义以人类普遍理性作为人类自由的前提条件，强调哲学思辨在人的自由全面发展中的根本作用。在此期间，马克思还受到来自费尔巴哈的深刻影响，马克思赞扬费尔巴哈在某种意义上超越黑格尔看到了来自"感性存在"的重要意义，遗憾的是当论及人的自由解放现实路径时费尔巴哈又回到了诸如"类本质"以及"本质力量自我实现"这样的抽象人道主义立场。青年马克思同样没有超越费尔巴哈的困惑，在《1844年经济学哲学手稿》中依然大量使用"类""类本质""异化"等范畴，并将劳动理解为"抽象的""孤立的""类本质的"活动，而非具体的、感性的、社会性的、经济性的实践活动。在1845年的《德意志意识形态》中，马克思恩格斯"对自己过去的世界观进行了一次系统清算"。这成为阿尔杜塞指认"认识论断裂"时间节点的重要论据。阿尔杜塞认为，马克思在1845年的《关于费尔巴哈的提纲》和《德意志意识形态》中，已经展现了唯物史观的几乎所有问题线索，但是，这还只是以"否定的形式，激烈论战的形式、批判的形式出现"。其中《关于费尔巴哈的提纲》"内容像谜一样"。而《德意志意识形态》在某种程度上沿袭了一些旧的概念，不过我们已经可以明确看到马克思事实上已经开始使用一种全新的逻辑来表述社会历史问题，即从感性的人的实践活动出发，从物质生产出发，去理解社会历史的发展脉络。② 1845年以后，马克思开始步入真正意义上的"科学"阶段，从《哲学的贫困》直至晚年的"古代社会研究"和"东方社会研究"，马克思彻底摒弃了早期的"意识形态立场"，即抽象的"人道主义立场"，彻底拒绝诸如"异化""类本质""抽象劳动"这样的范畴和理论，彻底转向以

① ［法］路易·阿尔杜塞：《保卫马克思》，商务印书馆2007年版，第15页。
② ［法］路易·阿尔杜塞：《保卫马克思》，商务印书馆2007年版，第19页。

政治经济学研究为基础的历史科学研究。在阿尔杜塞看来，正是在"认识论断裂"后，马克思的唯物史观和资本主义批判理论才逐渐形成，并最终成功地将早年的道德批判诉求、价值批判诉求以及意识形态批判诉求等理论旨趣还原为历史逻辑和科学逻辑。阿尔杜塞提出"认识论断裂说"，目的在于批判西方"人道主义马克思主义"的意识形态立场，从而捍卫马克思主义的科学性甚至实证性立场。这是"认识论断裂说"积极的一面，然而，我们必须看到，阿尔杜塞的做法是以否定马克思思想的整体性和连续性为代价的，阿尔杜塞将青年马克思的哲学思想一概指认为人道主义、唯心主义、意识形态以及道德批判，从而将其排除在马克思主义哲学体系之外，这显然既不符合文本史实，也不符合理论逻辑。我们可以以《1844 年经济学哲学手稿》为例，对"认识论断裂说"进行一个简单回应。从文献学角度看，马克思写作《1844 年经济学哲学手稿》事实上经历了两个分隔的阶段，1844年上半年，马克思首先写作了手稿中的"第一手稿"和"第二手稿"，其中最为主要的内容自然是以抽象劳动为前提建构起来的"异化劳动"理论。然而，在写作过程中马克思很快发现一个逻辑上的困境，即如果仅从孤立劳动、抽象劳动以及道德批判的角度去理解人类实践活动，那么这并不能充分解释资本主义生产方式下工人受到剥削压迫的根本原因，更无法对整个人类社会历史发展脉络进行说明。于是，马克思放下哲学写作，转向对穆勒的经济学理论进行系统学习，并形成了手稿中的"穆勒摘要"部分。在那之后，马克思才再次动笔写作了手稿的第三部分，即"第三手稿"。在"第三手稿"中，我们注意到马克思谈论"异化劳动"的频次大为降低，取而代之的是以"外化"和"分工"为代表的具有明显经济学色彩的基本概念。简单来说，"外化"和"异化"尽管同样源自马克思对工人劳动的描述，但"外化"定义的是工人将自身劳动注入生产活动和劳动产品之中去的一个客观过程，比起"异化"，他明显不再具有道德批判和价值判断的意味。分工的逻辑也与"外化"类似，从物质生产活动和劳动分工（包括社会分工和行业内部分工）入手去考察人类社会发展历史，可谓开启了马克思唯物史观最为重要的理论前提，这一思想在《德意志意识形态》文本中被最终完整呈现出来。我们此处不再展开。显而易见，"穆勒摘要"和"第三手稿"中马克思对具体劳动方式及其社会关系的考察，明显区别于"第一手稿"和

"第二手稿"中的"异化劳动"理论。另外,这种基于具体生产劳动研究的现实历史逻辑又与《德意志意识形态》所表达的唯物史观如此接近,为此我们完全有必要反思这样一个问题:马克思《1844年经济学哲学手稿》与《德意志意识形态》之间真的存在"认识论断裂"吗?答案是否定的。我们认为马克思并未如阿尔都塞所说在《德意志意识形态》中发生了彻底的"认识论断裂",从"意识形态立场"转向"科学立场"。事实上,马克思终其一生矢志不渝的理论探索和奋斗目标并未发生过改变,那便是建立在唯物史观和资本主义批判理论基础上的追求每一个人自由全面发展的解放事业。当然,如何解释青年马克思以"异化劳动"理论为基础的哲学思考与成熟时期马克思以"经济科学"和"历史科学"为基础的唯物史观所展现出来的不同理论旨趣和学术倾向,并最终回到一个真实的完整的马克思,这依然是一个值得深入研究的问题。苗启明先生的"马克思人类学哲学"思想,恰恰为这个问题的解决提供了诸多有益的探索,这或许可以成为我们连接青年时期马克思和成熟时期马克思思想的重要桥梁。

三　从"人类学哲学"范式看马克思哲学的内在统一性

对国内外"人本主义""人道主义""人类学""哲学人类学"等诸多理论范式的纠结与困惑,苗启明先生明确提出以"人类学哲学"视野"重新发现马克思""重新理解马克思""重新诠释马克思"并"重新回到马克思"的当代中国马克思主义哲学建构主张。这一主张直指马克思哲学的终极诉求"每一个人的自由全面发展",并贯穿马克思历史与逻辑相统一的根本理论方法,即从感性的、实践的、具体的人的物质生产活动出发,去理解经济基础与上层建筑的辩证统一关系,进而将这一辩证统一关系回归到其对资本主义社会的批判之中,从而揭示资本主义条件下无产阶级实现自我解放的历史逻辑与现实路径。接下来,我们就对苗启明先生"马克思人类学哲学"的理论框架进行一个简要梳理,并揭示其作为一种全新范式之所以存在的理论合法性。

首先,苗启明先生认为,马克思从青年时代起,其哲学思考就具有以人类为对象的广阔视野,即具有"人类学哲学"视野,这一视野,贯穿马克思毕生的理论探索。当马克思在 1844 年指出"人是社会存在物"以及"人是社会关系总和"的时候，他就已经站在了广义人类学高度，把社会视为人类和世界的存在的基本形态。从那时候开始，马克思既从具体的经济学、政治学、历史学、社会学的角度在社会内部研究人类和人类界，又从宏观的"人类学哲学"立场，即社会外部的"超然"视角来研究人类和人类世界。苗启明先生指出，马克思哲学的这个维度，直到今天才真正显现出它的重要意义。而在过去的诸多理论范式中，这种"超然"的人类学哲学视野往往是被遮蔽了的。从理论和现实的双重意义来看，"我们对于人类或者人类社会的哲学考察，除了诸如经济学、政治学、历史学、社会学那样内在的社会科学思考和部门哲学思考之外，更应当明确上升到全人类这个人类学高度来考察"①。马克思开创了人类学哲学理论范式的先河，奠定了人类学哲学理论基础，创立了自己全新的世界观和方法论。"马克思关于人类和人类社会的哲学思考，建立于 19 世纪哲学由传统本体论、认识论向现代存在论转向这一大背景之下，可谓现代哲学的真正起点。"② 在西方哲学的历史长河中，黑格尔往往被认为是传统理性主义哲学的顶峰，在他那里，存在与本质、主体与客体、现象与精神等古典哲学传统话语都被统一到"绝对精神"自我发展自我演进自我实现的逻辑当中来，后黑格尔时代的哲学家们纷纷从各自的立场出发对黑格尔哲学进行"扬弃"和"反叛"。马克思作为黑格尔"反叛者"最为重要的代表，以感性个体的实践活动为出发点，依次展开劳动分工、市民社会、经济基础、上层建筑、意识形态的发展史，从而彻底颠倒了黑格尔"精神决定社会和国家"的主张。马克思对黑格尔的"颠倒"开启了一个全新的现代哲学范式，那就是在感性个体实践活动中来消弭古典哲学中存在与本质、主体与客体、现象与精神的鸿沟。由于当代西方马克思主义并没有完全理解马克思哲学开创的这种现代哲学特质，一直以传统的"人道主义""人本主义""哲学人类学"等概念来理解马克思，这显然是对马克思思想的曲解和埋没，亟待以"人类学哲学"的视角来对此进行澄清。马克思"人类学哲学"视野的进一步升华，表现为他对人类解放事业的不懈

---

① 苗启明：《马克思开创的新哲学》，中国社会科学出版社 2014 年版，第 3 页。
② 苗启明：《马克思开创的新哲学》，中国社会科学出版社 2014 年版，第 3 页。

追寻。在马克思的思想世界中，他不仅仅追求无产阶级的解放，同时更是追求全人类的解放。在青年马克思那里，我们就已经可以看到他关于人类自由、平等、公平、正义的价值诉求，而在 1848 年的《共产党宣言》中，这种诉求更是明确表达为"每一个人的自由发展是一切人的自由发展的条件"这一论断，即每一个人生存、生产、生活、自我实现、自我发展共同构成全人类解放的前提条件。正是这一理论精神和现实诉求，"使得马克思超越了传统的人道主义、人本主义、哲学人类学或任何已有的哲学观念，直接站在他所开创的人类精神之上，即广义人类学维度和世界历史高度，来观察人类社会或社会化的人类，即人类和人类世界"①。马克思所创立的这种关于人类和人类世界的新哲学，他自己称之为"当代世界的哲学"或者"新的世界观"，由于马克思对问题的把握既是人类学的，又是哲学的，既是建立在人类学基础上的哲学，又是建立在哲学基础上的人类学，因此苗启明先生将其称之为广义的"人类学哲学"。

其次，苗启明先生认为，就马克思哲学内在逻辑而言，人类学哲学思想恰是马克思思想一以贯之的逻辑主线，也是其将价值批判与历史批判有机连接起来的重要桥梁。关于马克思整个哲学思想的逻辑线索，我们再次回到关于青年马克思和成熟时期马克思思想差异的问题。以《1844 年经济学哲学手稿》的"异化劳动"理论为代表，青年马克思思想的核心在于对资本主义生产方式及其基本经济制度进行道义上的以及抽象性的价值批判，而在 1845 年《德意志意识形态》之后，尤其是以《资本论》及其手稿中的政治经济学为代表，马克思思想的核心过渡到对资本主义社会的经济体系和政治制度进行全面系统批判，这种批判基于科学的、客观的、理性的逻辑方法，通过对资本主义制度基本矛盾即生产资料私有制和社会化大生产之间的矛盾的揭示，马克思明确呈现了资本主义生产方式的桎梏所在。并指出资本主义条件下每一个人的自由全面发展必然以无产阶级的全面解放作为前提。纵观马克思整个理论生涯，价值逻辑和科学逻辑之间固然存在一定的差异与张力，这是显然的事实。然而在这两种逻辑及其理论表象的背后，始终隐藏着马克思哲学思想内部一个从未改变过的内在线索，那就是对"每一个人自由全面发展"的不懈追寻。无论马克思是以批

---

① 苗启明：《马克思开创的新哲学》，中国社会科学出版社 2014 年版，第 4 页。

判的逻辑还是科学的逻辑对资本主义社会进行批判，其根本目的都在于发现并揭示资本主义制度内在深层次矛盾，并为最终解决资本主义矛盾、实现"每一个人自由全面发展"提供逻辑的支撑和实践的路径。在此意义上，苗启明先生"马克思人类学哲学"范式的提出，恰恰契合了马克思哲学思想的终极理想和内在线索，并更为清晰地指明了马克思哲学思想的理论旨趣，因此具有重要的理论和现实意义。

最后，就当代中国马克思主义哲学的创新发展而言，"马克思人类学哲学"范式同样具有其不可替代的时代意义。我们知道，当代中国的马克思主义学科体系，基本沿袭了苏联"历史唯物主义"和"辩证唯物主义"并列的理论范式，即所谓的"教科书"理论体系。该范式经过半个多世纪的发展，已经成为我国马克思主义哲学研究的基本出发点，为我国哲学社会科学繁荣发展提供了重要理论支撑。与此同时，苗启明先生深刻指出，"教科书"体系就其理论的丰富性、时代性和创新性而言，或多或少还存在进一步发展和完善的空间。这就需要国内马克思主义理论工作者在"回到马克思"的基础上，更多认识和把握时代的变革，从社会现实出发去开创马克思主义全新格局。这种精神，正是马克思主义哲学的精髓所在。尤其在面对21世纪"人类命运共同体"这一时代主题下，重新挖掘和开创马克思哲学精神的内涵和实质，以更为开放、更为包容、更为自信的视野，为全人类的发展树立中国形象，发出中国声音，提供中国方案。在此意义上，苗启明先生提出的"马克思人类学哲学"恰逢其时，其站在全人类的高度重新认识并弘扬马克思的人类学哲学精神，可谓真正回到了马克思哲学的核心，也为马克思哲学在21世纪的创新发展提供了一种可行的方案。综上所述，苗启明先生所提出的"马克思人类学哲学"范式，既符合马克思哲学思想内在发展逻辑，也符合马克思主义哲学史发展脉络，更是契合当代学界对马克思主义哲学时代生命力的深入拓展。"马克思人类学哲学"理论范式不但在逻辑和理论上成立，同时更具鲜明的实践性特征，它必将会对当代中国马克思主义哲学的创新发展提供有益的理论支撑。

（原载《学术探索》2019年第10期，作者系云南省
社会科学院哲学研究所副研究员）

改革开放 40 年：走进马克思哲学的四种人类学范式[*]

邵 然

摘要： 20 世纪 80 年代关于马克思哲学的"人性、人道主义和异化"的大讨论，直接导致其四种人类学范式的产生：一是"类哲学"的产生；二是对马克思哲学的"人学"理解；三是作为马克思主义第四个来源的"人类学"以及作为"人类学范式"的马克思哲学的提出；四是马克思人类学哲学的提出。今天看来，前三种范式都未能进入马克思的哲学思想境界。只有第四种范式，通过发现马克思的双重历史使命和双重理论构建，通过提出哲学性、价值性的广义人类学范畴来界定马克思的哲学思想，指明马克思开创了从广义人类学高度把握人类生存发展运动的人类学哲学，并以这一哲学为核心揭示自身全部思想理论特征。这一范式能为人类命运共同体的构建提供马克思的哲学根据，从而能为创新 21 世纪的马克思主义哲学提供理论基础。

关键词： 类哲学；双重历史使命；广义人类学范畴；马克思人类学哲学

2000 年前后，王南湜教授以十余篇论文的篇幅强调，马克思主义哲学是一种人类学范式的哲学，这是走近马克思哲学的一种极为重要的认识。这一认识，是在改革开放 20 年之后产生的，但它是对中国马克思主义哲学 50

　＊ 本文为国家社会科学基金青年项目"《资本论》的人类学哲学思想研究"阶段性成果（19CZX001）。

年发展的总结。

所谓人类学范式，可以概括性地理解为是以人类为本位的、对于人类特性与人类问题的哲学研究。改革开放 40 年来，中国学者从人类学范式的角度开辟出了四条极为重要的理解马克思哲学思想的新路径：其一是由高清海教授开发出来的指向人类未来发展的类哲学；其二是以黄楠森教授为主提出的作为一种科学的但实际与马克思哲学相关的人学；其三是由俞吾金教授提出的作为马克思主义第四个来源和组成部分的人类学，以及由王南湜教授提出的人类学范式；其四是由苗启明研究员提出的人类学哲学。其他的一些讨论虽然很深入、很广泛，例如实践唯物主义等，但它们大多难以归入人类学范式当中。由于以上四种人类学范式紧追时代精神和时代需要，都以"人类"为主体，都力图脱离原来的本体论哲学范式而凸显出马克思哲学思想的人本特质，在客观上有一种不断深入发展的隐性联系，所以可以集中放在一起进行讨论。

一　"类哲学"是否走进了马克思哲学思想

在改革开放的 20 世纪 80 年代，随着"实践是检验真理的唯一标准"讨论的启蒙，学者们对马克思主义哲学也出现了比较活跃的思考。其中最重要、最有启发意义的，是关于人性、人道主义和异化问题的讨论。这一讨论虽然没有得出明确的结论，但动摇了传统的经典的哲学观念，启发了人们从人的方面对马克思主义哲学重新思考。始终走在这一思潮前沿的高清海教授，首先提出了《从人的研究到人学》《人的类生命、类本性与"类哲学"》《我们如何走近马克思》等开创性的哲学思考①，开启了以人类学范式来理解马克思主义哲学的新方向。高清海教授从一开始就发现，这里存在着许多问题。比如辩证唯物主义，"变成与旧唯物论没有性质区别的自然理论"②；与马克思的哲学思想完全不合。他强调："我们奉行从（前）苏联引进的那套以马克思主义为名的'教科书哲学'，实质上它所体现的并不是马克思的

---

①　高清海：《从人的研究到人学》，《人民日报》1988 年 6 月 6 日；《人的类生命、类本性与"类哲学"》，《长白论丛》1997 年第 2 期；《我们如何走近马克思》，《求是学刊》2000 年第 3 期。

②　《高清海与"'类'哲学"》，载汝信主编《中国当代社科精华》（哲学卷），黑龙江教育出版社 2001 年版，第 578 页。

哲学精神，在很大程度上正是马克思所否定的旧哲学的思维方式、价值规范
和哲学原则。"① 他明确指出，哲学史的发展，历经了从本体论立场、认识
论立场到人类学立场的三个发展圆圈。他自觉地站在人类学立场上开始了一
系列的哲学变革。他的宗旨和任务就是："变革哲学思维方式，突出实践观
点"，克服"本体论化"的思维倾向，重新理解马克思的哲学精神，以及
"适应改革发展要求，体现当今的时代精神"，即力图在哲学的本质方面走
近马克思。② 并且，他的这些思想成了改革开放时期中国哲学思想的主流。
他从主体出发构建的"主体—客体—主客体的统一"的新的教科书体系，
应当说就已经接近了人类学范式。③

　　进入 20 世纪 90 年代之后，高清海教授的哲学思想有了重要发展。这就
是确认哲学不再是关于物质世界的学问，而是关于人的学问。他强调："哲
学的秘密在于人，只有从人出发才能理解哲学"；"人是哲学的奥秘"，"哲
学不过是人的自我意识理论"④，由此走上了研究人、弘扬人、为人类世界
的健康发展提供思想理念的哲学道路。他在《我的学术道路》中强调："我
们清楚地看到，哲学从非人走向人，从非人的世界走向人间世界，然后从追
求虚幻的'本真人'走向活生生的现实人，从追求虚幻的'本体世界'走
向充斥矛盾的现实生活世界，哲学的这个历史发展过程正是人类自身生成历
程的理性写照。"⑤ 而这也就是高清海教授从物到人、从虚幻的人走向真实
的人的哲学思考道路，这无疑是一条走近了马克思哲学思想的道路。可以
说，他已经走到了马克思哲学思想的起步点，这就是马克思那个时代的人本
哲学家所强调的"现实的人"，但是，没有"进入"。因为马克思强调的是
要对"现实的人和现实的人类"进行研究，他却把人类的"类特征"抽象

---

　　① 《高清海与"'类'哲学"》，载汝信主编《中国当代社科精华》（哲学卷），黑龙江教育出版社
2001 年版，第 578 页。

　　② 《高清海与"'类'哲学"》，载汝信主编《中国当代社科精华》（哲学卷），黑龙江教育出版社
2001 年版，第 579 页。

　　③ 《高清海与"'类'哲学"》，载汝信主编《中国当代社科精华》（哲学卷），黑龙江教育出版社
2001 年版，第 580 页。

　　④ 《高清海与"'类'哲学"》，载汝信主编《中国当代社科精华》（哲学卷），黑龙江教育出版社
2001 年版，第 582 页。

　　⑤ 《高清海与"'类'哲学"》，载汝信主编《中国当代社科精华》（哲学卷），黑龙江教育出版社
2001 年版，第 582 页。

出来进行研究，把它与"种"概念对立起来，构建了一种"类哲学"。

在这里，高清海教授开始了自己的哲学创造，这就是从费尔巴哈强调的"类本性"和马克思也强调的人的"类"概念出发，构建了一套"类哲学"理论。这种类哲学是从人的生命开始的。他认为，人的生命可以区分为"种生命与类生命"。"种生命"是人作为一种自然物种的生命，与动物没有区别，类生命是人类作为人类的生命，是人类特有的生命。从而，以人的类生命、类本性为根据的"类哲学"道路就打通了。而且，类哲学与人类的未来发展相关，人"从群体存在、个体存在走向类存在"，这是"今日人的发展趋向，也是人的未来存在形态"，"随着人从个人本位走向以类为存在本位的变化，哲学的思维方式也定会发生一个相应的根本性转变"，即"从个人的主体体验哲学转向具有更为广阔的宏观视野的类主体哲学"①。高清海教授强调："'类哲学'作为一种哲学意境和哲学思维方式，既是适应人类未来发展本质的哲学，也是哲学发展趋向成熟的更高理论形态。"②

由此我们看出，高清海教授是从人类的自我发展、人类的未来发展提出类哲学的。他对人、对人的类本性和类哲学的论述是深刻的，他的确构建了一种人类学范式的哲学。但是，无论如何，马克思没有把人的类特性抽象出来构建哲学的念头。从逻辑上说也不可能，因为马克思关注的是"现实的人和现实的人类"的生存发展问题，是人类世界的真理正义问题，他研究了人的类特性，或者更正确地说研究了人的人类学特性，但这不是他的理论目的，它的理论目的只是更深刻、更实在地理解和把握"现实的人和现实的人类"即人和人类世界，以更好地解决人类世界的问题。而类哲学偏离了马克思哲学的这一社会问题的大方向。因而，它虽然"走近了马克思"，但没有也不可能"走进"马克思。没有人能把马克思哲学理解为"类哲学"。

但是，类哲学也给人以重要的启发。类哲学面向未来，并认为未来是全人类的"类价值"得以弘扬的时代。经过 30 年的发展，今日应当看到，21世纪是人类开始进入全人类合作共存的人类学时代的新世纪，它的时代精神

---

① 高清海：《人的未来与哲学未来——"类哲学"引论》，《学术月刊》1996 年第 2 期。

② 《高清海与"'类'哲学"》，载汝信主编《中国当代社科精华》（哲学卷），黑龙江教育出版社2001 年版，第 587 页。

也应当概括为人类学精神。因而，一方面，类哲学应当得到大力发扬，以弘扬人类的共同生存价值方向；另一方面，也应当从全人类的价值高度来理解和开发马克思哲学。马克思虽然无意于构建类哲学，但他的哲学精神无疑是为全人类的生存价值服务的。这就为进一步从人类学价值高度来理解马克思，并把马克思哲学建设成为适应 21 世纪人类的人类学发展的新哲学，打开了合理性通道。

二　"人学"是否走进了马克思哲学思想

在改革开放的 40 年里，最有影响也最有意义的讨论，莫过于人学的提出和讨论。人学像"类哲学"一样是在 20 世纪 80 年代的人道主义与异化的讨论中产生的，对人性、人的本质和人本身的关注，产生了人学作为一门科学的可能性思考。值得注意的是，人学的提出，不像类哲学那样，它是在坚持两个唯物主义的理论前提下提出来的。黄楠森教授首先提出，要研究辩证唯物主义哲学，就要先研究人。他在坚持研究和弘扬两个唯物主义哲学的同时，开始撰写比较有影响的人学论文。如下的文章都有开创思想的意义：《马克思主义、人道主义与人学学科建设——兼介绍〈人学理论与历史〉》《人学的对象和基本内容》《人学：作为整体的人及其一般规律的科学》等。[①] 他把人学定义为"是关于作为整体的人及其本质的科学"[②]。即它是以与哲学不同的一种科学面目出现的，这当然就无所谓走近马克思的问题，更无所谓"人类学范式"的问题。那么，为什么还要在这里加以研究呢？这是由于，人学所说的许多内容甚至基本内容，无论东方还是西方，过去都是由哲学研究的。哲学家从各个方面研究了人，人学作为一门科学要站立起来，就目前来说还脱离不了哲学的脐带，尤其是马克思主义哲学的脐带。人学的著名提倡者和研究者，大都是马克思主义哲学家。但他们又为什么要与马克思主义哲学分开来呢？因为他们理解的马克思主义哲学，主要就是传统

---

① 黄楠森：《马克思主义、人道主义与人学学科建设——兼介绍〈人学理论与历史〉》，《中国特色社会主义研究》2005 年第 4 期；《人学的对象和基本内容》，《中国高校社会科学》1990 年第 5 期；《人学：作为整体的人及其一般规律的科学》，《学术月刊》1996 年第 4 期。

② 黄楠森：《人学的对象和基本内容》，《中国高校社会科学》1990 年第 5 期。

的辩证唯物主义和历史唯物主义，这当然与人学有原则不同，至多只能作为人学的哲学指导思想。但是从人类研究的主要内容来看，尽管它力图与人的理论、人的哲学、人类学、哲学人类学、人道主义、人本主义等区别开来，但实际上脱不了干系。而一般人也常把它们混淆起来。所以，虽然一些研究者强调人学是一种对于人类整体把握的科学，但从它的理论特征来看，它同时也是一种关于人的哲学，因为它作为一种科学，还没有生成自己的作为一种科学的方法论、特有概念及其逻辑体系，它的方法论和概念都还是哲学性的、从哲学借用来的，因而我们这里可以把它作为一种哲学思想并且是马克思主义哲学思想来看待，高清海教授就是把人学作为哲学来理解的。在这个意义上，它无疑是哲学特别是马克思主义哲学的一种人类学范式，并且是比辩证、历史、实践三大唯物主义更接近、更走近了马克思的人类学范式。比如，关于人的特性的研究，关于人的发展的研究，关于人与自然、人与人、人与社会的关系的研究，关于人的自然性、社会性、精神性的研究等，都直接接触到马克思关于人的哲学思想。在这个意义上，它毫无疑问是一种人类学范式的哲学，但它力图走出哲学的范畴，这就谈不上"走进"。其实，人学与马克思关于人的理论的关系，是始终是绕不开的话题。今天不是有许多人学研究者，在研究"马克思的人学思想"吗？应当认识到，马克思从来没有要构建一种关于人的哲学或人学的想法。他所关心的，是从人类学高度解决人类世界的问题及其历史发展，而这在客观上也应当是今天人学研究的理论基础。所以，人学作为哲学在客观上走近了马克思，是一种人类学范式的哲学，但没有也不想"走进"马克思的哲学思想。

但是，人学的提出和研究，对马克思主义哲学特别是马克思哲学思想的当代发展也具有启示作用。马克思的哲学显然不是以抽象的物为本体的哲学，不是以精神理念为本体的哲学，也不是以历史为本体的哲学——马克思就明确反对把它的哲学理解为以历史为本体的历史哲学，更不是一般的以社会为本体的社会哲学。这些都没有把握住马克思哲学的本质特征。人学启示我们，马克思的哲学离不开人和他的整体特性，他从人类出发，以人类为归宿，他研究的任何哲学问题都没有离开过人和人类世界。所以，人学对人的整体本质的追求，表明它应当上升一个层次，上升到人和人类世界，这就会打开马克思的哲学世界，并以人学所追求的科学性的理论逻辑来探索马克思关于人和人类世界的哲学研究，就会发现马克思所开拓的哲学新世界。人学把马克思的这个哲学世界研究清楚了，也就能为人学所追求的科学体系奠定坚实的马克思主义哲学基础。即从对人和他的"类整体"的关心出发重新研究马克思，这就是人学对我们最重要的理论启示。

三　"人类学"和"人类学范式"的提出　是否走进了马克思哲学思想

在对人学、类哲学的讨论方兴未艾时，直接从人类学来理解马克思的新思想也开始了。20 世纪 80 年代，《马克思恩格斯全集》第 1 版第 45 卷即《人类学笔记》在国内出版发行，它自然激起了从人类学角度对马克思的讨论。这种讨论包括两方面，一是从人类学这种实证科学的角度对马克思的讨论，二是从哲学的即广义人类学高度对马克思哲学的讨论。1993 年俞吾金教授在纪念马克思逝世 110 周年的论文中，提出人类学是"马克思主义的第四个来源和第四个组成部分"的观点。① 这就把从人类学视野研究马克思的合理性、合法性以及必要性提了出来。但该文所说的人类学，依然是在实证科学的范围内，也没有讲明马克思的人类学是何种人类学。在这之前他曾发文讲马克思的人类学是"社会人类学"，当然未必确切。这种在国内外都比较盛行的对马克思的人类学理解，为从哲学上理解马克思奠定了学术理论基础。事实上，"人类学"这一概念是多义的，它首先是一种实证科学概念，它指的是对人类生活的一定样式或方面特别是对古代民族生活的具体描述，如典型的文化人类学等。一种是自文艺复兴以来逐步加强的对人的哲学理解，即从人类作为人类的广义人类学高度对人的价值和尊严的推崇和研究。前者是实证的人文科学，后者是广义的有价值倾向的哲学。马克思走上哲学论坛，他首先接触的是后者，并且主要是在费尔巴哈的哲学中。1872 年之后，由于社会主义运动处于低潮，也由于实证人类学作为一种科学的兴起，马克思把主要精力用于对新兴的实证人类学的研读和摘要，这就是《人类学

---

① 俞吾金：《马克思主义的第四个来源和第四个组成部分——纪念马克思逝世 110 周年》，《学术月刊》1993 年第 8 期。

笔记》的产生。所以，在马克思那里，科学的和哲学的两种人类学都存在。而也正是对马克思思想的这两方面的讨论，促进了人们从人类学视野对马克思哲学的思考。于是，一种重要认识——把马克思哲学以及马克思主义哲学理解为人类学范式的思想就产生了。2000 年前后，王南湜教授在《论哲学思维的三种范式》《世纪之交的马克思主义哲学：回归人类学范式》《范式转换：从本体论、认识论到人类学——近五十年中国主流哲学的演变及其逻辑》等论文中，明确提出马克思主义哲学特别是马克思哲学是人类学范式的哲学。① 他认为，哲学就其思维方式来说，主要就是三种：本体论范式，认识论范式和人类学范式。相当于古代的本体论哲学、近代的认识论哲学和现代哲学发生的人类学转向三大方向，与高清海教授所说的本体论立场、认识论立场和人类学立场是一致的。

要理解哲学的人类学范式，就要看到西方哲学的人类学转向和马克思在这一转向中的关键地位。今天看来，这样的转向至少有两次。第一次是德国哲学在康德提出"人是目的"并把哲学从关注客体转向关注主体这种"哥白尼式革命"之后，就为哲学的现代人类学转向奠定了理论基础。此后德国哲学发生的人类学转向，历经了三个阶段的发展：其一，是黑格尔的同事叔本华把人的生命和意志作为哲学探讨的主体，并通过对人的理解来解释世界。其二，是费尔巴哈以人类学解释宗教神学，反对宗教神学对人的统治，实现人在世界中的主体地位。在这一过程中引起了其他哲学家对人的关注，如"人的存在"的提出等。其三，是马克思在此基础上，进一步以人类学价值原则反对人对人的统治，追求人的普遍解放，这可以视为德国哲学人类学转向在马克思那里的完成。所以，在马克思哲学思想中，表现出强烈的反对传统本体论、认识论哲学的倾向，并且提出了人类学意义的实践论（它是"人类的感性活动"）和人类学的世界观（"从主体方面去理解""对象、现实、感性"），以代替本体论和认识论哲学。另外，是西方存在主义、人本主义、生命意志主义等哲学的兴起，这当然是与马克思不同的人类学转向。

---

① 王南湜：《论哲学思维的三种范式》，《江海学刊》1990 年第 5 期；《世纪之交的马克思主义哲学：回归人类学范式》，《中国人民大学学报》2000 年第 2 期；《范式转换：从本体论、认识论到人类学——近五十年中国主流哲学的演变及其逻辑》，《南开学报》2000 年第 6 期。

在 19 世纪中期德国哲学发生了种种人类学转向后，才有实证人类学作为科学的出现（19 世纪中后期）以及哲学人类学在马克思之后的产生（舍勒）。但是，除少数大学者外，人们普遍没有注意到这种人类学转向的哲学革命意义，更不理解马克思的人类学转向。第二次人类学转向，发生在 20 世纪后期，特别是 20 世纪末。第 19 次世界哲学大会（1996 年在俄国召开）肯定了世界哲学发生了"人类学转折"。第 24 次哲学大会在中国召开，有学者考证后指出，从第 18 次大会起，人就是世界哲学大会的主题。而这次大会以"学以成人"作为主题，"学以成人"更是一个具有当代高度的人类学范畴。马克思主义哲学发生在第一次人类学转向之后，所以，说它应当是一种人类学范式的哲学是很正确的。王南湜教授提出，50 年来中国马克思主义哲学的发展，是向人类学范式的回归："中国马克思主义哲学 50 年间已经历了三次范式的转换，即从改革开放前的实体性思维范式到 20 世纪 80 年代以来的主体性范式，再到 90 年代初以来的人类学范式（亦有人冠之以人学或其他马克思类似的名称）的兴起"①。"事实上，马克思本人正是人类学思维范式的开创者。"作者强调，"作为中国哲学之主流的马克思主义哲学，原本就是一种人类学范式的哲学。因此，向人类学范式的转变，并不是改变马克思主义哲学的性质，而是回归到了马克思主义哲学的原本的真精神。马克思主义哲学就其原本形态而言是一种人类学范式的哲学，但这一点长期以来被人们遗忘了"②。孙正聿教授在《当代中国马克思主义哲学专题研究》中肯定了这一思想，认为马克思主义哲学研究"从实体性范式到主体性范式再到人类学范式或实践哲学范式，具有一种逻辑学的必然性"③。这表明，转向人类学范式是马克思主义哲学成为现当代哲学的必要条件。但是，马克思主义哲学的人类学范式与其他人类学范式的哲学有何不同呢？自德国哲学的第一次转向之后，人类学范式就广泛地展开来。许多当代大哲学家，如海德格尔、伽达默尔、维特根斯坦、皮尔斯、哈贝马斯等，其哲学都是人类学范式的哲学。这样一来，说马克思哲学是一种人类学范式的哲学，只是指出了它的一般共性，而

---

① 王南湜：《范式转换：从本体论、认识论到人类学——近五十年中国主流哲学的演变及其逻辑》，《南开学报》（哲学社会科学版）2000 年第 6 期。

② 王南湜：《世纪之交的马克思主义哲学：回归人类学范式》，《中国人民大学学报》2000 年第 2 期。

③ 孙正聿等：《当代中国马克思主义哲学专题研究》，吉林人民出版社 2010 年版，第 75 页。

没有指出它的特殊性、它的特质何在，即没有指出马克思的人类学范式是何种人类学范式。所以，这一发现和指正，也只是走近了马克思而没有真正走进马克思。马克思哲学的特质究系如何，还需要深入研究。

　　不过，把当代哲学理解为人类学范式，把马克思主义哲学也理解为人类学范式，这对于马克思主义哲学在 21 世纪的发展来说至关重要。它启示我们，即使对两大唯物主义的坚持，也应当从人类学范式的高度重新研究，因为马克思已经开辟了从人类学高度来理解世界的人类学范式的哲学方向，在他之后形成的马克思主义哲学，要想不倒退到德国哲学的人类学转向之前，特别是，要想与当代世界哲学的人类学转向相适应而成为当代哲学，那就应当把马克思主义哲学进一步升华为人类学范式的哲学，这样就会有许多新的发现和发展，就会让马克思主义哲学成为 21 世纪的哲学。这是王南湜教授应当说而没有说的话。不过王南湜教授启示了我们：如何恢复和构建人类学范式的马克思主义哲学，是新世纪马克思主义者最重要的任务之一。

四　"人类学哲学"的理解：展开了马克思哲学的新境界

（一）走向对马克思的人类学哲学的新理解

　　对马克思思想的人类学哲学的理解，是由苗启明研究员提出来的。在对马克思主义哲学的研究过程中，苗启明研究员提出的第一个问题就是：马克思究竟创立了怎样的哲学？他发现，当时的三大唯物主义都未能体现马克思对人类命运的强烈关怀，而马克思青年时代大量的哲学论述，又被作为不成熟的东西"悬置"起来；但青年马克思的哲学文本对人和人类生存发展与自由解放的强烈关注，他的天才和他对问题的深刻理解，都不是人道主义或不成熟论所能解释的。经过反复思考他发现，马克思总是站在哲学性的广义人类学高度看问题的，马克思中学时代对人类幸福关怀——"遵循的主要指针是人类的幸福和我们自身的完美"[1]，马克思在早期所强

―――――――――――

[1]　《马克思恩格斯全集》第 1 卷，人民出版社 1995 年版，第 459 页。

调的要以"人的精神的真实视野"观察世界①，都表明只能从人类学价值高度来理解马克思的哲学思想。经反复考虑，苗启明研究员把马克思的哲学思想概括为是站在人类学价值立场上对人类问题的哲学思考，并力图通过实践来改变不合理世界，因而定名为实践的人类学哲学。② 苗启明研究员对人类学哲学的定义是：

> 　　所谓人类学哲学，不是实证人类学，不是哲学人本学，也不是哲学人类学或关于人类学的哲学，而是指马克思从人类作为人类的人类学价值立场出发理解世界形成人类学世界观、并在人类的人类学特性基础上对人类的合理生存发展与走向自由解放问题的哲学思考，是在广义人类学基础上进一步深入人类世界的社会问题而构建的关于人和人类世界的新哲学。关心不关心人类世界的问题及其人类学价值的解决方向，是马克思人类学哲学与西方哲学人类学的分水岭。③

在这种新的开创性的视野里，他就很快有了一连串重要发现。④

（二）提出人类学哲学的事实根据：从马克思的双重历史使命出发，确认马克思创立了人类学哲学

苗启明研究员发现，马克思从一开始走上哲学世界，就既把无产阶级解放作为自己的历史使命，又把人类解放作为自己的历史使命。但前者要诉诸阶级性和经济学，后者要诉诸人类性和广义的人类学。前者形成了以经济学为根基的唯物主义历史观、剩余价值论和科学社会主义三大理论，后者则形成了以广义人类学为根基的人类学哲学、生存人类学和人类学共产主义三项

---

① 《马克思恩格斯全集》第 1 卷，人民出版社 1995 年版，第 215 页。

② 苗启明：《论马克思哲学的实质：实践的人类学哲学》，《云南大学学报》（社会科学版）2003 年第 6 期。

③ 苗启明：《〈巴黎手稿〉开创的人类学哲学及其后续发展》，中国社会科学出版社 2017 年版，扉页"本书题记"。

④ 这些重要发现包括《马克思开创的新哲学——人类学哲学及其当代意义》《〈巴黎手稿〉开创的人类学哲学及其后续发展》等，载《马克思人类学哲学探索丛书》，中国社会科学出版社 2018 年版。

理论。这就为人类学哲学的提出奠定了合法性基础。①

（三）马克思如何从广义人类学高度理解人和人类世界

那么，马克思是如何从广义人类学高度研究人和人类世界的？通过研究他认为，马克思的哲学思考，集中在四个方面、四大范畴之中：

其一，怎样从人类学高度理解人？怎样理解人类世界？

其二，怎样克服人类世界的异化，怎样成就人的人类学价值和伟大品行？

其三，怎样实现人类的合理生存与自由解放这种人类学价值要求？

其四，怎样把握现实世界的根本问题即劳动者的生存解放问题？

前三个问题都是人类学问题，都要从哲学性、价值性的广义人类学高度来回答。第四个问题也是从人类学高度提出来的，但是马克思经过深入研究，认为这就是劳动与资本的对立而引起的无产阶级的生存解放问题。对此，必须从政治经济学批判的高度来回答。这一回答的结果，也就是我们所熟知的经典马克思主义的三大理论。

苗启明研究员认为，马克思从人类学高度对前三个问题的哲学思考，就形成了他的以人类学为理解根基的为全人类的生存解放服务的广义人类学哲学思想，这是一向被埋没的、人们还不理解的广义马克思主义，它的理论基础就是人类学哲学。②

马克思对人类学哲学的理论构建，在对前三个问题的回答中体现出来，其中关键是对第一个问题的回答，表现为五个方面：

第一，对人类学哲学的理论基础即人的人类学特性的理论探索，这特别体现在《1844 年经济学哲学手稿》中。在这里，马克思不是专门而是在讨论人类生存问题时，顺便指出人的人类学特性的，如人是自然存在物、人是社会存在物等。第二，对怎样理解人的回答，马克思提出了"社会人"和社会人本论，来反对费尔巴哈的自然人和自然人本论，以及麦·施帝纳的孤

---

① 苗启明、刘琼豪：《马克思的双重历史使命、双重理论视野与双重理论构建》，《云南社会科学》2017 年第 6 期。

② 苗启明、刘琼豪：《马克思的双重历史使命、双重理论视野与双重理论构建》，《云南社会科学》2017 年第 6 期。

立个体人本论（唯一者）。第三，对怎样理解人类世界的深入回答，马克思提出了人类学意义上的人的劳动、生产、实践三大概念。马克思把"劳动"理解为人的人类学的生成活动，由此形成了马克思的人的劳动生成论；把"生产"理解为人类作为人类的基本生存手段，这就不能不进入政治经济学批判领域；把"实践"理解为人类作为人类的特有感性活动，这就产生了以实践为特征的人对世界的关系和人类学世界观。这些思想，是在对德国时兴的人本哲学对人和人类世界的错误理解的批判中产生的。第四，这些思想的深入发展又形成了马克思的人类学实践论、人类学历史观、人类学辩证法和人类学解放论。这些理论观点是马克思对人类世界的人类学活动及其不同活动特征的理论概括。第五，马克思探索了在世界历史发展中的人的人类学发展阶段，即从人的依赖关系到人的独立性并向人的自由个性方向发展。

以上五点是马克思对如何理解人和人类世界的主要哲学回答。苗启明研究员由此发现了马克思建立在人的人类学特性之上的关于人和人类世界的人类学哲学体系。这是对马克思特有的"人类学范式"的哲学回答。

（四）对人类学哲学的深入扩展：生存人类学和人类学共产主义的提出

一旦把握住了对象的逻辑脉络，就有可能有一系列的发现。苗启明研究员发现，马克思对上述第二个问题的人类学高度的回答，就是对一系列的人类学价值原则的提出。比如"人是人的最高本质""人的根本就是人本身"①，"每个人的自由发展是一切人的自由发展的条件"②，"从社会自由这一前提出发，创造人类存在的一切条件"③，以及对人的普遍的自由解放的追求等。这种人类学价值原则的提出，使人类学哲学成为一种价值追求哲学、实践开拓哲学，而不再是冷漠的本体论、认识论、知识论哲学，成了为人和人类世界的合理生存与自由解放而奋斗的哲学。这种人类学价值立场彰显了马克思人类学哲学的强大生命力。

马克思对上述第三个问题的回答，超越了哲学范畴，而上升到对整个马

---

① 《马克思恩格斯文集》第 1 卷，人民出版社 2009 年版，第 11 页。
② 《马克思恩格斯文集》第 2 卷，人民出版社 2009 年版，第 53 页。
③ 《马克思恩格斯文集》第 1 卷，人民出版社 2009 年版，第 16 页。

克思主义的理解上来了。这就是对人的合理生存与自由解放问题的回答和人类学价值追求，这一追求形成了马克思的生存人类学和人类学共产主义思想，并特别体现在《1844 年经济学哲学手稿》中。在那里，马克思指出，资产阶级国民经济学家，"把人的存在——人这种商品的或高或低的生产率——说成是为无关紧要的，甚至是有害的"①。这里应当是对整个资产阶级国民经济学的本质的概括性批判，而马克思则要创立相反的把人的生存问题视为至关重要的新理论，这就是马克思在经济学和人类学的双重理论基础上对生存人类学思想的构建。而马克思对共产主义的理解，一是经济学深度的理解，这就是以社会所有制为基础的经济学共产主义，这是人们所熟知的。二是人类学高度的理解，这就是让人的自然性（自然主义）与人本性（人本主义）都能得到"自由而全面发展"的人类学共产主义。马克思强调，共产主义"倒是人的本质的或作为某种现实东西的人的本质的现实的生成，对人来说的真正的实现"②。这种作为人的本质的实现的共产主义，就是人类学共产主义。而人类学共产主义从范围上说也就是"全人类的共生主义"。这也就是说，马克思对第三个问题的回答，形成了他的生存人类学思想以及人类学共产主义思想。这虽然是还没有明确的成体系的理论形态，但却是在马克思的整个理论体系中都存在着的人类学马克思主义的思想和精神。而把人类学哲学、生存人类学和人类学共产主义思想概括起来，也就形成了人类学马克思主义。

这一发现的意义是重大的。正如高清海教授所说："20 世纪可以认为是人类发展史特别是现代史中最为震撼人心并有着特殊重要意义的世纪，是一个名副其实的人类大变革和大发展的时代。"③ 同样，我们也可以说，21 世纪则是人的人类学发展的新世纪。能够适应、规范和引导这个世纪的人类学发展的哲学，不是世界上其他各种哲学的人类学转向，而只能是马克思在19 世纪开创的人类学哲学以及人类学马克思主义。如果说，这一哲学在 19 世纪超越了其时代需要而被马克思搁置的话，那么，在人类深入走向全球化

---

① 《马克思恩格斯全集》第 3 卷，人民出版社 2002 年版，第 282 页。
② 《马克思恩格斯全集》第 3 卷，人民出版社 2002 年版，第 331 页。
③ 高清海：《人的未来与哲学未来——"类哲学"引论》，《学术月刊》1996 年第 2 期。

并构建人类命运共同体的今天，它应当复苏起来，成为 21 世纪的世界性哲学，成为能够引领人类的人类学发展的新哲学。[①]

（五）不能发现、不能理解马克思人类学哲学的原因

从上面的讨论不难看出，人类学哲学是明摆在那里的，但为什么人们对此视而不见呢？苗启明研究员认为，一是由于马克思对前三个问题的探索还没有形成系统的理论形态，他的许多哲学论断都是服从不同的理论需要的，这些理论之间的联系还比较隐蔽。二是这些理论思考作为对整个人类问题的思考，却不能解决现实社会的迫切问题，不能直接为阶级斗争服务，因而被忙于解决现实问题的马克思本人所搁置。三是对这些问题的表述大都还集中在《1844年经济学哲学手稿》中，甚至连恩格斯、拉法格都不知道，更不为一般人所知晓。在这种情况下，人们主要根据政治经济学批判时期或成熟时期的马克思的思想而提出了一整套马克思主义哲学，并使之"经典化"。

因此，人们需要辨别清楚的问题是：马克思的早期文本尤其是《1844年经济学哲学手稿》中的哲学思想，究竟属于一种人道主义价值立场还是属于在人类学高度上形成的人类学价值立场？究竟应当用人道主义来理解还是应当以广义人类学来理解？如果是前者就会把马克思降低到了西方普通的人道主义水平，如果是后者则会发现它是一种伟大精神和伟大的理论构建，是马克思"因为人而为了人"的人类学哲学构建。如果我们今天还没有人类学价值意识，那就依然不能摆脱两个马克思论，马克思人类学哲学也就不能被发现、被理解、被承认。这里还需要强调，马克思的这些思想虽然被搁置，但它是马克思的基本思想，并且贯穿于对上述第四个问题的回答中，即贯穿于马克思一生的理论事业中。马克思的哲学批判、政治经济学批判和空想社会主义批判三大理论，都不能不在其人类学逻辑的大范围下展开，都不能不是一种为人类解放服务的人类学哲学理论。因而，能否理解马克思思想的人类学特性及其人类学哲学范式，是能否真正理解马克思哲学乃至整个马克思主义的关键所在。

总而言之，改革开放 40 年来，由我国学者提出的马克思哲学的上述四

---

① 苗启明、吴茜：《从世界历史发展看人类学时代与人类学哲学》，《思想战线》2015 年第 3 期。

种人类学范式，其目的都在于揭示并深化马克思哲学对人类的关怀。然而我们认为，只有苗启明研究员开发出来的马克思人类学哲学，由于是从哲学性、价值性的广义人类学范畴出发来理解马克思①，从而超越了中外一直以来的从诸如人学、实证人类学、哲学人类学等狭义人类学概念来理解马克思的局限。苗启明研究员的这种探索和论证，既反映了蕴含在马克思人类学哲学思想中的一系列真精神，又反映出马克思对人类学哲学、生存人类学以及人类学共产主义的理论构建，从而是对作为一种广义人类学马克思主义的提出，开启了当代马克思主义哲学研究的新方向。特别是，这种人类学哲学，与当代世界历史的人类学发展相契合②，因而能够指导和规范当代世界的人类学发展。这就为发展和创新 21 世纪的马克思主义哲学提供了重要的思想理论基础。

（原载《思想战线》2019 年第 5 期。马超，云南省
社会科学院哲学研究所副研究员，哲学博士）

---

① 马克思一直以来也是从人类作为"社会化的人"这种存在物的高度来研究人类问题的。
② 参见苗启明、吴茜《从世界历史发展看人类学时代与人类学哲学》，《思想战线》2015 年第 3 期。

在"一纵两横"上把握马克思人类学哲学思想[*]

邵　然

摘要： 以"一纵两横"的方式切入马克思人类学哲学思想，是深入理解和丰富拓展该理论的一条绝佳路径。从哲学史的角度出发，既指明西方人类学思潮以及改革开放以来人类学在中国的发展是马克思人类学哲学产生的"过去"；又阐明马克思关于人类解放的新世界观及其"术语的革命"是马克思人类学哲学探讨的"现在"；同时强调，诉诸于《资本论》的人类学哲学是马克思人类学哲学探索的"将来"。"过去""现在"和"将来"三个维度共同构筑了马克思人类学哲学研究中的"一纵"。而马克思人类学哲学同人学、实证人类学等西方人类学思潮的关系，以及该思想所固有的现实政治意义，则分别构成了研究中的"两横"。然而，只有真切地理解马克思人类学哲学思想的批判特性，才能为完整地领会并继承发展这一思想奠定坚实的理论基础。

关键词： 马克思人类学哲学；"一纵两横"；"术语的革命"；批判性

21 世纪是人类学的世纪，哲学将要由人类学来取代。这是海德格尔在对西方传统形而上学进行深刻反思的基础上，做出的"时代诊断"。海德格尔说："在今天，有一种思想是人人都熟悉的，那就是'人类学的'思想。这种思想要求：世界要根据人的形象来解释，形而上学要由'人类学'来

---

　* 本文是国家社会科学基金青年项目"《资本论》的人类学哲学思想研究"（项目号：19CZX001）的阶段性成果。

取代。"① 并解释说:"现代这个新时代的新特征在于:人自发地靠自身的能力设法使自己对他在存在者整体中间的人之存在感到确信和可靠。"② 另外,海德格尔又对马克思的哲学思想给予过高度评价,他说:"所以马克思主义关于历史的观点比其余的历史学优越。但因为胡塞尔没有、据我看来萨特也没有在存在中认识到历史事物的本质性,所以现象学没有、存在主义也没有达到这样的一度中,在此一度中才可能有资格和马克思主义交谈"③。

因此,把"人类学"和马克思主义哲学在"历史事物的本质性"中结合起来,对马克思主义进行"人类学"的理解,这无疑是21世纪哲学发展,尤其是马克思哲学发展的新方向。④ 令人欣喜的是,这项工作已经有学者在开展了。在中国,苗启明研究员通过辛勤耕作,率先提出并构建了"马克思人类学哲学思想"⑤。可以说,马克思人类学哲学思想,是一套具有深刻内涵、丰富内容和新颖形式的开创性、创新性理论。但是不容否认,由于这一理论的提法较新且内容庞博复杂⑥,对于想要深入理解它并在今后进一步拓展和发展该理论的学者,就有个"如何切入"的问题。在我看来,对于马克思人类学哲学思想,可以通过"一纵两横"的方式进行先行把握并与之照面。

一 探索马克思人类学哲学思想中的"一纵"

何谓"一纵"?"一纵"是指从思想性的历史(哲学史)出发,来理解和阐释马克思人类学哲学思想。具体而言,就是从"过去""现在"和"将来"这样三个哲学史的维度来把握和拓展马克思人类学哲学思想。第一,关注马克思人类学哲学思想的"过去",就是关注并考察这一思想产生的历史性前提,亦即关注并考察这一思想产生的"合理性基础",该基础构成了马

---

① [德]海德格尔:《尼采》(下卷),商务印书馆2002年版,第762页。
② [德]海德格尔:《尼采》(下卷),商务印书馆2002年版,第765页。
③ 袁贵仁、杨耕、吴晓明主编:《当代学者视野中的马克思主义哲学:西方学者卷(上)》(第二版),北京师范大学出版社2012年版,第38页。
④ 至少在海德格尔看来,这是一条切实可行的道路。
⑤ 苗启明在对马克思主义进行人类学理解的基础上,率先提出了马克思人类学哲学思想,并且至今已在这一方向上发表了30多篇论文,出版6本学术专著。
⑥ 该理论是苗启明于2003年提出来的。

克思人类学哲学思想产生的"充分条件"。诚然，这个历史性前提不仅包含着西方自文艺复兴时代以来人的自我发现，而且包含着启蒙运动中主体性的凸显和西方思想界中的人类学转向，还包含着西方后现代哲学对传统"同一性形而上学"的反驳、进而对人本身的某种碎片化和独特性的强调；而且这个历史性前提还更为切近地引导人们去深入挖掘东方，尤其是挖掘当代中国的马克思人类学哲学产生的思想史背景。

　　首先探讨西方人类学产生的思想史背景。自文艺复兴和启蒙运动以来，伴随着工业革命、科学技术革命和社会政治革命的发生发展，人的主体地位得到了前所未有的凸显。彼时，人类的进步精神穿越了"神圣形象的统治"，而要求对人的生命、人的尊严、人的自由、人的平等、人的正义、人的创造、人的理性等一系列涉及人的问题给予强烈关怀和关注。由此产生的现代性问题，使人的地位超越了神的地位，使主体的地位超越了客体的地位，使现代哲学中自然科学的实证倾向超越了传统哲学中形而上学的思辨倾向，因此，"对宗教的批判基本上已经结束"[①]。在这样一种思想性的历史背景下，"其中重要的一支，有如海德格尔所说，是由形而上学转向人类学，它最初的特征是：以人的某些特性为据点理解人和理解世界。这在与黑格尔同时代的叔本华那里就已开始了。这些倾向，客观上导致了以客体为本位、为主体的形而上学哲学的终结，和以人类为本位、为主体的哲学的兴起。这可以理解为人类学思潮导致的哲学的人类学转向"[②]。在苗启明看来，从叔本华、尼采的生命哲学和意志哲学到青年黑格尔派的"自我意识"，从克尔凯郭尔、海德格尔的存在哲学到费尔巴哈的类哲学，从施蒂纳的个体生命哲学到弗洛伊德的性本原哲学等，无不潜含着哲学的现代人类学转向这个重大主题。这是因为，上述现代西方哲学虽然表现形式各有不同，但它们有一个共同特点，即它们都是以反驳作为西方形而上学之顶峰的黑格尔哲学为目的，从反驳黑格尔的那个"无人身的理性"中发展起来的。总而言之，现代西方哲学既反对把黑格尔的"绝对精神"作为其形而上学的本体论基础，又反对把思维和存在、主体和客体统一于那个唯

　　① 《马克思恩格斯选集》第 1 卷，人民出版社 1995 年版，第 1 页。
　　② 苗启明、许鲁洲：《马克思开创的新哲学——人类学哲学及其当代意义》，中国社会科学出版社 2014 年版，第 5 页。

一的"抽象"的"理念",反对把"思想的真正客观性"作为形而上学的认识论基础;因而,现代西方哲学,尤其是欧陆哲学,皆不由自主地转向了作为主体的人本身。但此时,人已经不是作为主体的"人类整体"了,"而是以人类本身的某种特性如生命、意志、性本能等为据点、为本体,理解人并以此理解世界"①。由此便产生了人学、人类学、哲学人类学、实证人类学等一系列现代西方人类学思潮,而这一系列思潮同时也构成了马克思人类学哲学得以出场并同我们照面的"充分条件"。

可以说,苗启明对马克思人类学哲学产生的上述西方思想史背景的把握,是准确而深刻的:他既抓住了现代性对于作为主体的人的凸显这一重要事实,又抓住了后现代性反对"同一性形而上学"而强调并突出作为个体的人的某种碎片化和特殊性这一重要事实,从而推论出作为"新兴哲学"的西方人类学思潮,必然属于"哲学的现代人类学转向"这一重要结论。然而,苗启明在这里没有强调而必须进行追问的核心问题是:构成了马克思人类学哲学产生之充分条件的上述人学、人类学、实证人类学等西方人类学思潮,它们同马克思人类学哲学思想的本质区别在哪里;换言之,马克思人类学哲学在何种意义上超越了上述西方人类学思潮?②

其次探讨马克思人类学哲学在当代中国产生的思想史背景。③ 改革开放

---

① 苗启明、许鲁洲:《马克思开创的新哲学——人类学哲学及其当代意义》,中国社会科学出版社2014年版,第6页。

② 不难看出,对于该问题的探索和回答已经超出了本部分的关于"哲学史"的论域,而我把它放到本文第二部分,即阐释"马克思人类学哲学思想中'两横'"的"第一横"当中去。在我看来,探索并回答马克思人类学哲学同西方人类学思潮(诸如人学、人类学、实证人类学,等等)的关系问题,亦即把握马克思人类学哲学思想"两横"中的第一横,这既构成了马克思人类学哲学产生的"合法性基础"而区别于上述"合理性基础";又构成了马克思人类学哲学产生的"必要条件"而区别于上述"充分条件"。提出并回答马克思人类学哲学同西方种种人类学思潮的"关系问题",是我们探索马克思人类学哲学思想的"重中之重"。

③ 作者的另一篇文章《改革开放40年:走进马克思哲学的四种人类学范式》,从"人类学范式的角度"而不是从"思想史的角度"出发,考察了改革开放40年来,中国学者对人类学范式的马克思哲学的深化。文章指出,以人类学范式为主的马克思哲学的研究主要包括四个方面:其一是由高清海教授开发出来的指向人类未来发展的哲学;其二是以黄楠森教授为主提出的作为一种科学的人学;其三是由俞吾金教授提出的作为马克思主义第四个来源和组成部分的人类学,以及王南湜教授提出的人类学范式;其四是由苗启明提出的马克思人类学哲学。这四种理论虽然没有主观上的继承关系,但客观上都是适应时代需要而向马克思哲学真精神的步步逼近。通过考察发现,前三种范式的研究都比改革开放前更"走近了"马克思,但第四种人类学范式则真正"走进了"马克思的哲学思想,并从而揭示了马克思人类学哲学的一系列真精神。(《思想战线》2019年第5期)

以来，中国学者对马克思人类学哲学思想的研究，主要还是以西方马克思主义者的相关论断为中介和出发点，始源于对青年马克思哲学思想的把握和理解。具体而言，我国学者首先认识到，西方马克思主义者大多依托于《1844年经济学哲学手稿》而从人学、人类学来理解马克思。比如马尔库塞认为，对人的关怀贯穿马克思的一生；弗洛姆则指出，马克思的商品、货币、资本、剩余价值等概念都是人类学范畴，等等。其中，被重点关注的西方马克思主义者当属路易·阿尔都塞，后者认为，青年马克思的哲学思想只是费尔巴哈哲学的再现，因而是一种意识形态，而成熟马克思的经济学理论则是科学，二者之间存在着"认识论的断裂"。言下之意前者是不科学不合理而需要被拒斥的。阿尔都塞的理论表明，马克思的思想原像当中潜在着两条具有异质性且存在着"断裂"的逻辑理路，即意识形态的逻辑和科学的逻辑。据此，孙伯鍨教授在1985年通过对《1844年经济学哲学手稿》的再研究，把这两种逻辑凸显了出来，指出马克思的理论存在着以抽象的人的本质为出发点的"思辨逻辑"和以现实的经济事实为出发点的"科学逻辑"。① 毋庸置疑，孙伯鍨根据阿尔都塞的看法，进一步挖掘马克思理论中这种双重并峙的逻辑，这是我国学者在马克思哲学探索过程中的重要突破。但是，孙伯鍨把"思辨逻辑"与"科学逻辑"对立起来，显现出马克思的思想是从"思辨"走向"科学"，这在本质上仍然是阿尔都塞"断裂论"的再版。在此基础上，王南湜教授于2014年对上述理论进行了重要的深化和拓展。他根据汉娜·阿伦特关于"行动者视角"和"旁观者视角"之区分，以及柄谷行人关于"事前视角"和"事后视角"之区分，进一步把马克思的双重逻辑称为"人本视角（逻辑）"和"科学视角（逻辑）"，并指出这种双重视角（逻辑）以一种"近康德似的""调节性或范导性的关联"贯穿于马克思思想的始终。王南湜强调，在科学逻辑获得充分发展的基础上，对马克思的人本逻辑予以发挥和发展，是马克思主义哲学的完整性要求和当今现实生活的迫切要求。② 但遗憾的是，对于为什么会出现双重逻辑，亦即马克思理论中

---

① 孙伯鍨：《探索者道路的探索——青年马克思恩格斯哲学思想研究》，北京师范大学出版社2017年版，第201—202页。

② 王南湜：《政治经济学批判起点上的人本逻辑和科学逻辑——〈1844年经济学哲学手稿〉的一种后黑格尔主义的阐释》，《哲学动态》2014年第9期。

双重逻辑之存在为何有其必然性，却没有进一步追问。对于这个问题，苗启明于 2017 年进行了回答，他提出了马克思的双重历史使命和双重理论构建：为了解决世界历史基本问题即人类解放问题，马克思诉诸人类学，形成了以人类学为根基的人类学哲学的理论构建；而要解决"劳动与资本的对立"导致的无产阶级的生存解放问题，马克思诉诸经济学，形成了以经济学为根基的经济学哲学构建。但是，马克思的经济学哲学构建是在其人类学哲学的视野下展开的。这种双重理论构建必然产生双重逻辑，即经济学逻辑和人类学逻辑。因此，包括政治经济学批判在内的马克思的全部学说，都可纳入这种由人类学哲学思想所支配并具有双重逻辑形式的理论体系当中，马克思也由此暗示了一个关于全人类解放的人类学哲学体系。①

　　第一，可以说，当代中国马克思人类学哲学产生的历史，就是改革开放以来人类学的马克思主义在中国不断发展的历史。上述学者在这一不断发展的过程中起到了率先垂范的作用。值得强调的是，当代国内外学者对于马克思思想的种种误解，往往由于他们不理解马克思所提出的双重历史使命、双重理论视野和双重理论构建，往往在于他们不理解马克思的关于人类解放和人的自由全面发展的人类学哲学思想。因而，由苗启明率先提出并阐发的马克思人类学哲学思想，在 21 世纪全球化的进程中，在进一步构建新时代中国马克思主义哲学学术体系的过程中，就越发显得弥足珍贵了。这诚如张瑞才研究员所言："只有站在马克思的新的人类学哲学立场上，才能使中国不仅在行动上而且在精神理念上成为世界历史的人类学发展的开拓者。""21 世纪的真正的马克思主义者，应当为建构 21 世纪的马克思主义人类学哲学而抢占理论制高点，掌握话语权。"② 然而，苗启明在这里没有强调而必须进行追问的重要问题是：这样一种从人类学立场出发，以"人类社会或社会化的人类"为"立足点"，研究人的人类学特性、规范人的思想和行为的人类学价值的马克思主义哲学构建，其究竟又具有怎样的现实政治意义呢？简言之，马克思人类学哲学思想具有怎样的

---

① 苗启明：《马克思的双重历史使命、双重理论视野与双重理论构建》，《云南社会科学》2017 年第 6 期。

② 张瑞才：《马克思人类学哲学探索丛书·总序》，中国社会科学出版社 2016 年版，第 4 页。

政治现实意义呢?①

　　第二,关注马克思人类学哲学思想的"现在",就是关注并考察这一思想在当代所具有的主体性和原创性的问题。关于马克思主义哲学的主体性和原创性,孙正聿教授指出:"构建当代中国马克思主义哲学学术体系,'活的灵魂'是马克思的'改变世界'的世界观,根本目标则是实现当代中国马克思主义哲学的主体性和原创性。"② 作为"改变世界"的世界观的马克思人类学哲学及其学术体系,其构建关键也在于深入理解并阐释这一思想本身所固有的主体性和原创性。

　　马克思人类学哲学及其学术体系所固有的主体性,首先表现在这一哲学思想是以"全人类解放"和"人的自由全面发展"为最终目的和理论旨趣的新世界观,是以"人民群众是历史的创造者"为主体的新哲学。关于马克思一生的学说,恩格斯曾予以高度评价,他概括说:"正像达尔文发现有机界的发展规律一样,马克思发现了人类历史的发展规律","不仅如此。马克思还发现了现代资本主义生产方式和它所产生的资产阶级社会的特殊的运动规律"③。马克思既揭示了人类历史社会的一般发展规律,又揭示了资本主义社会的特殊运动规律,从而为人类从必然王国进入自由王国指明了现实道路,为人类解放和人的自由全面发展指明了具体路径。另外,马克思哲学又是人民的理论。它汇集了"人民的最美好、最珍贵、最隐蔽的精髓",代表了最广大劳动群众的根本利益,把人民群众摆在了至高无上的位置。历史上从来没有一个思想家能像马克思那样,把人民群众看成是社会物质财富和精神财富的真正创造者,并从而看成是社会变革中的决定力量。这也就是说,在马克思多层次、多维度的哲学思想中,他的关于人类解放和人的自由全面发展的思想,他的以人民为中心、依靠人民推动历史前进的思想,无疑

---

　　① 同样不难看出,对于该问题的探索和回答也已经超出了本节关于"哲学史"的论域,而我把它放到本文第二部分,即阐释"马克思人类学哲学思想中'两横'"的"第二横"当中去。这是因为,在强调马克思人类学哲学思想的重要理论意义的同时,更要突出这一思想所固有的重大的政治现实意义。因为,"理论"和"现实"在马克思那里从来都是不可分割地紧密联系在一起的,任何关于马克思思想的理论构建,都绝不能脱离其所固有的实践意义。而这正是以"实践"为核心范畴和解释原则的思维方式,在马克思人类学哲学思想中的重要理论表征。

　　② 孙正聿:《构建当代中国马克思主义哲学学术体系》,《哲学研究》2019 年第 4 期。

　　③ 《马克思恩格斯文集》第 3 卷,人民出版社 2009 年版,第 601 页。

具有最大的核心价值和最高的统摄意义。正因如此，我们才说，马克思关于人类解放的新世界观和他的以人民群众为历史主体的新哲学，共同构成了马克思人类学哲学及其学术体系所固有的主体性。

马克思人类学哲学及其学术体系所固有的原创性，则表现在这一哲学思想是当代中国马克思主义哲学所实现的哲学"术语的革命"。"术语的革命"这一提法，最早出现在恩格斯为《资本论》所写的英文版序言中。恩格斯指出："某些术语的应用，不仅同它们在日常生活中的含义不同，而且和它们在普通政治经济学中的含义也不同。但这是不可避免的。一门科学提出的每一种新见解都包含这门科学的术语的革命。"[①] "一门科学提出的新见解"，必然会引发并实现这门科学的"术语革命"。《资本论》作为"一门科学"，它所引发并实现的"术语革命"，也就是马克思反对古典政治经济学的思维方式、价值观念及其现成理论体系，并从而提出了自己的一系列新见解、新观点、新规范的思想的革命。进而言之，《资本论》的"术语革命"，就是马克思通过对构成古典政治经济学的那一套概念（诸如商品、货币、价值、工资等）进行前提批判，并以否定性的反思思维去检视古典政治经济学的各种理论前提，向古典经济学提出新的挑战，从而彻底超越了古典经济学的阶级立场、思维方式和价值观念，使之从根本上发生了变革的思想的革命。单从理论上讲，这一场思想的革命所带来的是一系列新概念的产生及其相关理论问题的重新发现，诸如具体劳动、抽象劳动、劳动力商品概念的产生以及剩余价值理论的重新发现，等等。这些新产生的概念和新发现的理论，使传统的"劳动价值论"得到升华，使《资本论》的"理论总问题"从根本上发生了转变，因而使人们能够真正地"在批判旧世界中发现新世界"[②]。与《资本论》所实现的"术语的革命"作比照，我们因此也可以说，马克思人类学哲学思想所实现的"术语的革命"，也就是站在"人类社会或社会化的人类"的基础

[①] 《马克思恩格斯文集》第5卷，人民出版社2009年版，第32页。

[②] 这种质的转变表现为：从资产阶级的"理论总问题"——如何在资本主义制度下寻找社会财富增长的机制原理，转向无产阶级的"理论总问题"——揭示资本主义的生产方式以及和它相适应的生产关系、交换关系，揭示资本主义条件下的各种物化本质和拜物教性质，从而为消灭剥削、实现人类解放和人的全面发展做准备。

上，从"关于人和人类世界"的人类学立场出发，对传统马克思主义著作或教材中一些与时代脱节、不符合时代精神的旧概念、旧原理等，实施"思想的前提批判"，并产生诸如广义人类学、生存人类学、人类学共产主义等新概念、新范畴、新观点的一场思想的革命。马克思人类学哲学的这场"术语的革命"，借用孙正聿教授的话来表述，"要求我们以'守正创新'的哲学理念……重新阐释马克思主义哲学经典著作中所提出的哲学命题、哲学范畴和哲学原理，重新阐释这些哲学命题、哲学范畴和哲学原理在马克思主义哲学史中的具体内涵和深化发展，重新阐释这些哲学命题、哲学范畴、哲学原理在当代中国马克思主义哲学研究的历史演进和范式转换中的时代内涵和思想内涵"①。正是这个实施了"思想的前提批判"的"术语的革命"，构成了马克思人类学哲学及其学术体系所固有的原创性。

第三，关注马克思人类学哲学思想的"将来"，就是关注并探索在这一思想中可供不断深化和拓展的问题域，也就是关注并探索该思想中可供不断深化和拓展的理论空间和实践领域。海德格尔曾说："追问乃思之虔诚"；爱因斯坦也说过："提出一个问题比解决一个问题更重要"。这些论断表明，对于哲学来说，问即是思；哲学作为人类把握世界的一种基本方式，作为一种理论形态的人类自我意识和人类自我意识的理论形态，其本质重要的一项内容，即是在前人思考的基础之上，不断地对某个问题进行深化和拓展，不断地开拓出新的问题域。"路漫漫其修远兮，吾将上下而求索"，只有这样，才谈得上对已有观念、思想和理论实现真正的继承和超越。对此，黑格尔在《哲学史讲演录》中说得十分精辟："这是我们时代的使命和工作，同样也是每一个时代的使命和工作：对于已有的科学加以把握，使它成为我们自己所有，然后进一步予以发展，并提高到一个更高的水平。当我们去吸收它，并使它成为我们所有时，我们就使它有了某种不同于它从前所有的特性。"②在这种吸收转化的过程中，一种新思想的产生和发展不仅在本质上与此前的哲学有了联系，并因而构筑起自身的合理性基础。更为重要的是，这种新的

---

① 孙正聿：《构建当代中国马克思主义哲学学术体系》，《哲学研究》2019 年第 4 期。
② ［德］黑格尔：《哲学史讲演录》第 1 卷，贺麟、王太庆译，商务印书馆 1959 年版，第 9 页。

思想也因为同它的时代相结合而充满了生命的气息和活力,"它有如一道洪流,离开它的源头愈远,它就膨胀得愈大"①。因而,要关注并探索马克思人类学哲学"这道洪流"中那些可供不断深挖和拓展的问题域,就不仅需要继承和阐释由苗启明率先提出并发展的马克思人类学哲学及其学术体系,更需要将这一思想同我们时代的前沿学术问题相结合,把自己的学术研究和时代体验融入其中,挖掘并探讨那些前人还没有关注过的新的理论空间和实践领域,从而使马克思人类学哲学真正在中国乃至世界"进一步予以发挥,并提高到一个更高的水平"。

在我看来,一方面,《资本论》作为马克思最成熟、最重要的理论巨著,它所蕴含的哲学思想和人类文明新形态等重大理论问题和实践问题,是当前学术界研究的重点、热点和难点,表征着"时代精神的精华"和"人类文明的活的灵魂";另一方面,《资本论》深刻批判过的私有财产权、深刻揭示过的资本运动逻辑和人类解放逻辑的关系、深刻开显过的共产主义社会等重要问题,一句话,由《资本论》陈述和反映的人类解放的现实道路②,又表征着《资本论》是一部关于马克思人类学哲学思想的最重要的理论著作。因此,把马克思人类学哲学思想诉诸《资本论》,在挖掘《资本论》所蕴含的人类学哲学思想的同时,又使人们认识到马克思的人类学哲学思想对《资本论》所具有的时代性意义("时代精神的精华")与人类性意义("人类文明的活的灵魂"),这就是我们关注马克思人类学哲学思想的"将来",并发展 21 世纪马克思主义"新哲学"的重中之重。换句话说,《资本论》的人类学哲学思想研究,是一个重要的、可供不断挖掘和深化的问题域,亦即一个可供不断深化和拓展的理论空间和实践领域,这一研究构成了不断深化和拓展 21 世纪马克思主义哲学的一个"必然性的环节"或"环节的必然性",是时代精神对马克思哲学的再呼唤,展示了马克思人类学哲学思想对人类未来发展和人类文明新形态的指导意义,表明了马克思人

①　[德] 黑格尔:《哲学史讲演录》第 1 卷,贺麟、王太庆译,商务印书馆 1959 年版,第 8 页。
②　拙著《〈资本论〉与人类解放的现实道路》(社会科学文献出版社 2018 年版)对这些重要的理论和实践问题进行过较为详细的探索和论述。

类学哲学研究的崭新方向。①

二　考察马克思人类学哲学思想中的"两横"

再探讨"两横"。"两横"中的"第一横",就是对马克思人类学哲学思想中的一个重大前提进行反思和批判。这里的"思想的前提"区别于前面所说的"历史性前提",而与前述的"术语的革命"相同。历史性前提构成的是马克思人类学哲学的"合理性基础"或"充分条件",而"思想的前提"则构成了马克思人类学哲学思想产生的"合法性基础"或"必要条件"。一种理论产生的"合法性基础"或"必要条件"是该理论的"硬核",如果这个"理论硬核"被推翻或被瓦解,那么该理论也将随之崩溃。因此,对马克思人类学哲学的"理论硬核"进行反思,并通过各种合理的论证对其进行"加固",就成为深入阐发马克思人类学哲学的一项"核心内容",它对构建并发展马克思人类学哲学思想具有本质重要的意义。

马克思人类学哲学的这个"思想的前提"或"理论硬核"、这个"合法性基础"或"核心内容",就是指马克思"人类学哲学"同"人学""实证人类学""哲学人类学"等一系列西方人类学思潮的关系问题。众所周知,哲学在经过现代性这面"滤镜"之后,不再高高在上,已经变得同人和人类世界密不可分,脱离了人的世界只能是"有之非有"或"存在着的无"。这正如王庆丰教授所言:"哲学之思看似好高骛远,实则关心的都是与人休戚相关的近身之事。即使古希腊的自然哲学,表面上看是追求宇宙秩序,实际上则是为城邦秩序进行奠基,确立人在宇宙中的安身立命之本。位我上者之灿烂星空,实则是人心中之道德律令。"② 人学、实证人类学等一系列西

---

① 需要强调的是,挖掘并阐释马克思其他重要文本(诸如《哲学的贫困》《人类学笔记》,等等)的人类学哲学思想,也是在"将来"丰富并完善这一思想的一条"重要途径"。但是,一方面,马克思许多早中期的重要文本(如《〈黑格尔法哲学批判〉导言》《1844年经济学哲学手稿》《德意志意识形态》,等等)的人类学哲学思想已经被苗启明深入研究并探讨过;另一方面,上述文本同马克思最成熟的、体系化的、系统化的著作《资本论》相比较而言,从形式上说显得过于单薄了,从内容上说也没有后者这样完整而丰富。因此,在我看来,从三卷本《资本论》及其手稿入手切入马克思人类学哲学思想,才是在将来发展这一思想的一条"最佳路径"。

② 王庆丰:《哲学的切问与近思》,中国社会科学出版社2018年版,第3页。

方人类学思潮的产生都是建立在这样一种现代性的理论背景之中。因此，当有人试图说明马克思哲学也是一种"人学"或一种"实证人类学"的时候，他们当然可以找到相关的大量理论资源来佐证之；然而，问题的关键就在于，这些把马克思哲学降低到了人学、实证人类学、西方人类学等具体科学的人类学思潮，已然丧失了马克思哲学对于"现实的人"进行考察和把握的内在宗旨；而被我们称为"人类学哲学"的这种马克思哲学思想，就不会有这种缺憾。所以，当前值得深入探讨的核心问题是，马克思人类学哲学究竟是一种怎样的人类学—哲学学说，这种学说与我们通常所理解的"人学""实证的人类学"或"哲学人类学"等一系列西方人类学思潮，究竟有什么样的区别？换句话说，马克思人类学哲学究竟在什么意义上超越了这些通常意义上的西方人类学思潮？如果不把这些问题搞清楚、说明白，那么，马克思人类学哲学在当下各种思想风暴的席卷中无疑也是很难把持住自身的。令人高兴的是，苗启明已经对此作出了富有创新性和启迪性的论述。

苗启明认为，马克思人类学哲学思想同人学、实证人类学等西方人类学思潮的根本性区别在于，前者是站在马克思思想中哲学性、价值性的"广义人类学"范畴的高度上运用"人类学"这一概念，而后者通常只是在"狭义人类学"范畴的高度上运用之。那么什么是"广义人类学"和"狭义人类学"呢？"广义人类学概念，是一个哲学性、价值性范畴。从外延上说它是对人类作为人类这种存在物的指称，从内涵上说它是对人类这种存在物的生存发展运动特性的把握。这一思想源于西方哲学对人的价值、人的使命、人的尊严、人的命运、人的特性等的哲学关注，也来源于德国哲学通过对人的直接哲学解释来间接理解客观世界的人类学转向，在这个哲学的人类学转向的意义上，广义人类学是对第一哲学的地位的继承。马克思既批判地继承了这种广义人类学思潮，又批判地发展了德国哲学的人类学转向，创立了他的作为第一哲学的人类学哲学。马克思对人类命运的强烈关心和对人类解放的追求，都是建立在这种广义人类学基础之上的。所以，我们用广义人类学对马克思哲学思想进行指称。而作为广义人类学的马克思人类学哲学，与通常人们所理解的即具体科学中的'人类学'不同，后者属于狭义人类学范畴，包括作为具体科学的实证人类学，作为哲学的一个新兴部门的哲学人类学这种具体学科，等等。"① 苗启明指出，马克思在其著作中大量使用过的诸如"现实的个人""社会化的人""人的社会化"等关于"人"的概念，都是在上述哲学性的广义人类学高度上来阐释的，这样的"人"不是指抽象的、具有共同类本性的"一般人""唯一者""类"，等等，而是指生活在"现实历史"中的、从事具体生产活动的"现实的人"。

笔者以为，马克思人类学哲学是在广义人类学概念的基础上产生的，是一个哲学性、价值性的范畴，它本质上是一种哲学而非人类学，因而是"现实的人及其历史发展的科学"。而哲学人类学、人学以及实证人类学等一系列提法，不管它们在具体的内涵上如何不同，不管要对它们做出如何细致的概念辨析，但它们至少有一个共同点，那就是它们都归属于西方人类学思潮②，都只能是导向一种人们通常所理解的狭义的人类学范畴。这种狭义人类学范畴要么把具体的现实的人作为抽象的人性、作为"本真人""一般人"来考察（如哲学人类学、类哲学、人学等），从而使人们把人类学的马克思主义最终仅仅看成是一种意识形态（这种意识形态归根结底仍然属于资产阶级的"科学"而被阿尔都塞深刻驳斥过）；要么把具体的现实的人作为可以被量化的、被实证化的研究对象来考察（实证人类学等），从而使人们把人类学的马克思主义最终仅仅看成是一种可证实或证伪的经济的自然科学（这种经济的自然科学归根结底仍然属于资产阶级的"科学"，曾被第二国际的所谓正统马克思主义者们奉为圭臬而被卢卡奇、柯尔施等早期西方马克思主义者深刻驳斥过）。事实上，对于这种狭义人类学范畴中的"人"，马克思曾深刻地批判过，他说，人们的这个脱离了现实事物的观念和思想，必然不是以现实的个人，而是以哲学观念中的个人，以脱离了自己的现实而只存在于思想中的那个"人"，也就是人的概念为其基础。在这种以"人的概念为其基础"的狭义人类学范畴视域下，马克思关于人类解放以及人的自由全面发展的学说，只能是要么被归结为人性的光辉而成为没有意义的宗教式陈述，要么再次被导向"和平长入社会主义""坐等共产主义到来"的修正

---

① 参见苗启明的国家社会科学基金后期资助项目《马克思人类学哲学：开辟人类学时代的新哲学》（18FZX002）之"最终成果简介"的"附注"。

② 对西方人类学思潮产生的思想史背景的探讨，请看本文"一、探索马克思人类学哲学思想中的'一纵'"。

主义,而同"现实的人及其历史发展的科学"毫无关系了。因此,马克思人类学哲学必须在广义人类学范畴的基础上才能得到自我确证,也才能在本质上同西方的一系列人类学思潮区别开来,进而真正树立起自身的"合法性基础";马克思人类学哲学也正是在广义人类学范畴的意义上,区别于人学、哲学人类学、实证人类学等狭义人类学范畴。

"两横"中的"第二横",即是指在强调马克思人类学哲学思想的重要理论意义的同时,更要突出该思想所固有的重要的现实政治意义。恰如马克思首先是一位革命家一样,任何对于马克思主义的界说和阐释,都不能有意无意地忽略了包括马克思本人在内的所有马克思主义经典作家的现实政治活动。就马克思人类学哲学思想所蕴含的重要的现实政治意义而言,苗启明明确指出:"马克思哲学思想的超越性在于,他在全球化开始时代所构建的人类学哲学,是适应全人类进入'和平、发展、合作、共赢'的人类学时代的新哲学。深入研究这一哲学,弘扬这一哲学,既能让马克思重返当代世界历史发展进步前沿,又能弘扬这一哲学在中国,在思想理论上走在当代文明发展前沿,引领人类文明的人类学发展方向。……在这一发展大势下,我们必须研究和弘扬马克思的人类学哲学和其人类学价值精神,让马克思的人类学哲学思想成为推动和引领世界的人类学发展的伟大精神力量"。苗启明这一带有宣告性质的表述,是对马克思人类学哲学思想所固有的现实政治意义的精辟概括,值得我们进一步阐释和拓展。

当今时代的全球化,本质上是资本的全球化,资本逻辑仍然统治着世界上绝大多数国家、统治着我们的时代,资本逻辑渗透在社会的方方面面,并从而表征着我们时代的"时代精神"。然而,"资本主义生产的真正限制就是资本自身"①。从理论上说,资本的运动逻辑会使剩余价值规律和价值规律在资本主义社会发生最为激烈的冲突,从而导致世界性的周期性经济危机的爆发;从现实上讲,这种世界性的周期性经济危机的爆发,会直接导致全球范围内贫富分化加剧、南北差距扩大、宗教对立加深、政治霸权增强、恐怖主义蔓延、暴力冲突不断、资源日趋枯竭、生态问题频发等一系列全球性问题。其中,核武器作为悬挂在人类头上的"达摩克利斯之剑",更是使人

---

① 《资本论》第3卷,人民出版社2004年版,第278页。

类的生存和发展直接面临着前所未有的巨大威胁，使人类文明的延续和进步直接面临着不可避免的严峻挑战。正是在这样的大背景下，以广义人类学为基础的马克思人类学哲学思想的诞生，正是人类解放的内涵逻辑在社会条件下自我展现的理论表征。

人类解放逻辑是对资本运动逻辑的反抗、驯服和瓦解，表现为资本运动逻辑的一种内在超越和自我否定的力量。"马克思的人类学哲学既是当时（自由资本主义时代）人类抗击资本逻辑扩张而保卫合理生存逻辑的哲学，也是当今（全球化时代）人类抗击资本逻辑扩张而保卫合理生存逻辑的哲学。在这个意义上，它完全是我们这个时代的哲学，是对当代世界的历史发展具有重要的批判革新意义和探索规范意义的哲学。"① "保卫合理生存逻辑"并抗击"基本逻辑扩张"的社会发展过程，即是一种用人类解放逻辑去反抗、驯服并最终瓦解资本运动逻辑的社会发展过程。在马克思所处的维多利亚早期工业资本主义时代，这种人类解放的逻辑主要表现为"反抗资本的逻辑"，通过经济斗争、政治斗争和革命运动，使民族国家中的工人阶级获得政治解放，使资本逻辑对人的生存的侵犯得以抑制。在今天，这种人类解放的逻辑主要表现为"驯服资本的逻辑"，要求国际社会从经济发展、安全格局、文明交流、生态建设等重大方面出发，建立一种反对霸权主义、坚持对话协商，反对单边主义、坚持多边主义，反对恐怖主义、坚持共建共享，反对保护主义、坚持合作共赢，反对种族歧视、坚持交流互鉴，反对环境破坏、坚持生态文明的国际社会新秩序和人类文明新形态，也就是"铸剑为犁、构筑人类命运共同体"。在将来，这种人类解放的逻辑则主要表现为"瓦解资本的逻辑"，通过彻底扬弃私有财产、消灭私有制，彻底消灭人与人之间进而人与自然之间的奴役关系，使人实现对自己本质的真正占有，使人向合乎人性的自我复归，一句话，使人类获得自由解放而真正步入共产主义。不难看出，这种人类解放的逻辑不管是表现为过去的"反抗资本的逻辑"，还是表现为当下的"驯服资本的逻辑"，抑或是表现为将来的"瓦解资本的逻辑"，作为人类价值诉求与现

---

① 苗启明、许鲁洲：《马克思开创的新哲学——人类学哲学及其当代意义》，中国社会科学出版社2014年版，第324页。

实社会运动的统一，人类解放的逻辑一定属于马克思人类学哲学思想的题中应有之意，其固有的本性一定使其指向了马克思人类学哲学思想的现实政治意义，并值得人们深长思之。

三　余论：一个必须重视的问题

根据上面的分析可知，马克思人类学哲学是马克思从人类学立场出发，对人的人类学特性进行哲学把握，并据此理解人和人所面对的人化世界的新哲学，是由苗启明率先提出的创新性理论。它为人们如何从哲学上认识和把握人和人类世界奠定了重要理论基础，是使马克思主义哲学在中国大地上继续发展壮大并进而走向世界性人类文明新形态的一种重要学术思想，是使马克思主义哲学在改革开放 40 年来不断深入拓展并进而走向 21 世纪这一人类学时代的一项重要理论构建。它所展现出来的丰富的理论内涵和复杂的思想体系不是一两句话就能加以概括和说明的。所以，必须以"一纵两横"的方式从整体上首先对这一哲学思想进行把握和阐释，亦即从整体上为学术界的探索提供一种切近的思维方式和研究方法，才有可能真正深入到这一宝库中去一探究竟。

但是，以"一纵两横"的方式去把握马克思人类学哲学思想，还有一个极其重要的问题需要特别强调，那就是马克思人类学哲学所固有的"批判性"需要被特别强调并高度重视。这是因为，在当前马克思人类学哲学研究的过程中，人们往往过于强调并关注对这一思想及其学术体系进行理论"构建"，而自觉或不自觉地忽略了这一思想本身所具有的"批判"作用。毋庸置疑，"批判性"是马克思哲学乃至整个马克思主义的重要特性，表征着作为"一整块钢铁"的马克思主义的核心精神，构成了马克思恩格斯等革命家进行现实的伟大革命斗争的"阶梯"和"支撑点"。哪怕是对于共产主义这一最高社会理想的价值承诺，马克思也正是在对资本主义的社会现实进行"无情批判"的基础上展开的。正是在"批判""资本主义生产方式以及和它相适应的生产关系和交换关系"的基础之上，马克思才真正找到了"炸毁资本主义外壳""敲响资本主义私有制丧钟"的人类解放的现实道路，实现了"在批判旧世界中发现新世界"的理想之维和现实进路。[①] 因此，在马克思人类学哲学的探索过程中，也必须要关注并强调这一思想所固有的"批判性"，从而使表征着马克思哲学真精神的人类学哲学思想在守正创新中深入发展下去。

在我看来，马克思人类学哲学思想的批判性集中地体现在两个方面：一是它重点批判了以"抽象人性论"作为立论依据的、狭义人类学意义上的一系列西方人类学思潮；二是它重点批判了诸如个人主义、享乐主义、拜金主义、利己主义等一系列关于人的资本主义的意识形态。首先考察第一个方面。如前所述，西方的狭义人类学往往把"抽象人性论"作为其立论依据，喜欢鼓吹人类具有"共同的人性"或"类本性"，鼓吹人的"普世价值"，认为存在着"一般的人""本真的人"。[②] 但是，马克思早就说过："人的本质不是单个人所固有的抽象物，在其现实性上，它是一切社会关系的总和。"[③] 马克思人类学哲学正是以这个"社会化的人类"作为"立脚点"和立论依据，来观察并揭示人和人类世界的。在马克思人类学哲学思想中，人性一定是由社会生产方式以及和它相适应的社会关系决定的，人在社会生产及其关系中所处的地位不一样，人性就不一样。比如，以西方人类学家喜欢强调的"爱"为例，在马克看来，资本家的"人性"，本质上是资本的无限增殖其自身的"个性"，资本家的"爱"，本质上是对货币增殖的"欲望"；根本不存在资本家阶级对雇佣工人阶级的所谓"同情"和"关怀"，也不存在前者对后者的"爱"。因此，并不存在一种全人类共有的抽象的人性，也并不存在由这一抽象所推导出的所谓"普世价值"。对此，毛泽东同志曾精辟地指出："有没有人性这种东西？当然有的。但是只有具体的人性，没有抽象的人性。在阶级社会里就是只有带着阶级性的人性，而没有什么超阶级的人性。我们主张无产阶级的人性，人民大众的人性，而地主阶级资产阶级则主张地主阶级资产阶级的人性，不过他们口头上不这样说，却说成唯一的人性。"[④] 这样，马克思人类学哲学就从根本上否定了西方人类学思潮中的

---

① 《资本论》第1卷，人民出版社2004年版，第8、874页。
② 具体还可参见本文"二、考察马克思人类学哲学中的'两横'"中的相关内容。
③ 《马克思恩格斯文集》第1卷，人民出版社2009年版，第501页。
④ 《毛泽东选集》第3卷，人民出版社1990年版，第827页。

"抽象人性论",否定了"唯一的人性",并指出"一般人""本真人"等在现实社会中是不会存在的这一重要结论。

　　继而考察第二个重要方面,亦即考察马克思人类学哲学对关于人的资本主义意识形态的批判。在马克思主义看来,个人主义、拜金主义、享乐主义、利己主义等一系列同人相关的资产阶级意识形态之产生,根本上是源于资本主义的生产方式及其所导致的资本主义拜物教。而后者则是指,在资本主义条件下,人与人之间的社会关系"在人们面前采取了物与物的关系的虚幻形式"①,从而使人的社会关系被物的关系所掩盖的社会事实。由于在现代资本主义条件下,人们之间的真实社会关系被"资本"这一"非神圣形象"掩盖了,资本成为事实上的"普照的光"和"特殊的以太"。于是,人们在这一"普照光"的照射下,对由自己劳动所带来的自我实现的追求就退化成一种极端个人主义的追求,对由自己劳动所创造的物质财富的追求就退化成一种拜金主义的追求,对由自己劳动所带来的幸福感的追求就退化成一种享乐主义的追求,而人们在自己劳动过程中体验到的舍己为人、无私奉献等一系列高尚精神,则退化成一种低劣的利己主义追求。正是在同这些"退化"进行对抗的基础之上,在同资产阶级的关于人的意识形态进行对抗的实践意义上,马克思人类学哲学最为充分而具体地表达了自己的批判特性。这正如苗启明所作的论断,马克思人类学哲学"作为从人类学价值高度对一切进行合理性审思与合法性批判的理论,可以和每个时代、每个社会的具体的现实问题相结合,成为批判当代世界的任何不合理、非法性存在的哲学,可以与最进步的社会思潮相结合,不断为解决时代问题、推动时代发展提供人类学哲学的价值依据。因为,马克思人类学哲学的根本精神,它的当代战斗精神,它的反剥削、反奴役、争自由、要平等的战斗精神,要求每一个时代的马克思主义者,都要针对其现实世界的社会基本问题,进行审思、批判、改变"②。具体而言,要批判、反对并抵制拜金主义、享乐主义、利己主义等一系列同人相关的资产阶级意识形态,必须形成把国家和人民的利

---

　　①　《资本论》第1卷,人民出版社2004年版,第90页。

　　②　苗启明、许鲁洲:《马克思开创的新哲学——人类学哲学及其当代意义》,中国社会科学出版社2014年版,第341页。

益放在首位而又充分尊重公民个人利益的社会主义义利观，必须形成健全有序的社会主义市场经济和社会生活规范，必须培育并践行社会主义核心价值观，遏制腐朽思想和丑恶现象滋生蔓延，并从而构筑起中国特色社会主义现代化建设的共同理想、价值观念和道德规范，而这正是马克思人类学哲学批判性的第二个方面所给予我们的重要启迪。

总之，在以"一纵两横"的方式去把握、阐释、深化、拓展马克思人类学哲学思想的过程当中，除了要重视并强调该思想所具有的原创性、创新性及其理论建构性之外，也要强调该思想所固有的批判性。因为人类学哲学本质上是一种符合马克思主义战斗精神的哲学，是反对剥削、反对奴役，并对现存的一切展开无情批判，进而寻求人类解放的现实道路和人的全面发展的新哲学。

（原载《学术探索》2020 年第 2 期，发该文集时略作修改。

邵然，云南省社会科学院哲学研究所研究员）

彰显与建构：马克思人类学哲学评略

王海东

摘要： 苗启明研究员投身于马克思哲学研究，构建出马克思人类学哲学思想，为对治时代问题提供了启迪。

关键词： 全球化时代　人类学哲学

一

作为纯思的哲学，始终是以四海为家，如丧家之犬，惶惶不可终日，东游西荡，不以某一学科为归宿，亦不奉某一学说为圭臬；始终是以怀疑的眼光审视一切思想，随时展开批判的思想之战，思不止，战未休；始终是以孤侠的勇气另辟蹊径，寻求思想的创新，开创一片新的思想领域，照亮人类前行的黑暗之路。故而，一部哲学史就是哲学家们的思想创造和勇气的见证书。亦唯有哲学时时充满着创新的激情与勇气，方能引领人类思想的步伐向前迈进。

在马克思主义中国化、时代化和大众化的过程中，虽已硕果累累，但苗启明研究员仍以超凡的勇气和智慧，揭示出马克思学说的新秘密，构建出马克思人类学哲学思想，为对治时代问题提供新方略。

二

伟大的哲学家马克思为人类社会的发展指明了方向，其思想宏富难测，的确值得不断学习、挖掘和阐发。苗先生不顾年事已高，依旧投身于马克思哲学研究，令人感佩。他将"刺猬精神"发挥得淋漓尽致，深耕细作，几十年专心研究马克思哲学思想，通过对《巴黎手稿》《关于费尔巴哈的提纲》《德意志意识形态》《资本论》《路德维希·费尔巴哈和德国古典哲学的终结》以及《帝国主义是资本主义的最高阶段》等马克思主义经典文本的深研，发现另一个"隐匿的马克思"——"那一向被埋没、被曲解、被压抑的马克思的广义人类学方向的理论构建，就不能不被发现、被发掘出来"，他名之为"马克思人类学哲学"。所谓人类学哲学，"可以这样理解：它是从人类学立场出发，研究人和人类世界的人类学生成、人类学活动、人类学发展，并为此批判一切不合理非法性关系，追求全人类每个人与一切人的合理生存、健康发展与走向自由解放的哲学"①。从广义人类学与世界哲学来阐释马克思哲学，这既是人类学的立场，也是哲学的立场，将二者结合也是思想发展的自然结果，此前便有康德、舍勒、海德格尔和维特根斯坦等许多哲学家都倡导哲学人类学。

　　为了使其发现具有科学性与合理性，苗先生进一步阐发相应的原理、立场、方法和宗旨，以形成一个完整的理论体系。马克思的人类学—哲学是一门关怀全人类的合理生存与健康发展的哲学。该理论包含着七大原理：人与自然界的生态一体性原理、人的自由发展和社会组织优化原理、以"合理的物质转换"为最高的生态价值原理、以社会公平正义和公共人本价值为立场的原理、革命批判性原理、实践原理以及解决当代世界问题的原理。② 以"现实的个体的人"为初始立场。由人类学立场、人类学唯物论和人类学世界观对世界的把握，共同形成马克思的人类学哲学方法论。其宗旨是"针对人和人的生存世界及其在不同历史时代的生存发展问题，提出既有人类学价值高度，又是时代精神所要求的解决之道"③。

　　然而，苗先生并没有止于一种纯粹的理论构建，在彰显被隐匿的马克思学说时，犹如密涅瓦的猫头鹰展翅高飞，俯瞰马克思中国化的诸种理论和人

---

　　① 苗启明：《从人类学哲学视域对马克思〈关于费尔巴哈的提纲〉的新理解》，《思想战线》2018年第6期。
　　② 参见苗启明《马克思关于人和人类世界的哲学建构》，中国社会科学出版社2018年版，代序。
　　③ 参见苗启明《马克思关于人和人类世界的哲学建构》，中国社会科学出版社2018年版，代序。

类学的状况，一再表明以往诸多学说的局限性，以及马克思人类学—哲学的
创新性。要言之，苗启明从哲学基础、哲学使命和哲学体系三个维度论证马
克思的人类学—哲学不同于哲学人类学，且要优于后者，当以人类学—哲学
作为未来的世界哲学。

于是，他竭力超越"坐在扶椅上"的哲学家——"传统的哲学方法就
是那些扶椅式的方法：它们建构思想，但不与扶椅之外的世界有任何具体的
相互作用，诸如典型涉及的测量、观察或实验。"① ——与书斋外的世界发
生联系，深入认知整个世界，且要提供新的方剂。坐在扶椅上的哲学家，虽
能做纯思的形而上学，生产"概念"和话语，深耕文本，批判一切思想，
也能建构哲学系统，但却无法保证其哲学的真理性和实践价值。在当今知识
论极度发达的时代，许多哲学家不得不退守书斋，不得不专注纯思，而放弃
对社会现实的亲历。那么，也就产生了不少"深宅哲学家"，他们领着丰厚
的薪水，身居大厦，甚至是豪宅，坐在松软舒适的扶椅上，喝着咖啡或茶，
听着高雅的音乐，敲打着键盘，源源不断地生产着论文，而资料则来源于网
络，宅于书房，几乎足不出户，生活也由网络平台解决，对世界的了解也是
基于网络虚拟空间。他们为哲学做出了不少贡献，使得哲学更为专业，更为
精深，但是社会的问题和灾难，好像很少进入他们的视域。而已是耄耋之年
的苗先生，仍旧关切着现实，对人类的时代状况有着深刻的认识，当前人类
共同面临着诸多问题和挑战：种族冲突、国家战争、贫富差距、恐怖主义、
资源约束、环境污染、安全风险，等等。这些难题，则是构建人类命运共同
体所亟须解决的时代重大问题。

正是基于全球化的时代问题，苗启明认为，当代的时代精神就是由世界
历史时代向人类学时代转变的时期，因而是人类学精神日渐发扬的时代。这
一判断固然没错，宽泛而言，其实自人类进入文明时代以来，就一直是人类
学时代，因为人类关切自己胜于一切，还没有觉悟到不以自我为中心，而更
为关切自然、万物和宇宙。不过，他的根据则是"这里所谓人类学或人类学
时代，既是个历史发展范畴，也是个哲学价值范畴，它指的是人类力争按其
良好本性的自我实现和相互促进的发展过程。人类学时代的最根本的特征，

---

① ［英］T. 威廉姆森：《坐在扶椅上能追求到什么？》，陈常燊译，《世界哲学》2009 年第 5 期。

就是人类赖以生存的人与自然、人与人的基本生存关系，由盲目的必然性的统治，转化为由人类理性的自觉而合理的调控，从而为人类的合理生存奠定基础的时代"①。这样的见识已经走出了人类中心主义，近似生态主义及存在主义，具有世界性和前瞻性。

那么，面对这样一个问题层出不穷的世界，苗启明研究员所开出的方剂就是全面发展马克思人类学哲学思想，从而能够对治时代顽疾。"马克思哲学思想的超越性在于，他在全球化开始时代所构建的人类学哲学，是适应全人类进入'和平、发展、合作、共赢'的人类学时代的新哲学。深入研究这一哲学，弘扬这一哲学，既能让马克思重返当代世界历史发展进步前沿，又能让弘扬这一哲学的中国，在思想理论上走在当代文明发展前沿，引领人类文明的人类学发展方向。……在这一发展大势下，我们必须研究和弘扬马克思的人类学哲学和其人类学价值精神，让马克思的人类学哲学思想成为推动和引领世界的人类学发展的伟大精神力量。"其勇气可嘉，胆识过人。不过就此而论，他思考的是作为类的人的命运，却少有对作为个体的人之命运的关照，更缺乏对本民族的反思和批判——那些无法忘却的苦难，还没有从他的指尖敲出来。毫无疑问，每一位哲学家、宗教家和思想家，都要回答这样的时代之问：这个时代将向何处去？未来会更好吗？

由此可见，哲学家通常有着过人的勇气和非凡的豪气，不时开一些治疗时代病症的药方，俨然一个伟大的政治家；通览哲学史，不难发现——哲学家们都无法抑制这样的激情，开出一大把的药方，虽也会切中时代病一二，但却成了政客们的幌子，沦为政治统治术的工具。同时，也将理性的狂妄呈现出来，哲学家们忘却了最古老的告诫：自知己之无知。缺乏应有的自知之明，自以为认识自己，认识世界、认识宇宙，渴望为自然和社会立法，却不知带来了不少灾难。

如今，科学技术高度发达，已经解决了许多问题，极大地拓展了人类的认知领域和极限，以往许多不敢想象的东西，都已成为现实，潜在的想象已然是现成之物。随着人工智能时代的来临，那些以理性、语言、逻辑、劳动

---

① 苗启明：《西方哲学的人类学转向与马克思对人类学哲学的开创》，《深圳大学学报》（人文社会科学版）2012 年第 3 期。

和实践等概念定义人的理论，虽然可以厘清人禽之辨，却已无法辨别人机之异。即面对强大的科学主义潮流，人文学者必须具备基本的科学知识，及时吸收科学成果，寻找新的理论边界，以免因理性的狂妄而制造出新的问题。因此，对待宏大的时代问题、时代精神以及未来走向，哲学家的回答须慎之又慎——我无法确知能否见到明天的日出，我对宇宙的认知几乎为零，我连自己都没有认清，因而我无法确知人类的未来。当然，凭借阅历、经验、学识和研究，哲学家也能开出些时代药方，提供些时代性建议，但这并非绝对是真理的显现，切不可以真理的使者自居。

在比较哲学人类学和人类学哲学时，苗先生对人类学和哲学人类学的理解有着难以抹去的"先见"，缺乏深入的研究，自行赋意的色彩稍显浓厚。他认为，"人类学是关于人类的科学，是关于人类的一般本性和它的社会文化生活方式的科学。如果这是正确的，那么，人类学哲学则是在这种科学的基础上，进一步从人与自然、人与人的根本关系，研究人类如何能够合理生存、健康发展并不断走向自由解放的哲学。"然而，学界对何为人类学却有多种见解，其中"大人类学"是无所不包的"大学科"，是自然科学和人文科学之间的桥梁，泰勒将之定义为：人类科学的各部门是极为多样的，扩展开来可分为躯体与灵魂，语言与音乐，火的取得与道德。① 后来便分化为文化人类学和体质人类学，前者涵盖人文社会科学领域，后者涵盖科学考古领域。② 如此比较，则人类学和人类学哲学基本一致；然而由于知识的发展与庞杂，且举一人之力，无法穷尽所有的学科，故而便有进一步的知识分类，狭义的哲学人类学与文化人类学近似，而广义的哲学人类学则指一切关于人的理论、观点和学说。即广义的哲学人类学其实和人类学哲学并无根本的差异。前者便是基础存在主义的先声，海德格尔多次肯定舍勒对哲学人类学的探究之功。

通过对存在主义哲学和马克思哲学的研究，也不难发现马克思对存在主义有着深刻的影响。从反复被苗先生所引用的海德格尔的两段话中，不仅可以看到"人类学"出场的过程，也可以看到马克思的存在主义色彩。海德格尔对"人类学"有着独特的理解："这个名称并不是指关于人的自然科学研究。

① ［英］泰勒：《人类学》，连树声译，广西师范大学出版社 2004 年版，第 2 页。
② 参阅王铭铭《人类学讲义稿》，民主与建设出版社 2019 年版，第一章。

它也不是指在基督教神学中被确定下来的关于受造的、堕落的和被拯救的人的学说。它标志着那种对人的哲学解释，这种哲学解释从人出发并且以人为归趋来说明和评估存在者整体。"① 显然，他是在为自己的基础论存在主义进行澄清，既不是自然科学，也不是神学，而基于此在的存在论，应从现象学的视域来理解人与存在者的关系。而马克思学说也是从人出发且以人为归宿，是其重要的思想资源。而这样的思想趋势愈来愈显著，逐渐为世人所接受："在今天有一种思想是人人都熟悉的，那就是'人类学'的思想，这种思想要求：世界要根据人的形象来解释，形而上学要由'人类学'来取代。在这有一个要求中，人们已经对人与存在者的关系作出了一个特殊的决断。"② 他所要宣告的是存在主义哲学将要成为思想的潮流。而苗启明先生则将这两段话阐释为：海氏所谓"形而上学要由'人类学'来取代"，表明这种"人类学"是代替形而上学的人类学—哲学，而不是指作为哲学与人类学交叉而成的、作为现代哲学的一个分支的"哲学人类学"。③ 换言之，苗先生在此对海德格尔的引文进行强制诠释，将哲学人类学释为一个交叉分支学，而不是现象学存在论，难以令人信服。类似的过度诠释较多，笔者不再枚举。

概言之，从马克思主义哲学三化的视域审视"马克思人类学哲学"，具有极为重要的意义，一种勇于探索的学术精神激励着青年学人，同时昭示着思想事业的发展与进步；还指出哲学是一门自由的学问，自由地探索和创新，寻求每个人的自由与幸福，个体的真实存在、自由发展以及自我实现是前提，也是目的。进而"追求人类生存关系的合理化，追求人的社会生活的合理化，追求人类精神世界的主导精神的合理化以及追求人类生存环境的合理化。人类学时代的最高价值追求，是自由、真理、正义成为时代的主导精神"。最后实现"人的全面发展"，人们摆脱诸种民族和地域的狭隘眼界，而日渐为世界历史的眼光所替代，人在伦理精神上也日渐为国际主义、世界主义、人类主义所取代，人成为"世界历史性的个人"。④ 这种远大的理想，

---

① 《海德格尔选集》下卷，孙周兴译，上海三联书店1996年版，第903页。
② ［德］海德格尔：《尼采》下卷，孙周兴译，商务印书馆2003年版，第726页。
③ 苗启明：《马克思关于人和人类世界的哲学建构》，中国社会科学出版社2018年版，第130页。
④ 参见苗启明《马克思关于人和人类世界的哲学建构》，中国社会科学出版社2018年版，第256—270页。

揭示出哲学的终极关怀，对人类命运不懈的关注与探索。还要回应时代的急迫问题，切中时代命脉，呈现时代精神。

三

又因苗先生终生致力于学术，成果丰硕，力求创新，故而对于如何做哲学颇有借鉴意义。笔者将哲学家喻为无家可居的流浪汉，即兼具猫头鹰、丧家犬、刺猬和狐狸的优良品格，具有独立人格与自由思想，如丧家犬那般没有门派之争，没有庇护所，又能如狐狸那样能够吸收各家之长；既能像刺猬那样深入系统地从事专业研究，又能走出书斋，深入现实；而后如猫头鹰那样徐徐飞起，俯瞰一切，在批判的过程中，绽放新的思想之花。若从人生诸阶段而言，哲学家的少年似游侠，读万卷书，行万里路，自由洒脱如李白；中年则颠沛流离，无家可栖，过着流浪汉式的生活，情状如苏轼；老年则似云游僧一般，走完千山万水，看破红尘而淡然处之，透彻如慧能。既有猫头鹰的空灵和超拔，反思批判一切思想，又有丧家犬那般置身凡尘，尝尽人间滋味，切中时代弊病，还能像狐狸那样，窥探各家学说，不囿于某派某家理论，却不失刺猬的专注与深邃，才能开创新的思想天地。

但凡以哲学为志业者，不仅要有密涅瓦猫头鹰的智慧，繁华过后，夜幕降临，才"起飞"，考察一切思域；还要有丧家犬的勇气，无家亦无忧，探访四海而无惧，敏锐地嗅到思想的暴风骤雨之兆，并兼具狐狸与刺猬的优秀品格，因缘具足，方可有所建树，蔚然成家矣。

（原载张兆民主编《马克思主义人类学哲学研究》，
云南人民出版社 2020 年版。
王海东，云南省社会科学院哲学研究所研究员）

后　记

　　这本文集选的是 2013 年以来关于人类学哲学的论文。之前的从 2003 年到 2012 年的相关论文，已经选在《苗启明学术文选》中，这是云南省统一组织的《学术名家文丛》之一。其他论文包括马克思生态哲学思想和生态文明的论文都未考虑。之所以这样集中于一个专题，在于这是我退休以来集中研究推出的方向。从 2003 年算起，已经 18 年了。最初是我在中国海洋大学人文社会科学研究院确立的一个校级课题，目标是一本专著。但是，深入研究后我发现，马克思的人类学哲学思想是如此丰富和重要，绝非一两本专著能够把握。从它的内容到它的意义，一下子形成了十来本相关专著内容。到 2008 年，这些专著基本草成。至今已发展为 16 本。

　　我之所以集中于马克思人类学哲学这一专题，在于认定这是我们在 21 世纪发展马克思主义的基本方向。这从本文集就可以看出来。《从世界历史发展看人类学时代的来临与人类学哲学的出场》，主要讲的是人类历史已经进入了人类学发展时代，当代的时代精神，就是全人类走向协同共存的人类学精神。中国领导人对"构建人类命运共同体"的提出，就是这一时代精神所凝结的精魂。《构建人类命运共同体　开辟世界历史的人类学时代》，就是深入把握这一问题的。既然世界历史已经开始进入人类学时代，这就要求马克思主义也要发展到适应人类学时代的要求，成为引导人类学时代发展的思想理论，这样才能推动人类学时代的历史发展。这是提出马克思人类学哲学的时代精神基础。在这个意义上，人类学一词指的是人的世界历史性发展，是个广义的哲学范畴。那么，能不能从广义人类学高度研究马克思呢？这在马克思那里有没有合法性根据？《马克思的双重历史使命、双重理论视野与双重理论构建》就是回答这一问题的。对马克思的这种双重理论构建在 2005 年就发现了，它是支持我从广义人类学高度研究马克思思想的理论根据。这篇论文（后来发展为专著），就是在马克思那里发现的，除了我们通常理解的以阶级性为根基、以经济学为理据的为无产阶级解放服务的阶级性马克思主义即经典马克思主义之外，还有一种一向被遮蔽的以人类性为根基、以人类学为理据的为全人类解放服务的广义的人类学马克思主义理论。专著列出了马克思在经济方面、政治方面、实践论方面、历史观方面以及辩证法方面等的双重理论构建，这是铁一样的理论事实，从而为从人类学方向重新研究马克思奠定了理论基础。《马克思人类学哲学思想在时序中的深入发展》，主要目的是把马克思的人类学哲学思想大体展示出来，为人类学哲学的提出展示马克思的文本根据。这些马克思的文本内容也是理论家们大都知道的，但是，由于没有从人类学高度来理解，就不能把握马克思哲学的真精神，甚至认为这些大都是马克思还不成熟的理论。由此可见从人类学高度来理解马克思哲学思想的重要性。

从 2003 年起我一直在发表这方面的论文，《丛书》第一辑也在 2018 年出版，赶上纪念马克思诞辰 100 周年。但是，学术界至今没有响应，一直没有人从这方面研究马克思。最初我在一些学术会议上提出这些观点时，总是引起人们的不解和惊讶，怎么能以人类学来理解马克思呢！他们把我所提出的广义人类学，直接理解为狭义的实证的人类学这门科学或哲学人类学，而不知道马克思从一开始就是从"自然史和人类史"这种宏观人类学高度研究人类这种社会生命存在物的生存运动本性的，这种从本体性、宏观性、价值性、哲学性的高度对人类这种社会生命存在物的理解，形成了一种宏观人类学精神，这是马克思特有的在那个时代最进步的精神理念。对此应当是"一点"就明白的。所以，我一直不想涉及那些从通常的现成的人类、人类学、哲学人类学等方面对马克思的曲解。但是，人们总是把人类学哲学所使用的"人类学"一词与这些理论混同为一。这种情况使我不能不下力气来强调马克思的宏观人类学精神与这些后来的具体学科的区别。当然，如何把马克思的宏观人类学精神与历史上的人类学思潮、存在主义思潮区别开来，依然是个问题，正如王海东研究员批评提出的，在这方面的理解还需要深入。

这里我想重点强调的是，我院的马列所和我所在的哲学所，从 2004 年以来一直先后反聘我从事这方面的研究。当时的所领导刘阶群研究员和谢青松研究员以及今天的任仕宣所长，深刻理解这方面研究的重要性。周围几位青年马克思主义学者，也开始理解这方面的意义。他们的几篇论文，是国内外仅有的对人类学哲学这一新思想的理解与开拓。其中，张兆民博士的《从范式转换看马克思人类学哲学在哲学发展上的创新》，肯定人类学哲学是对马克思哲学思想的新的理解范式。马超副研究员的《从"人道主义马克思主义"到"人类学哲学马克思主义——论'马克思人类学哲学'当代话语何以可能"》，认为对马克思哲学的人类学哲学的理解，超越了西方人道主义的理解，是对马克思哲学思想的当代合理性的解读。邵然博士的《改革开放 40 年：走进马克思哲学的四种人类学范式》，比较了近年来对马克思哲学思想的"类哲学"解读、"人学"解读、"人类学"解读以及"人类学范式"的提出，最后认为只有人类学哲学的理解真正走进了马克思哲学的精神理念世界。我认为，这些是当前马克思主义学术界对马克思人类学哲学的最重要的理论认识。因此作为人类学哲学的论文选集，不能不选这方面的理论研究。这些论文使我走出孤军奋战的无奈。但是，就全国来看依然并未引起关注和研究。多年来我一直借重《思想战线》发表论文。为了推动这方面的研究，我们商定，每年一期这方面的专题，由我出任主持人。但是，2019年出了第一期后，再也组织不到这方面的稿子。回想起 20 世纪 80 年代实践唯物主义的提出，一下子众家蜂起，有人统计 20 年发表了 2 万多篇论文。虽然它至今还是不少人的信仰，但由于内在的缺陷使它不能全面解释马克思的理论。我在 1985 年也提出对马克思哲学的"实践唯物论"的理解，但很快超越它而走向对"实践的人"的研究。这就是人类学哲学以及人类学唯物主义的提出。然而，至今得不到理解，除了上述几篇青年学者的论文外，至今没有人响应，反差何其大也！我借此提出我的困惑让学术界思考。

时代在飞速发展，问题在不断转换，它的前锋，已经由阶级斗争时代、民族斗争时代，发展到 21 世纪的人类力求协同共存的新时代。而青年马克思的内在精神，恰恰在于超前性地开辟了人类世界的宏观人类学发展精神。这是我们在 21 世纪发展马克思主义、规范当代世界的人类学发展的大好时机。沉默、不解和犹豫，就会错失良机。谁能想到，在阶级斗争马克思背后，有一个推动全人类协同共存的本真马克思呢！

我已老迈，精疲力竭。好在这方面的研究已告一段落，"人类学哲学探索丛书"第三辑的总结性的五本也大体草成。借第二辑出版之际发些议论，目的还是希望人们关注和研究这一方向。让马克思主义在 21 世纪以辉煌的宏观人类学面貌在中国的推动下走向世界，成为规范人类世界在 21 世纪的人类学发展的基本理论吧！

苗启明

2021 年 10 月 25 日于昆明古滇文化城